打浦桥街区航拍图
（摄于2019年5月23日，打浦桥街道提供）

"城市更新与人文遗产"
上 海 系 列

打浦桥

上海一个街区的成长

Dapuqiao
Growth of A Street Block in Shanghai

马学强 · 主编

上海社会科学院出版社
SHANGHAI ACADEMY OF SOCIAL SCIENCES PRESS

主　编

马学强

副主编

周　驭　关　屹　卞唯敏

沙尧杰　胡　端

*

编委会成员

朱畅江　倪人林　张爱玲

张晨艺　张秀莉　李东鹏

蓝　天　鲍世望

目 录

· **导读**

    4   第一节   打浦桥：街区研究的一个"样本"

    8   第二节   整体与细部：地图中的变迁

· **第一章   肇嘉浜沿岸的打浦桥**

    28   第一节   从考古发现说起

    32   第二节   顾氏家族与上海筑城

    39   第三节   联接县城与府城的肇嘉浜

    43   第四节   早期的村落与市集

· **第二章   地名释读**

    51   第一节   打浦桥的来历

    56   第二节   罗家湾与卢家湾

    59   第三节   斜土路的开辟

    65   第四节   江南制造局与制造局路

    70   第五节   那些洋路名：金神父路、薛华立路等

第三章　华洋之间

- 76　第一节　法租界的扩张
- 92　第二节　远东闻名的"法商水电公司"
- 103　第三节　华洋杂处

第四章　近代化进程中的打浦桥

- 118　第一节　独特的市政系统
- 135　第二节　沪南工业带中的那些工厂与作坊
- 146　第三节　动荡时局中的打浦桥

第五章　20世纪50年代打浦桥变迁

- 160　第一节　街区的调整与"二六"轰炸
- 163　第二节　改造前的肇嘉浜
- 174　第三节　肇嘉浜路：填浜筑路变通途

第六章　城市更新中的打浦桥街区

- 193　第一节　区域商业中心的初步形成
- 197　第二节　在街区改造中崛起
- 214　第三节　创意"打浦桥"
- 222　第四节　打浦桥街道：全国第一个街道社区服务中心
- 234　第五节　绘制打浦桥"文化地图"

· **附录**

    255   附录一   口述资料选

    278   附录二   图片目录索引

    290   附录三   主要参考文献

· **后记**

导 读

打浦桥，本为肇嘉浜上的一座桥梁，较早见于清同治《上海县志》，其中记曰：在二十五保之肇嘉浜等河者有潘家木桥、打浦桥、东西庙桥、新木桥、徐家汇桥等。[1] 打浦桥初为木桥，横跨肇嘉浜。从打浦桥名衍生而来，有打浦桥市集、打浦桥路等，后来设置打浦桥街道，成为区人民政府的派出机关，有固定辖区。

"沿肇嘉浜一带官塘，素有大路……该处俱系沙地，本年秋潮较大，水由日晖港而进对岸马路冲坍……"[2] 这是《申报》1878年10月的一段记载，涉及肇嘉浜岸边马路的冲坍。此时虽已有了马路的修筑，但从这段记载中还可以看到打浦桥一带早期的景象：肇嘉浜沿岸有官塘，原为沙地，往东就是上海县城，往南与日晖港相通，还是一派乡村风貌。早年有南溪草堂、玉泓馆，颇有诗情画意。（图0-1）

继续翻阅《申报》，观察肇嘉浜两岸的变化："……兹据宝泰广源、久成等总厂报称，敝厂等设于斜徐路、日晖路之间，该处与肇嘉浜支线东西两岸，适成畸角之形，而日晖路为全体女工职员进出要道，且人烟稠密，车辆如织，乃中西区清洁码头

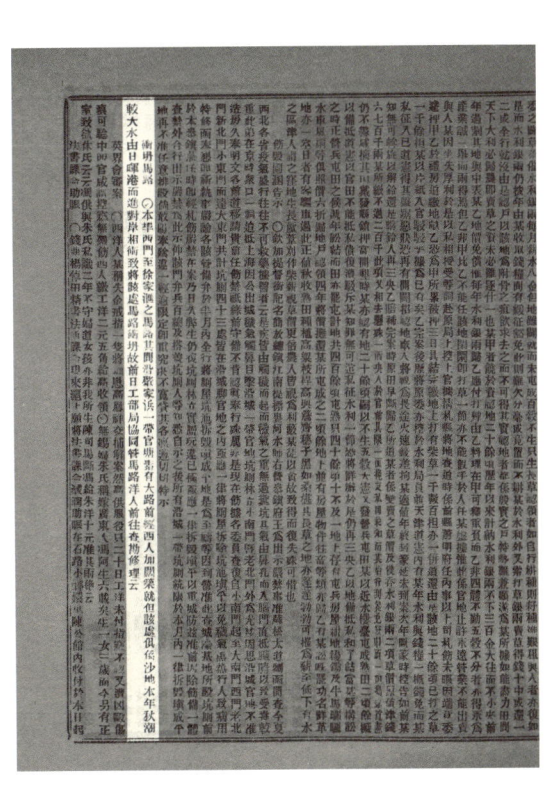

图0-1，《申报》1878年10月22日，第3版

---

1 ［清］同治《上海县志》卷三，"桥梁"。
2 《冲坍马路》，《申报》1878年10月22日，第3版。

适居其中，每日自晨至午，途为之塞，以致来往行人颇感不便。敝厂广源虽隔一水，近在咫尺，敝厂久成适邻其侧，时入夏令，臭气熏蒸，卫生大有妨碍……切查向来粪码头地位，原在斜徐路、打浦路口，是处最为相宜，即有不合，则日晖路直南平阴路之外，亦属便利，因肇嘉浜船只进出，必须经此，粪车即可取道斜土路直达该处，庶于交通卫生均无妨……照原设粪码头之斜徐路打浦路口隔岸斜对，即系法租界之粪码头，地址荒僻，行人自新打浦桥可通，经过者亦甚少……"[1] 这是《申报》1928年12月一段关于"丝厂协会请迁肇嘉浜粪码头"报道，文中提到斜徐路、日晖路、打浦路等，肇嘉浜沿岸开设了工厂，肇嘉浜上，船只往来，修筑了新打浦桥，还有粪码头，卫生状况堪忧。此时的打浦桥，位于华界、法租界之间，原有的乡村景象不复存在，正面临着工业化、城市化带来的问题。（图0-2）

图0-2，早年的肇嘉浜，选自1927年苏联导演雅科夫·布里奥赫（Yakov Blyokh）摄制的纪录片《上海纪事》（Shanghai Document）

---

1 《丝厂协会请迁肇家浜粪码头》，《申报》1928年12月9日，第15版。

图0-3，打浦桥街区局部图，今日月光广场一带，从斯格威铂尔曼酒店顶层拍摄（2017年9月29日）

　　《申报》上的这两份记录相距50年，字里行间透露出这一带的变迁。打浦桥地域独特，肇嘉浜北岸一带为法租界，从越界筑路到新租界的扩张，依照法国模式推进着城市化；肇嘉浜南岸地区为华界，华人也在按自己的方式改变这里的景观，陆续修筑了一些马路，开展市政建设，沿岸开办了不少工厂，逐渐成为沪南工业区的一部分。近代的打浦桥，分处华洋地界管辖，成为上海西南地区的水陆要冲，其重要性也日益显现。

　　一百多年过去了，如今的打浦桥又发生了很大的变化。（图0-3）我们将利用历史地图、文献档案、社会调查、口述访谈等，从不同视角、多维度讲述打浦桥的前世与今生。

第一节　打浦桥：街区研究的一个"样本"

随着城市史研究的不断深入，学界近年来开始关注街区的内部构造与细部研究，其中也涉及一些理论的探讨。就城市空间而言，首先需要讨论的是它的形态与结构。城市形态，有广义与狭义之分，广义的城市形态，主要由物质形态和非物质形态两部分组成；狭义的城市形态，是指城市实体所表现出来的具体的空间物质形态，主要包括城市的空间结构和城市的外部形态两个层面的内容。[1]但就城市的内部结构而言，城市是由大大小小的具有不同功能的街区或社区所构成的。作为构成一座城市"细胞"的街区或社区，对城市史的深入探讨具有重要的研究价值。因此"街道史""造街史"成为近年来一些城市史学者重点探讨的课题。[2]最近几年，我们成立课题组，以上海城市发展为脉络，陆续撰写了多部街区变迁史，由马学强等主编的著作有：《千年龙华——上海西南一个区域的变迁》（学林出版社，2006年）、《阅读思南公馆》（上海人民出版社，2012年）、《上海的城南旧事》（上海社会科学院出版社，2015年）、《上海城市之心：南京东路街区百年变迁》（上海社会科学院出版社，2017年），等等，围绕研究街区的形态特点、内部结构，系统论述不同街区的形成路径，揭示其内在的功能特点，从而彰显其特有的文化内涵。此次，我们以打浦桥街区为样本，也是基于这样的研究理路。

一、历史上位于华洋之间的打浦桥，街区生成的肌理值得探讨

与那些历史悠久的传统中国城市相比，上海是一座近代崛起的都会。近代上海的城市格局也非常奇特，有所谓的"三界四方"之称，即华界、公共租界、法租界为三界，公共租界、法租界、华界的南市与闸北，各成一方。

作为上海的一个街区，打浦桥形成的时间并不长，不过百余年，且是在特殊的背景

---

[1] 陈泳：《城市空间：形态、类型与意义——苏州古城结构形态演化研究》，东南大学出版社2006年版，第2页。
[2] 这方面的海内外论著很多，如郑宝鸿编著：《港岛街道百年》，三联书店（香港）有限公司2007年版；[日]藤森照信、小泽尚著，萧雅文译：《东京造街史：近代都市的形成》，（台北）枫书坊文化出版社2007年版；[日]吉田桂二著，萧志强译：《老街寻访：传统保存＆社区营造》，（台北）枫书坊文化出版社2008年版。近读「東京の歴史」（《东京的历史》，池亨、樱井良樹、陣内秀信、西木浩一、吉田伸之编，吉川弘文館2018年版），其中有"地带编1"、"地带编2"，涉及千代田区、港区、新宿区、文京区、中央区、台东区、墨田区、江东区等，对东京城市内部构造，分地带予以考察，其研究方法与路径值得借鉴。

与时局下催生的。南片肇嘉浜沿岸,因近代企业的开设而发展,凸显的是中国早期工业化带动下的城市化进程,这是外力冲击下本土的自强变革;北片则是上海法租界,在它的形成与发展中,西方的力量始终起着主导作用,该片区的发展更多融合了西方城市的发展要素与经营理念。打浦桥位于华、洋之间,决定了它在近代街区形成中的独特路径与肌理。特殊的地缘因素,使打浦桥在上海街区变迁史研究中具有"样本"价值。

就街区的形态与结构而言,打浦桥境内的道路系统、街区规划、市政管理以及内部构造、社区形成,都可作为某一方面的案例与类型来分析,样态多元,色彩斑斓。同时,打浦桥街区也兼具城市化、工业化所拥有的普遍性特质,其结构和功能上均突破了传统中国城镇发展的模式,并形塑出了完全不同的街区形态,滋生着不同方式的社会生活。

二、当代城市更新中的打浦桥街区具有样本意义

作为近代形成的街区,打浦桥的样本意义还体现在当代所发生的变迁中。随着租界的收回、华洋界限的逐渐模糊、1949年5月上海解放以及10月中华人民共和国成立,打浦桥地区在行政序列上成了一个区辖的"街道"。市政建设方面亦伴随着肇嘉浜、日晖港等从河浜到道路的演变,整个街区格局也发生了重大调整。

历史上的打浦桥街区,南北两片毕竟分属于不同的城市系统,街区内部构造差异极大,区域自身整合经历了较长时间。另一方面,任何一个历史街区的演变,都具有动态性、复杂性、多样性和时空连续性的特征,这是一个有机体,而这个有机体是需要新陈代谢的。随着岁月流逝,打浦桥一带的居民住宅区、街道系统、基础设施逐渐陈旧老化,一些历史建筑也无法再保持原有的功能,街区本身需要更新。

在过去的五六十年间,尤其是1978年改革开放以来,打浦桥的街区面貌、经济结构、社会生活方式发生了重大变化。这种变化的背后,可以探讨的问题很多,在建设现代街区的进程中,打浦桥经历了多次产业结构调整,在市政建设、旧区改造等方面也在不断探索新的做法。在推动街区的更新中,如何协调社会经济发展和历史文化遗产保护之间的矛盾,面对"留、改、拆"存在的诸多困惑,打浦桥的一些做法值得关注。其中的老街坊——"田子坊",在保留、保护以及利用后,意外"走红",脱颖而出,以其独特的风貌、样态在海内外声名鹊起,成为上海城市的一张新"名片"。结合历史文化、街区生活的传承,结合人文遗产的保护,结合街区的有机更新,打浦桥街区研究被注入了新的内容,赋予了新的价值。

三、关于街区史研究的方法、路径以及资料的获取

研究街区史的学者注意到，没有一个街区的形成能仅仅利用二维空间（平面）来说明，因为只有在三维空间（立体）和四维空间（时间）中，它的功能关系和美的关系才能充分显示。另一方面，街区的主体是人，生活在特定街区内的人，就是一个流动着的生命集合体，他们的集聚过程造就了特有的人口结构、社会环境、生活形态乃至民情风俗。围绕街区空间变迁与街区内部人群的流动变化，在街区史研究中不仅要体现长时段的环境变化、制度嬗变，也要见到社会变迁与人群的活动，如此，才是一部鲜活的街区史。

在这样的理路下，我们需要新的资料与视域去拓展街区史研究。

在研究路径上，我们以打浦桥街区的形成、演变为线索，通过对历史地图的解读，了解其空间形态的变化。考辨街区内的地名、道路等标识物的由来，并依循打浦桥街区形成的内在逻辑，从“造路史”进而延伸到“造街史”，加强街区的细部研究。在此过程中，我们尤其注重街区内部构造与社区生活的研究。近年来，街区史研究中一个令人注目的现象是注重街区内部区域、人口、结构、功能、生活形态、文化特色的剖析。保留着街区发展脉络的那些老街坊，承载着曾经生活在这一地区人们的情感与记忆，这些情感与记忆往往依托于一定的氛围与环境。这些氛围与环境，自然不是一成不变的，关键是生活在这一区域内人群的变化。所以，要研究街区的社会生活，就要扎实深入地掌握与分析这些人群的状况。离开了这些人群，街区的社会生活形态就无从谈起。

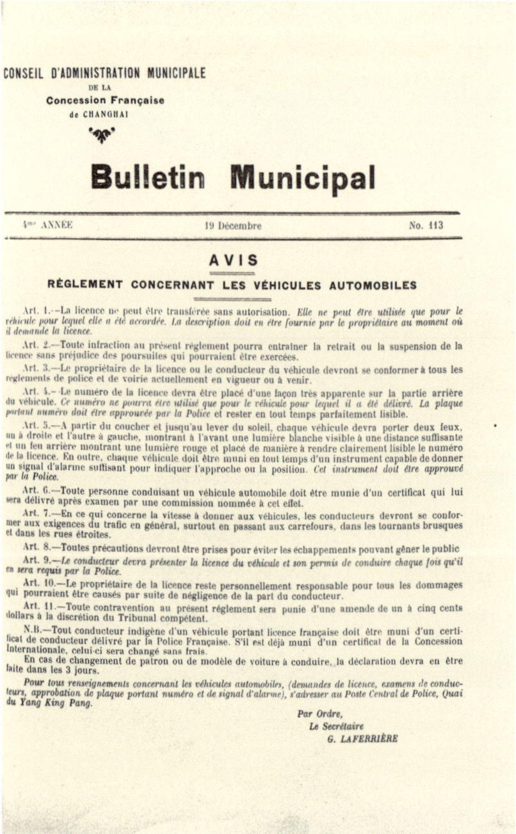

CONSEIL D'ADMINISTRATION MUNICIPALE
DE LA
Concession Française
de CHANGHAI

Bulletin Municipal

4me ANNÉE　　19 Décembre　　No. 113

AVIS

RÈGLEMENT CONCERNANT LES VÉHICULES AUTOMOBILES

Art. 1.—La licence ne peut être transférée sans autorisation. *Elle ne peut être utilisée que pour le véhicule pour lequel elle a été accordée. La description doit en être fournie par le propriétaire au moment où il demande la licence.*

Art. 2.—Toute infraction au présent règlement pourra entraîner la retrait ou la suspension de la licence sans préjudice des poursuites qui pourraient être exercées.

Art. 3.—Le propriétaire de la licence ou le conducteur du véhicule devront se conformer à tous les règlements de police et de voirie actuellement en vigueur ou à venir.

Art. 4.—Le numéro de la licence devra être placé d'une façon très apparente sur la partie arrière du véhicule. *Ce numéro ne pourra être utilisé que pour le véhicule pour lequel il a été délivré. La plaque portant numéro doit être approuvée par la Police* et rester en tout temps parfaitement lisible.

Art. 5.—A partir du coucher et jusqu'au lever du soleil, chaque véhicule devra porter deux feux, un à droite et l'autre à gauche, montrant à l'avant une lumière blanche visible à une distance suffisante et un feu arrière montrant une lumière rouge et placé de manière à rendre clairement lisible le numéro de la licence. En outre, chaque véhicule doit être muni en tout temps d'un instrument capable de donner un signal d'alarme suffisant pour indiquer l'approche ou la position. *Cet instrument doit être approuvé par la Police.*

Art. 6.—Toute personne conduisant un véhicule automobile doit être munie d'un certificat qui lui sera délivré après examen par une commission nommée à cet effet.

Art. 7.—En ce qui concerne la vitesse à donner aux véhicules, les conducteurs devront se conformer aux exigences du trafic en général, surtout en passant aux carrefours, dans les tournants brusques et dans les rues étroites.

Art. 8.—Toutes précautions devront être prises pour éviter les échappements pouvant gêner le public

Art. 9.—*Le conducteur devra présenter la licence du véhicule et son permis de conduire chaque fois qu'il en sera requis par la Police.*

Art. 10.—Le propriétaire de la licence reste personnellement responsable pour tous les dommages qui pourraient être causés par suite de négligence de la part du conducteur.

Art. 11.—Toute contravention au présent règlement sera punie d'une amende de un à cinq cents dollars à la discrétion du Tribunal compétent.

N.B.—Tout conducteur indigène d'un véhicule portant licence française doit être muni d'un certificat de conducteur délivré par la Police Française. S'il est déjà muni d'un certificat de la Concession Internationale, celui-ci sera changé sans frais.

En cas de changement de patron ou de modèle de voiture à conduire, la déclaration devra en être faite dans les 3 jours.

Pour tous renseignements concernant les véhicules automobiles, (demandes de licence, examens de conducteurs, approbation de plaque portant numéro et de signal d'alarme), s'adresser au Poste Central de Police, Quai du Yang King Pang.

Par Ordre,
Le Secrétaire
G. LAFERRIÈRE

图0–4，法文版《上海法公董局公报》（1912年12月19日）

如何再现不同时期街区的内部结构与社会生活，一个重要的基础就是相关材料的获取。在这里，我们对所依据的文献档案作一点说明。主要涉及的资料分几个部分 :（一）《申报》《上海法租界公董局年报》《上海法公董局公报》等刊物方面的记载。（图0–4）（二）来自土地房产、城建等方面的档案资料，从中掌握道路修筑、市政建设，以及住宅区的规划、产权变更等状况。（三）户籍资料，

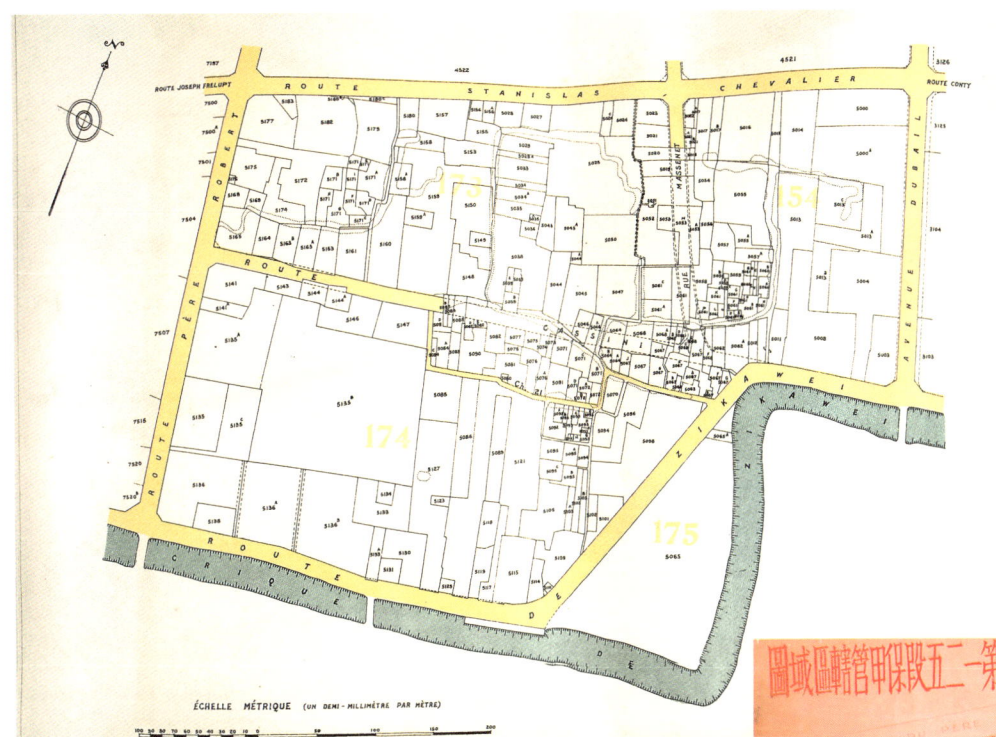

图0-5，涉及肇嘉浜北面法租界一带街区图，选自 CONSEIL D' ADMINISTRATION MUNICIPALE DE LA CONCESSION FRANÇAISE CHANG-HAI PLAN CADASTRAL (BLOCS 117 A 270), 1932（《上海法租界城市委员会管理地籍平面图》，1932年）

从中了解不同时期居住人群的情况，包括籍贯、职业、身份、教育背景、家庭结构等，这与街区生活方式息息相关。（四）专门的图录，如上海法租界街区图、中央区保甲管辖区域图、行号路图录等。（图0-5、图0-6）（五）口述回忆，关于打浦桥老居民的记忆，这是街区生活记忆的再现，丰富而生动，但要结合相关档案文献资料对回忆的内容进行核实补证，相互参照。在各个历史时期，出于不同的背景，来自海内外各地的人群陆续聚集到打浦桥，于是有了丰富多彩的街区生活，绘制出精彩纷呈的街区画卷。

图0-6，上海法租界中央区第125段保甲管辖区图，今顺昌路、合肥路、建国东路、肇周路一带

第二节　整体与细部：地图中的变迁

　　以往对一个街区的研究，主要依据文献档案资料，利用文字予以探讨者居多，但要深入考察一个街区的发展，空间的延伸，文字的表述始终有其局限性。在考察街区的具体形成过程中，存在许多的维度，既可以通过平面，也可以通过立体，其构图十分复杂，只有通过对各种空间构图的解析，街区的整体性与内部的功能结构才能充分显示出来。这里，我们从搜集到的近百幅地图中，选取部分反映不同时段的地图，以此凸显打浦桥街区的空间与景观变迁。

一、早期的景象

　　图0-7为《上海县地理图》，选自明弘治十七年（1504年）所修的《上海志》，此为上海的早期地图，从绘制的地图来看，虽无比例尺之设，也无方位之定，但已有了大致轮廓：县治内外，东面、北面分别为黄浦、吴淞江，内有上海县衙、儒学、城隍、社坛、馆驿等。综合其他文献记载，其时上海县城未筑，县西南有多条河流，标注出"高昌

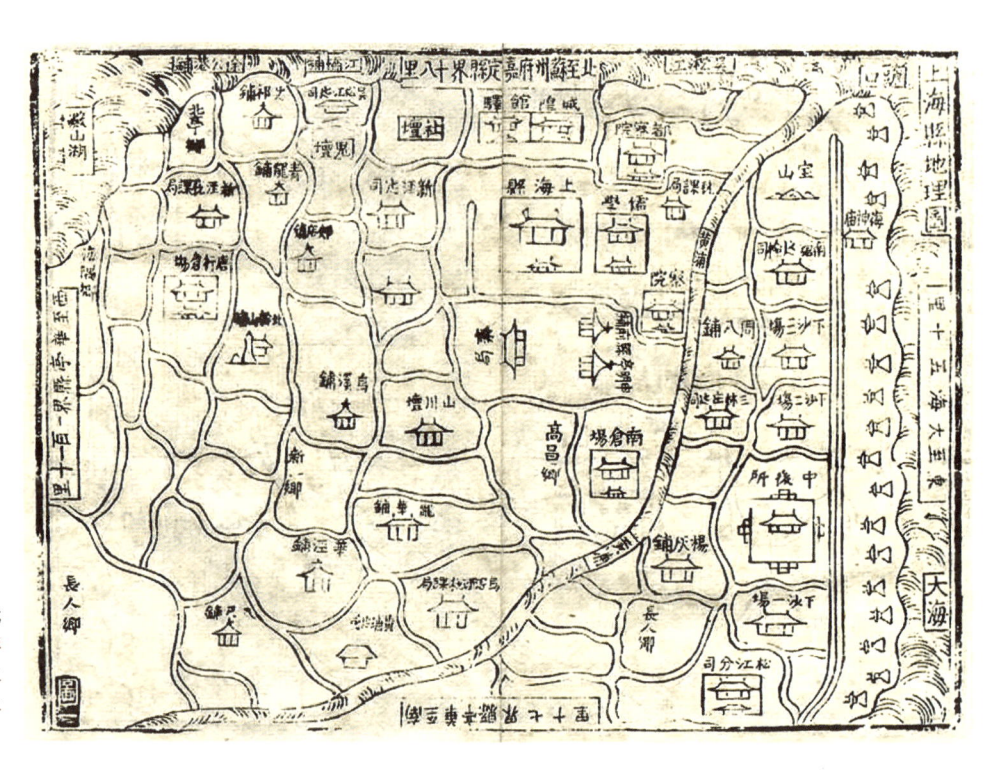

图0-7，明代弘治十七年（1504年）《上海志》所附《上海县地理图》

乡"、"龙华铺"等。（图0-7）

自16世纪中叶上海县城兴筑以来，城西南地区也逐渐兴盛起来。这里，我们通过三幅地图从不同角度反映这一带的状况。

第一幅为清嘉庆十九年（1814年）《上海县志》所附的《乡保区图图》，反映县城西南一带的乡保区图。（图0-8）结合地方志书的记载，上海县城四周的乡保区图，属于高昌乡二十五保，领图十六："一图老闸北，二图老闸南，三图军工厂，四图晏公庙头，五图城隍庙，六图侯家浜，七图小东门，八图大东门，九图西门外，十图西门内，十一图大小南门，十二图陆家浜，十三图斜桥头，十四图五里桥头，十五图草堂头，十六图大东门内。"[1] 县城西南一带有十三图、十四图、十五图等。从清嘉庆到同治年间，这一带乡保区图的格局基本未变。

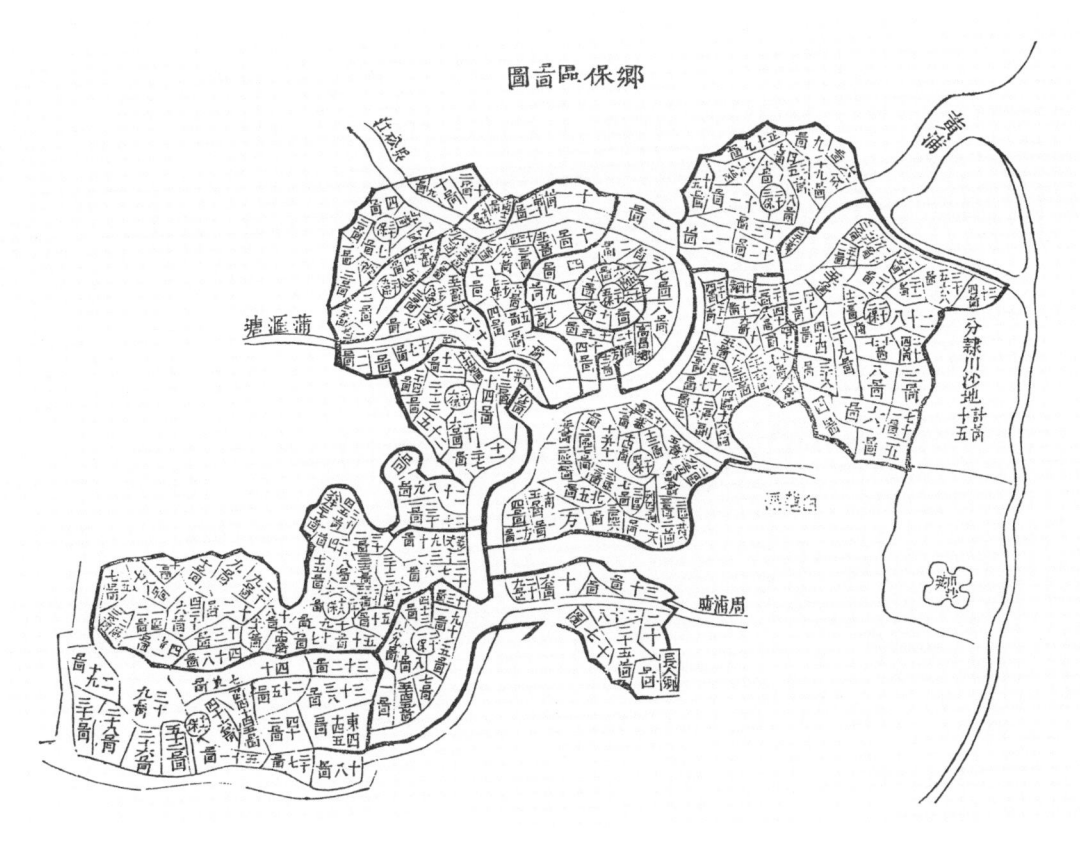

图0-8，清代嘉庆十九年（1814年）《上海县志》所附《乡保区图图》

---

1 详见［清］嘉庆《上海县志》卷一，"疆域·乡保"。

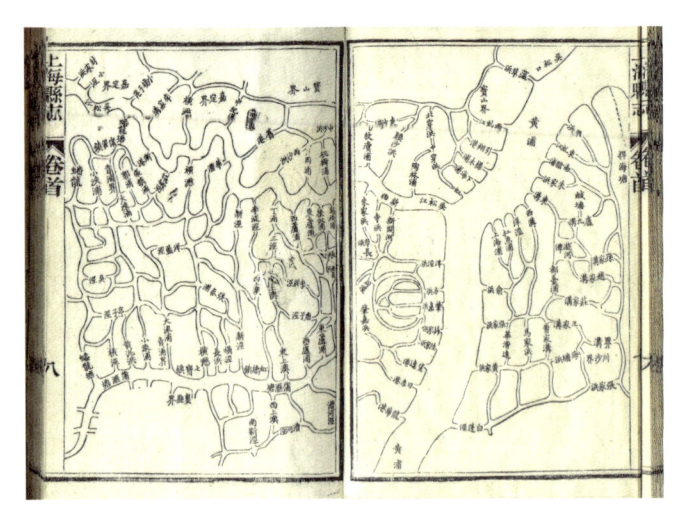

图0-9，反映上海县城西南一带的河流，包括肇嘉浜、东芦浦、西芦浦等，选自清同治《上海县志》卷首

近代上海出现了一种叫"道契"的土地文书。[1]其中记载的一些要素，如四至、坐落等，即与清代中叶的"乡、保、图"设置密切关联。查阅相关法册道契就可以发现，这一带的乡保图与土地的分布，如上海县二十五保十五图日晖港打浦桥，后来都成为法租界的一部分。

第二幅为清同治十年（1871年）《上海县志》所附的《上海县水道图》，其中有反映上海县城西南一带的河流，包括肇嘉浜、东芦浦、西芦浦等。（图0-9）

第三幅为清光绪二十一年（1895年）《江苏全省舆图》中的《上海县图》，图中虽没有标识肇嘉浜，但明显可以看到从徐家汇到上海县城，有水、陆通道。（图0-10）

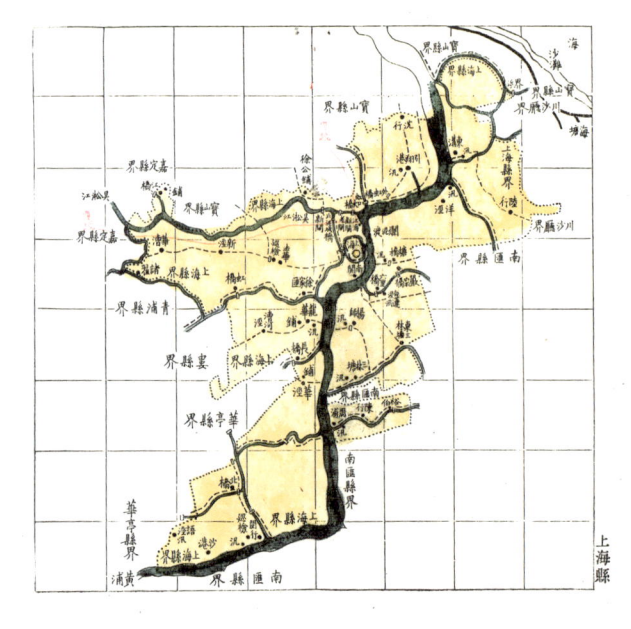

图0-10，清光绪二十一年（1895年）《江苏全省舆图》中的《上海县图》

1　1847年12月31日，近代上海给外国人的第一号出租地契正式发出。契约一式三份，分别标明上、中、下，上契存各国驻沪领事馆，中契存上海道台，下契由租地人收执，契约名称英文一方定为Shanghai Title Deed，而中文一方没有定名，中国人因其为道台所给，加盖道台关防，故名之为"道契"。近代上海道契档案的数量非常庞大，在册别上主要有英、美、法册之分，另有德、俄、日本等册道契，后又出现宝山英册、宝山法册等。涉及打浦桥、肇嘉浜一带的地籍，分见于相关的法册道契。

图0-11,《上海法国新租界分图》(1917年)

二、近代打浦桥

随着近代上海城市的发展,位于法租界与华界之间的打浦桥一带也逐渐发生变化,修筑道路,兴建住宅,开设工厂,景观为之一变,格局亦异。

图0-11,为《上海法国新租界分图》(1917年),尽管为法租界新区图,但华界一带也标注了出来,分布着肇嘉浜、漕浦、日晖港等河流,已出现了打浦路、日晖路、徐家汇路等,打浦桥一带华洋格局初具。但总的来说,还是乡村景象,河网交叉,散布着诸多村落。(图0-11)

此后的二三十年是打浦桥街区形成的重要阶段,我们通过研读法租界、华界的相关地图得以体现。

图0-12,反映法租界相关街区、地籍图,选自 *CONSEIL D'ADMINISTRATION MUNICIPALE DE LA CONCESSION FRANÇAISE CHANG-HAI PLAN CADASTRAL* (BLOCS 117 A 270), *1932.*(《上海法租界城市委员会管理地籍平面图》,1932年),其中的多幅图涉及位于法租界打浦桥一带的街区、地籍,相关内容在后面的章节中将有具体解析。(图0-12)图0-13,为1938年的《上海法租界地图》。(图0-13)

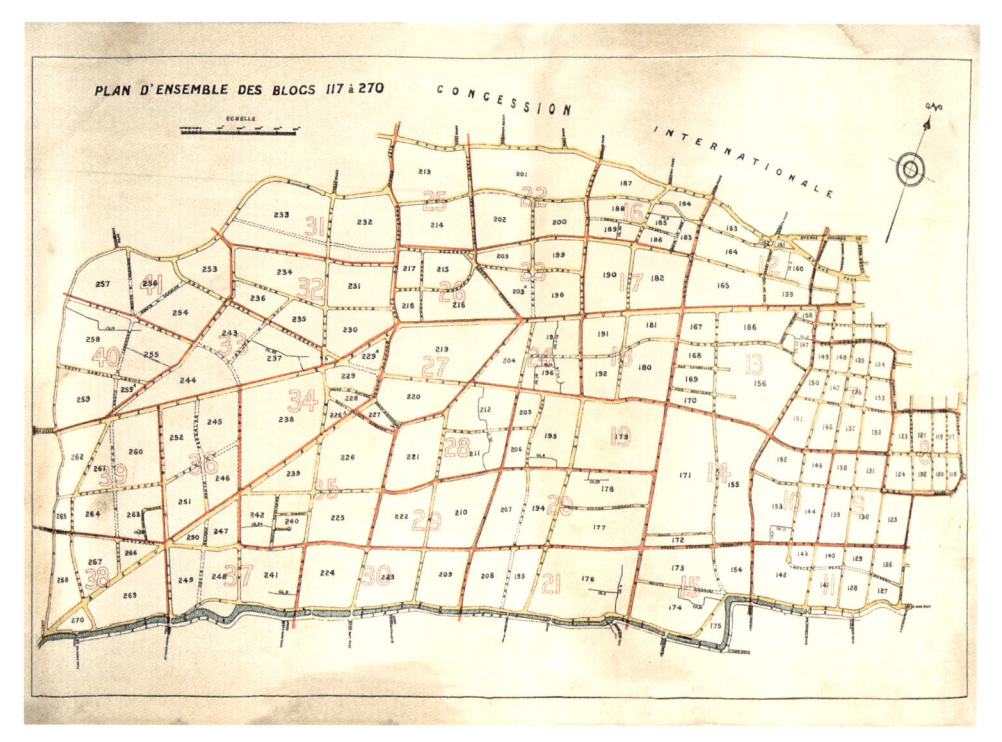

图0-12，法租界相关街区、地籍图，选自CONSEIL D'ADMINISTRATION MUNICIPALE DE LA CONCESSION FRANÇAISE CHANG-HAI PLAN CADASTRAL(BLOCS 117 A 270), 1932（《上海法租界城市委员会管理地籍平面图》，1932年）

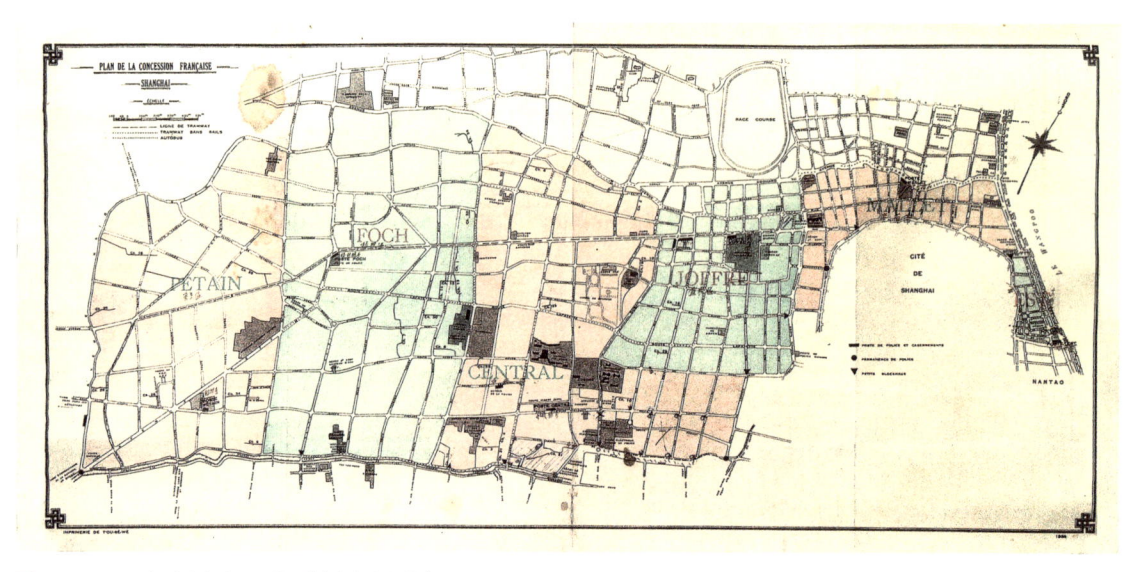

图0-13，1938年《上海法租界地图》（牟振宇提供）

图0-14,《沪南区地籍图》(1933年)

图0-14为《沪南区地籍图》,为上海市土地局1933年绘制,有总图、分图,图中注明这一带在地籍上属于七图的"寒字圩""秋字圩"等,反映肇嘉浜南岸华界一带的土地权属与街区形态。(图0-14)

图0-15为《上海市区域现状图》(1937年),此为局部图,沿肇嘉浜一带的道路、建筑等标注清晰,此时打浦桥街区基本形成。(图0-15)

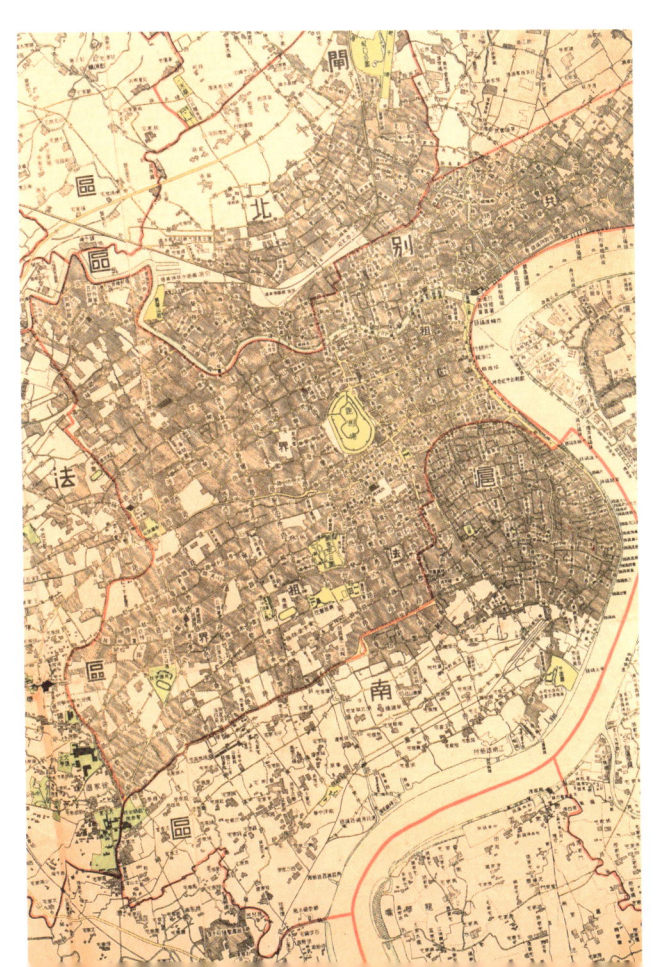

图0-15,1937年绘制的《上海市区域现状图》之局部图,打浦桥一带

图0-16为《最新大上海地图》（1941年），此为局部图，涉及位于法租界与华界之间的打浦桥一带的街景。此图由日本人绘制，按两万四千分之一缩尺。初版发行于昭和十四年，昭和十六年订正再版，由日本堂书店发行。（图0-16）

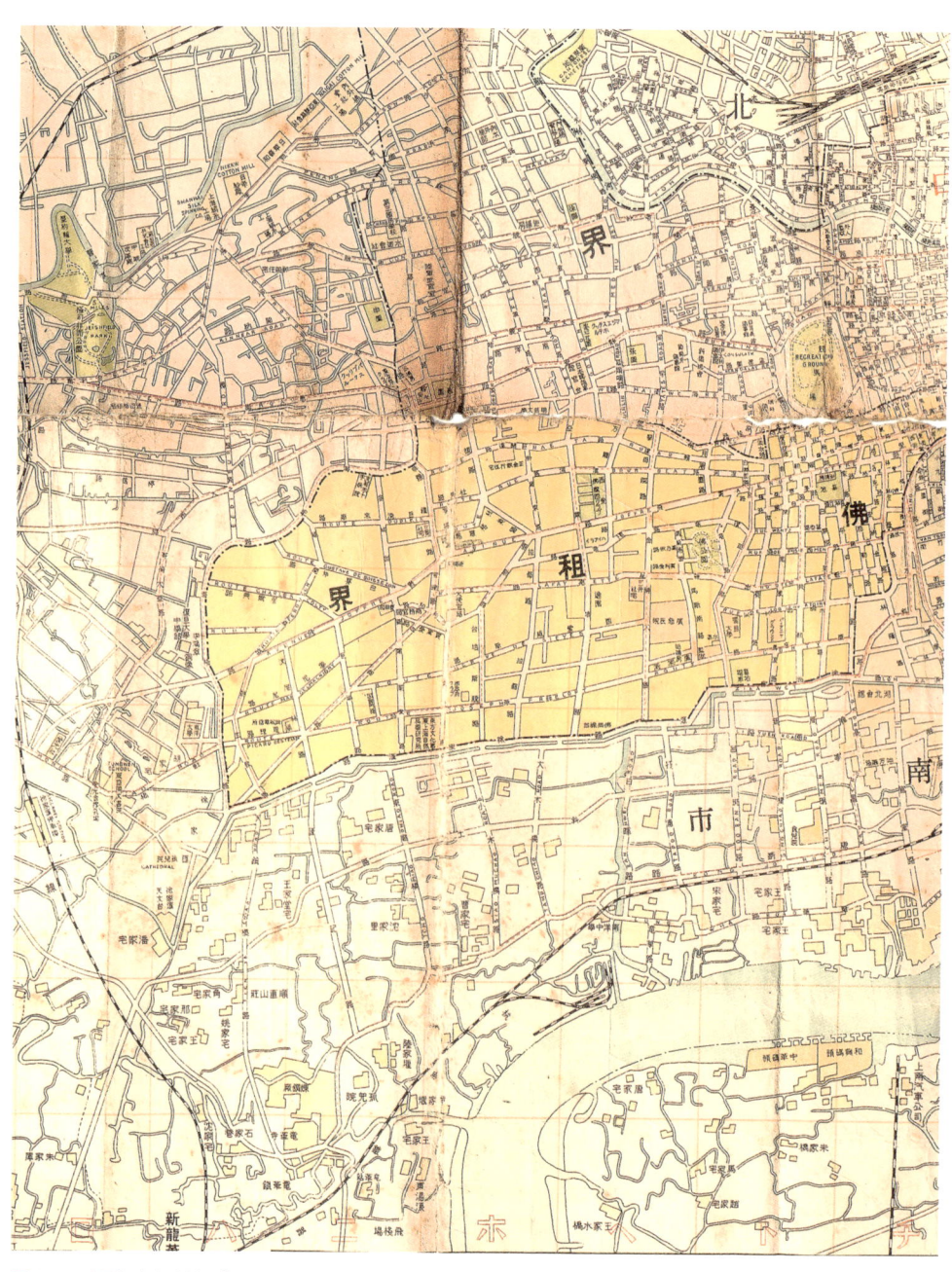

图0-16，《最新大上海地图》之局部图，涉及法租界及今打浦桥地区（1941年）

图0–17、图0–18，均选自鲍士英测绘、顾怀冰等编辑的《上海市行号路图录》（下册）。[1]这些街区图，详细绘制了街区内的道路、建筑、景观等，具有重要的研究价值。（图0–17、图0–18）

图0–19为图书封面，是葛石卿等编纂绘制的《袖珍上海里弄分区精图》，国光舆地社1946年版。（图0–19）其中一些图片涉及打浦桥一带街区。（图0–20）

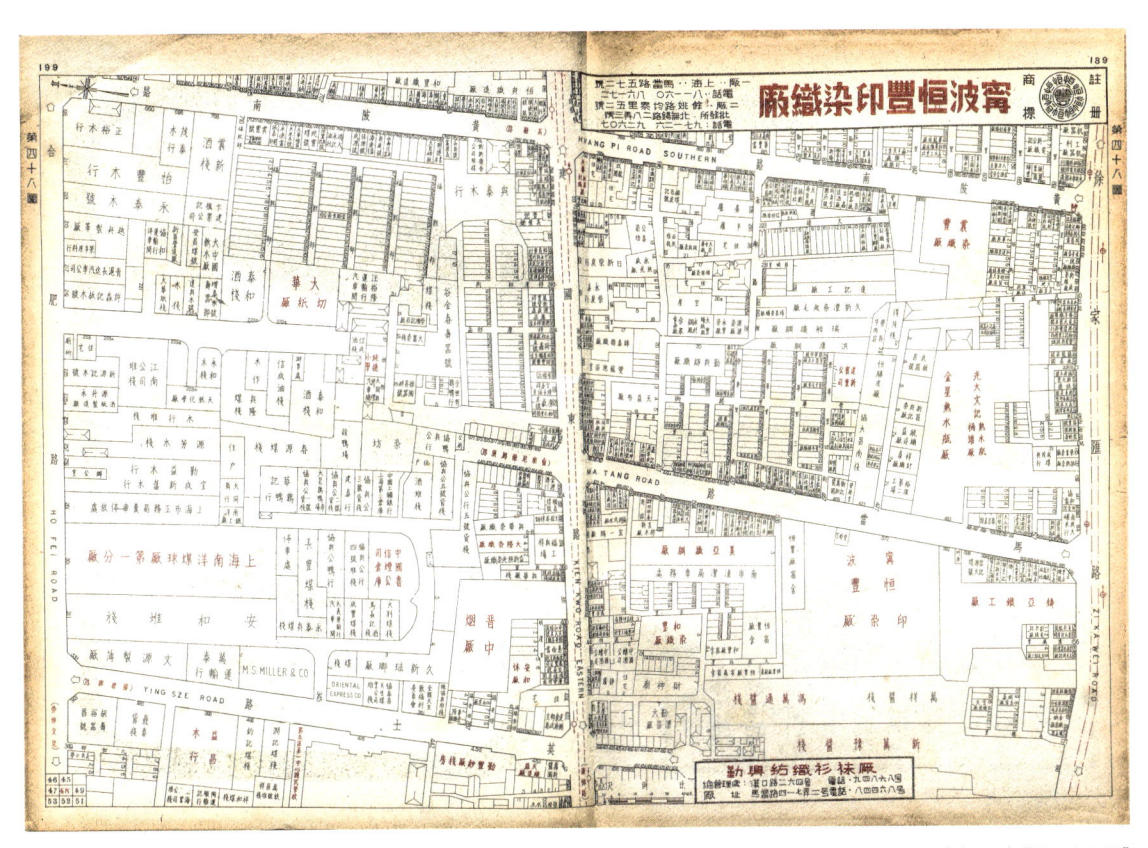

图0–17，徐家汇路一带，法租界一侧街区，选自《上海市行号路图录》（下册）"第四十八图"

---

1 鲍士英测绘、顾怀冰等编辑《上海市行号路图录》（上、下册），福利营业股份有限公司，1930、1940年代陆续刊印。《上海市行号路图录》，一名"商用地图"，图录中记录了大量里弄住宅，不少是石库门，"均编列索引"，索引中不仅有路号，还有里弄与弄号的索引，"上海市行号路图录里弄索引"、"上海市行号路图录弄号索引"等。

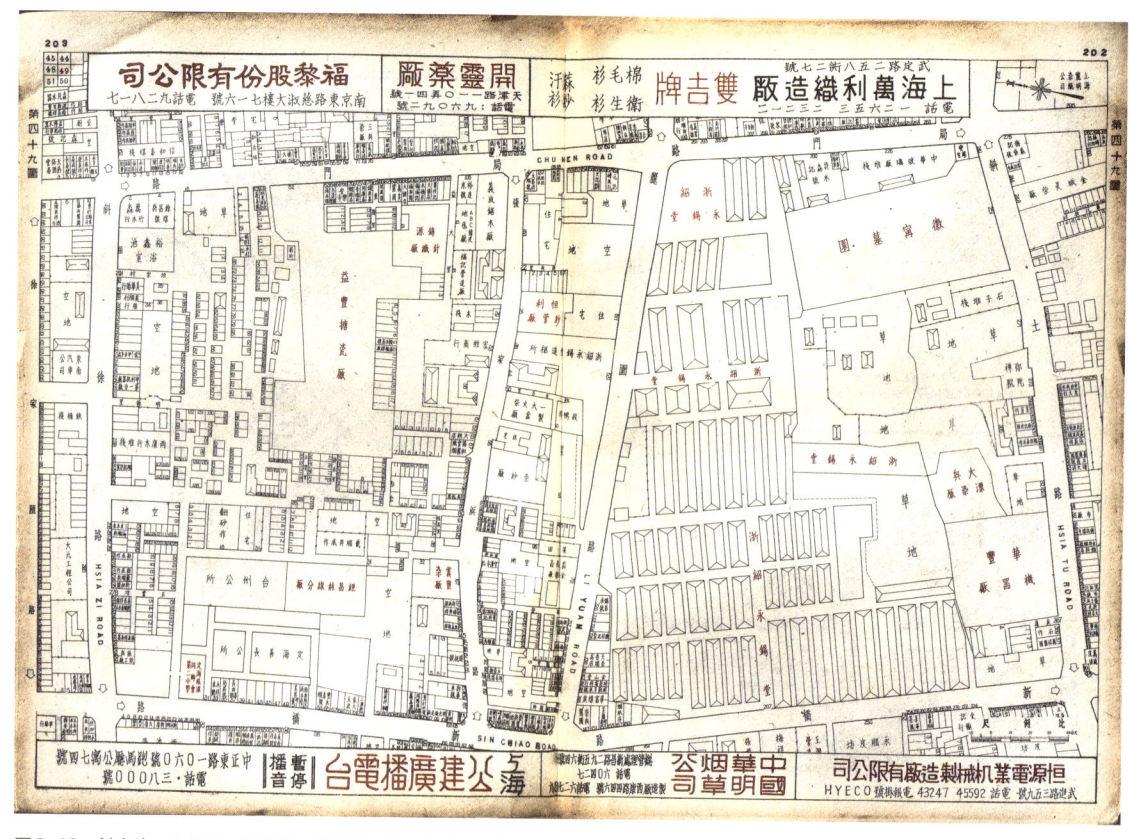

图0-18，斜土路—局门路—斜徐路—新桥路一带，选自《上海市行号路图录》（下册）"第四十九图"

图0-19，《袖珍上海里弄分区精图》封面，1946年刊印

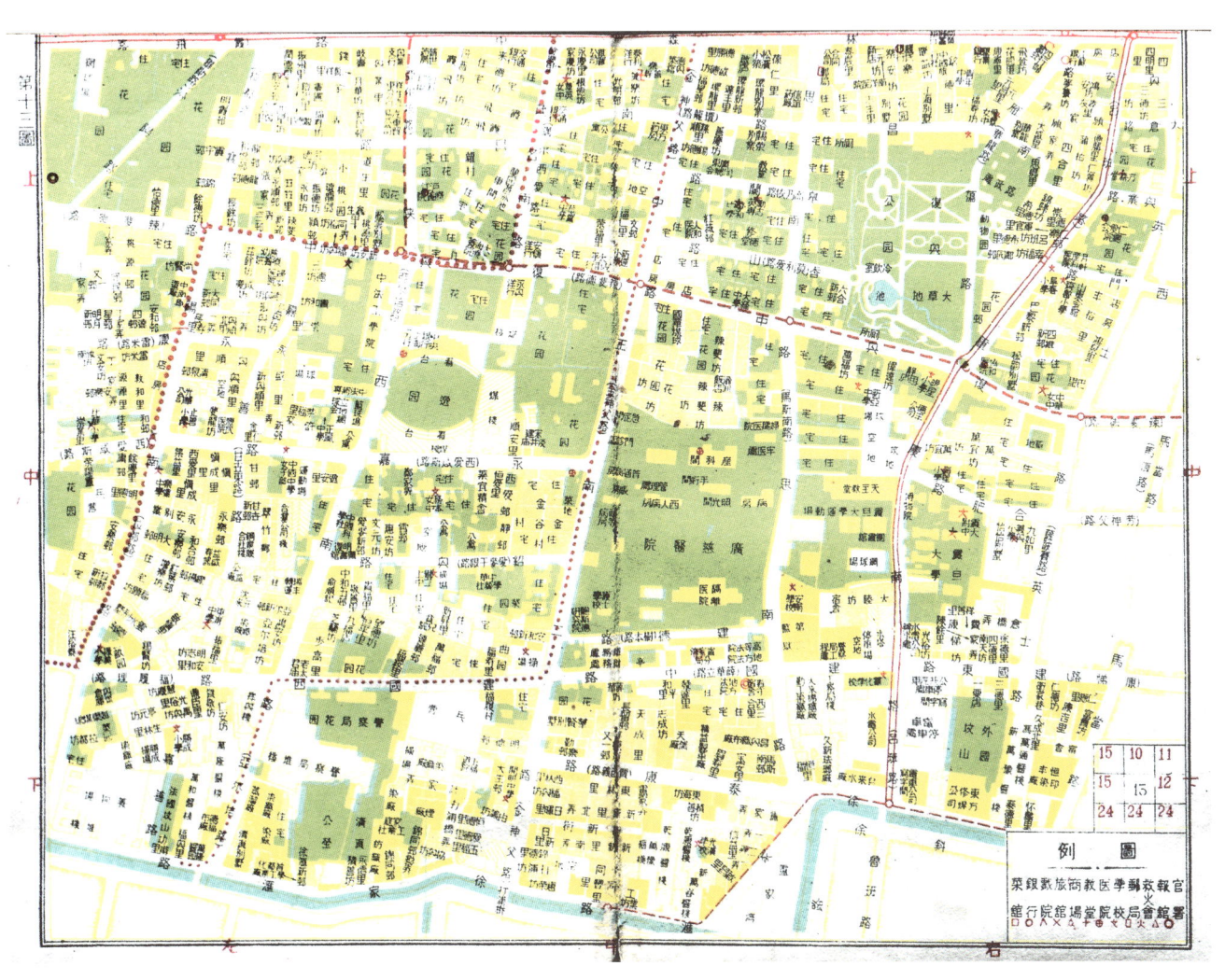

图0-20，选自《袖珍上海里弄分区精图》(第十三图)

三、1949年以来的变化

1949年10月中华人民共和国成立后，这一带的行政隶属关系几次变化，一些机构与单位的名称也屡有变动。曾为芦家湾区（后改为卢家湾区、卢湾区）所辖。上海解放初期，在此设第一、第二办事处。1953年2月改为第四办事处。1956年3月分属鲁班路办事处、泰康路办事处、打浦路办事处。同年7月分属鲁班路办事处、泰康路办事处。1958年1月分属鲁班路办事处、打浦路办事处，同年12月合并。1960年4月改为鲁班打浦街道办事处，6月更为今名。[1] 1978年实行改革开放以来，这一带的街区面貌、经济结构、社会生活方式更发生了巨大变化。

图0-21为《最新上海市街图》（1950年），图0-22显示的是该图局部，该图显示肇嘉浜、日晖港均为河道，标注"打浦桥""日晖路""打浦桥路"等。（图0-21、图0-22）

图0-23为《上海市分区街道图》（1953年），此为局部图，此图中，肇嘉浜还是河

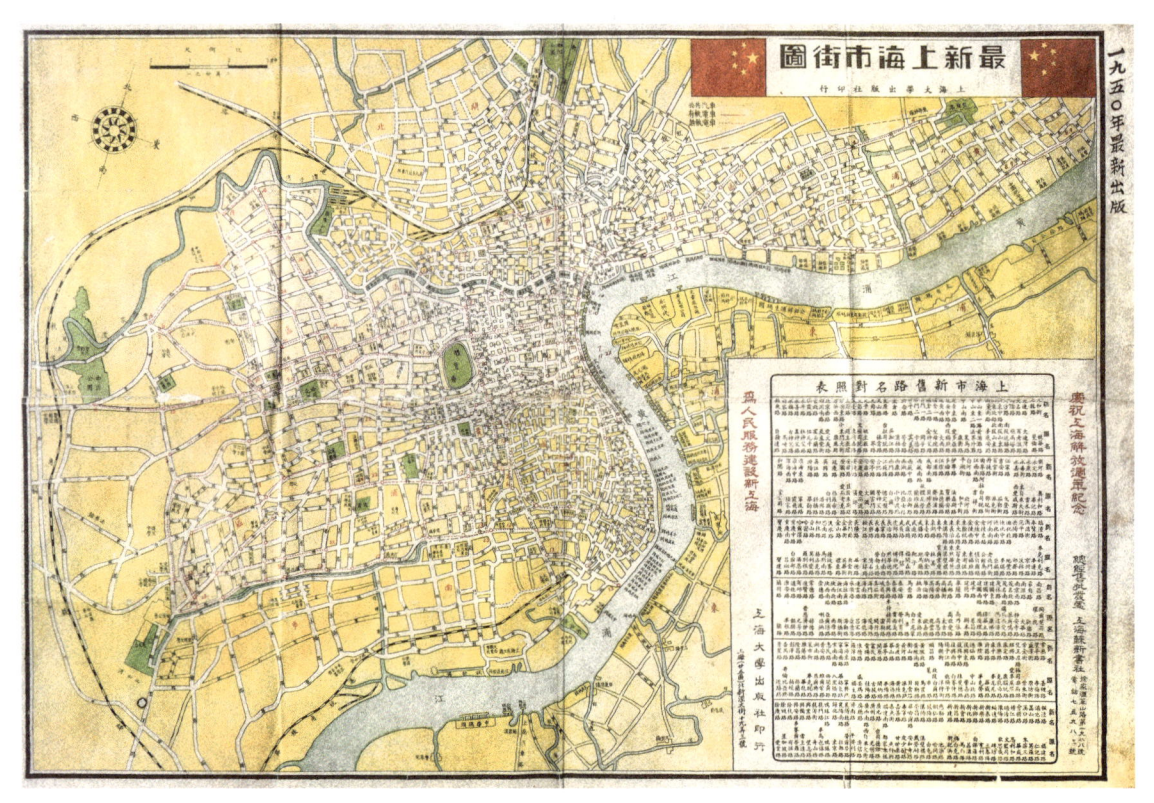

图0-21，《最新上海市街图》（1950年）

1　上海市卢湾区志编纂委员会编：《卢湾区志》，上海社会科学院出版社1998年版，第85页。

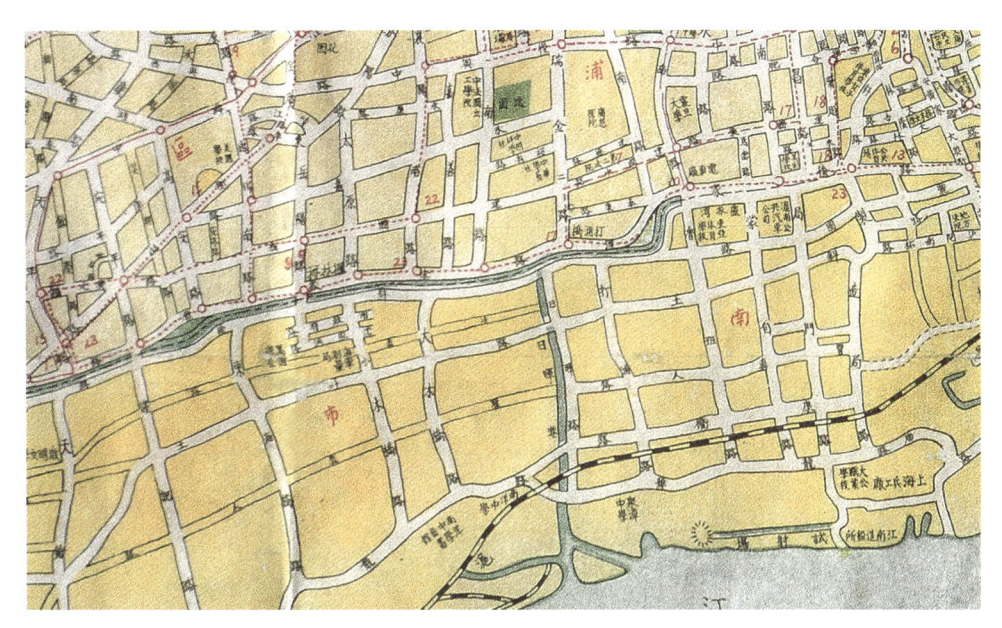

图0-22，《最新上海市街图》之局部图，标注肇嘉浜、打浦桥等（1950年）

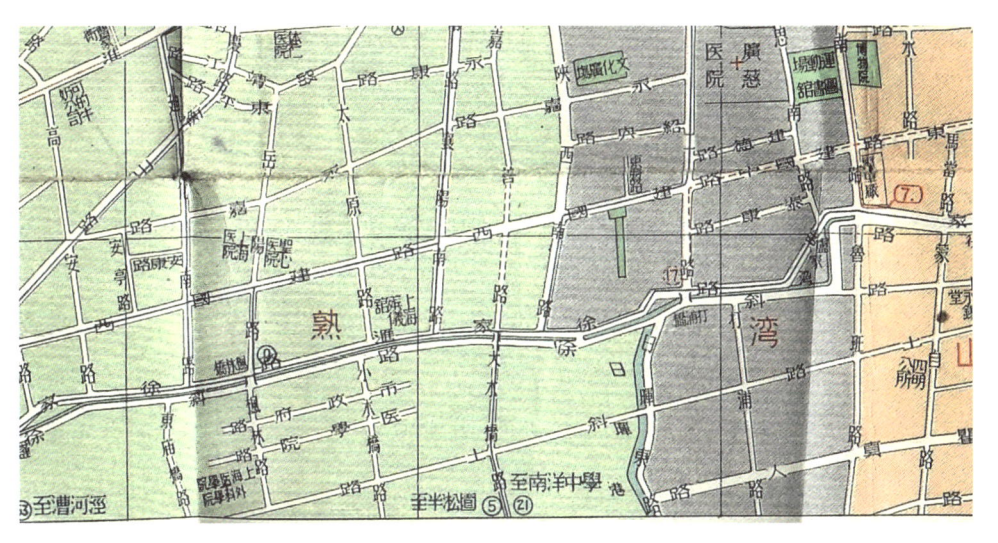

图0-23，《上海市分区街道图》之局部图，标注肇嘉浜、日晖港等（1953年）

道，标有"打浦桥"，附近有日晖港、日晖东路等。（图0-23）

图0-24为《上海市市区图》（1960年），此为局部图，此图中，肇嘉浜已从河流变为道路，有了肇嘉浜路。"打浦桥"成为该地区的重要节点，有多条公交线路，南有日晖港、日晖东路等。（图0-24）

图0-25为《上海市交通简图》（1971年）中，打浦桥还是一个交通节点。（图0-25）

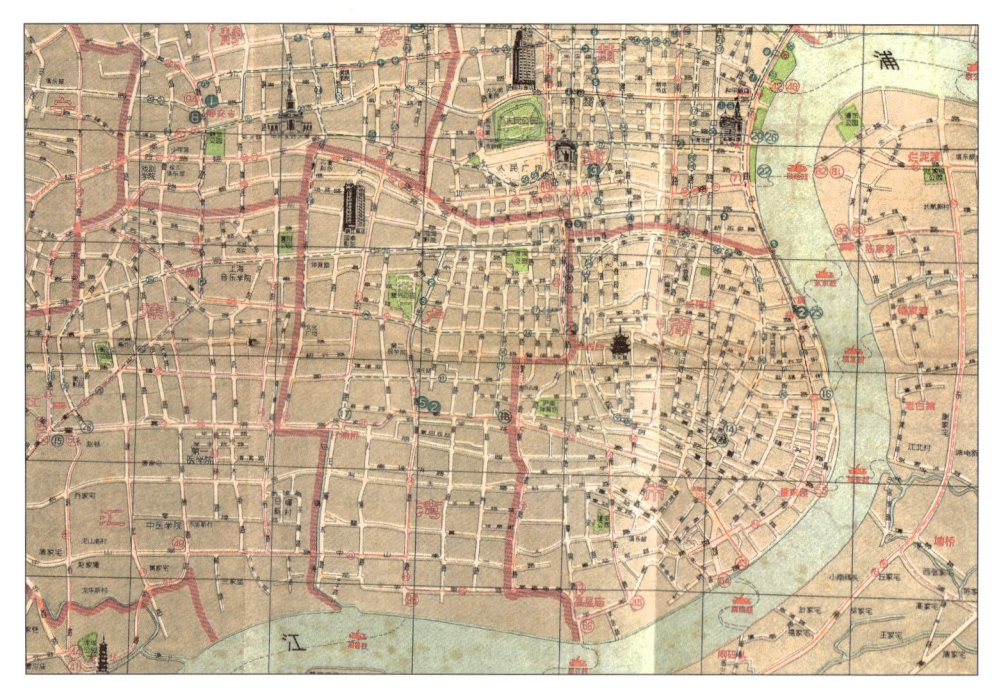

图0-24,《上海市市区图》之局部图（1960年）

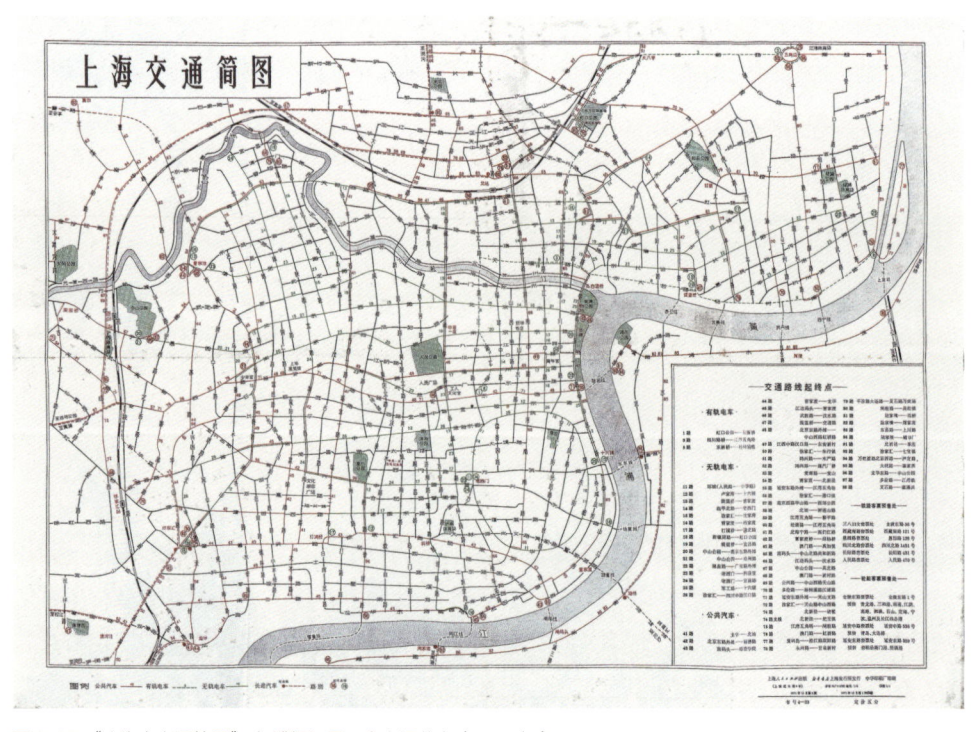

图0-25,《上海市交通简图》，打浦桥还是一个交通节点（1971年）

图0–26、图0–27、图0–28，分别为1994年的《卢湾区境域图》、2003年的《卢湾区行政区划图》、2008年的《卢湾区行政区划图》，"打浦桥街道"在这15年的变化，透过地图也有一定的显示。（图0–26、图0–27、图0–28）

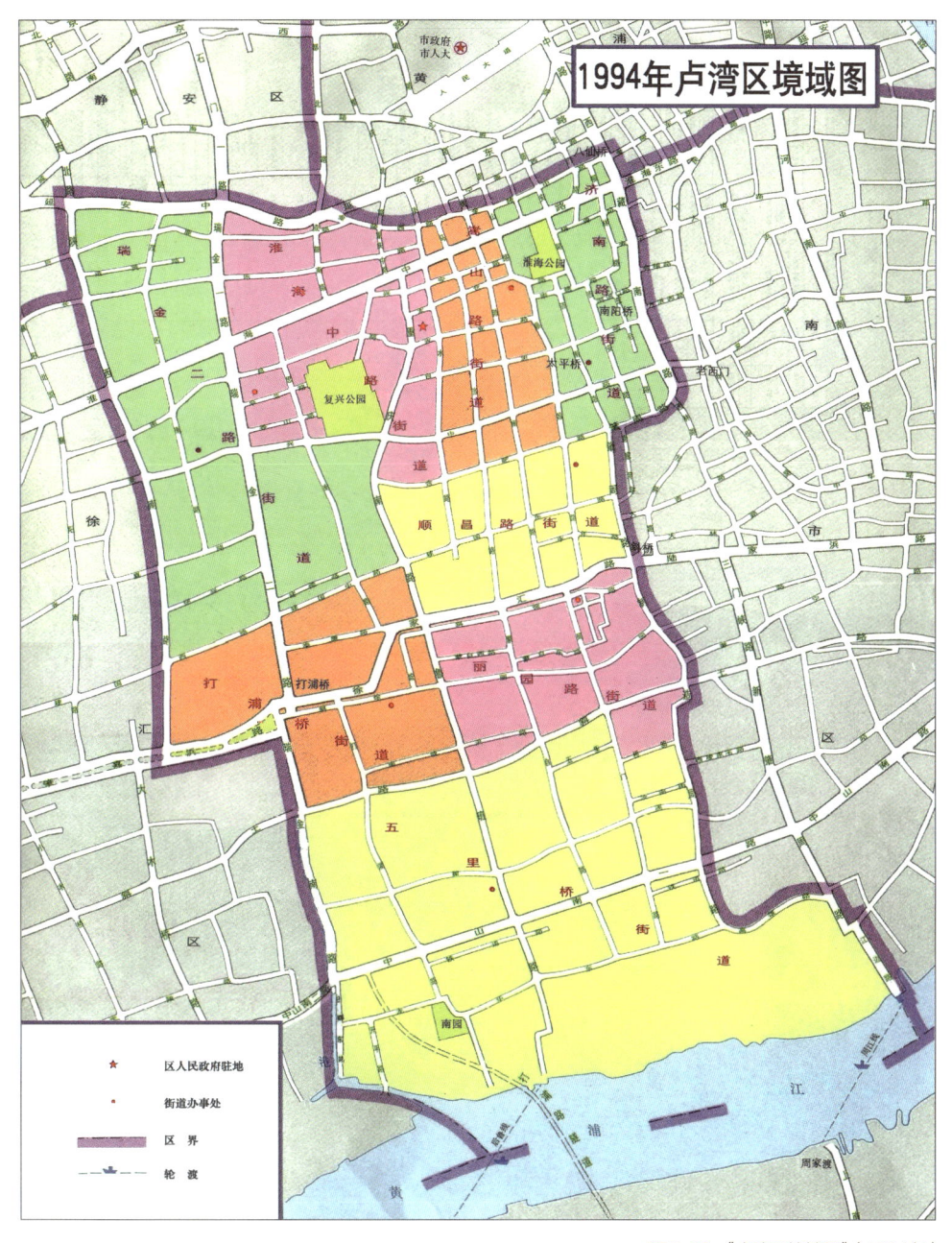

图0–26，《卢湾区境域图》（1994年）

图0-27，《卢湾区行政区划图》（2003年）

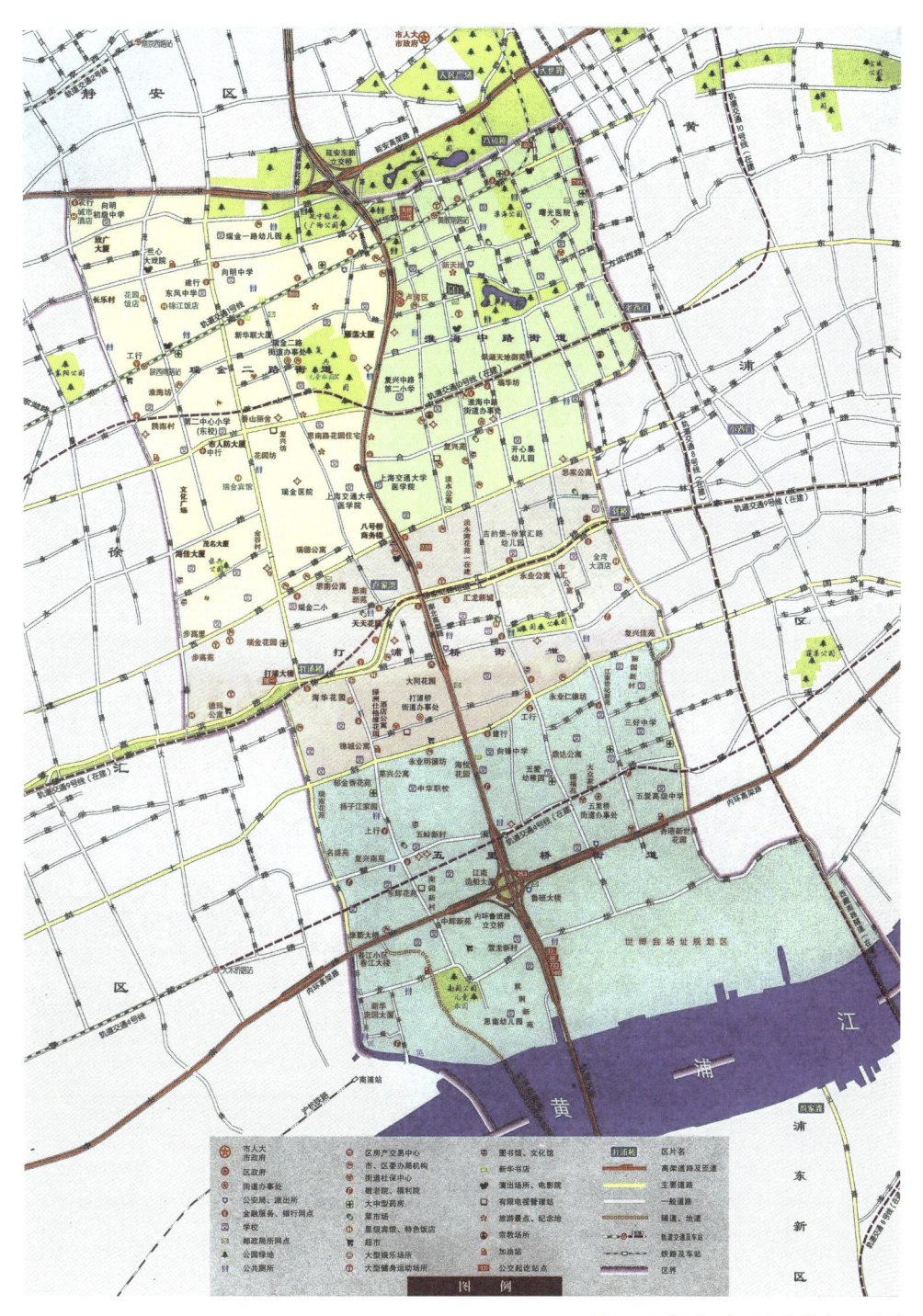

图0-28,《卢湾区行政区划图》(2008年)

图0—29为《打浦桥街道区划图》,此为局部图。这是最新的打浦桥行政区域图。打浦桥街道位于黄浦区中南部,东起肇周路、制造局路,与老西门街道、半淞园路街道交界;西至瑞金南路、肇嘉浜路、陕西南路,与徐汇区接壤;南靠斜土路,与五里桥街道为邻;北沿建国东路、建国中路、建国西路,与淮海中路街道、瑞金二路街道相依。在

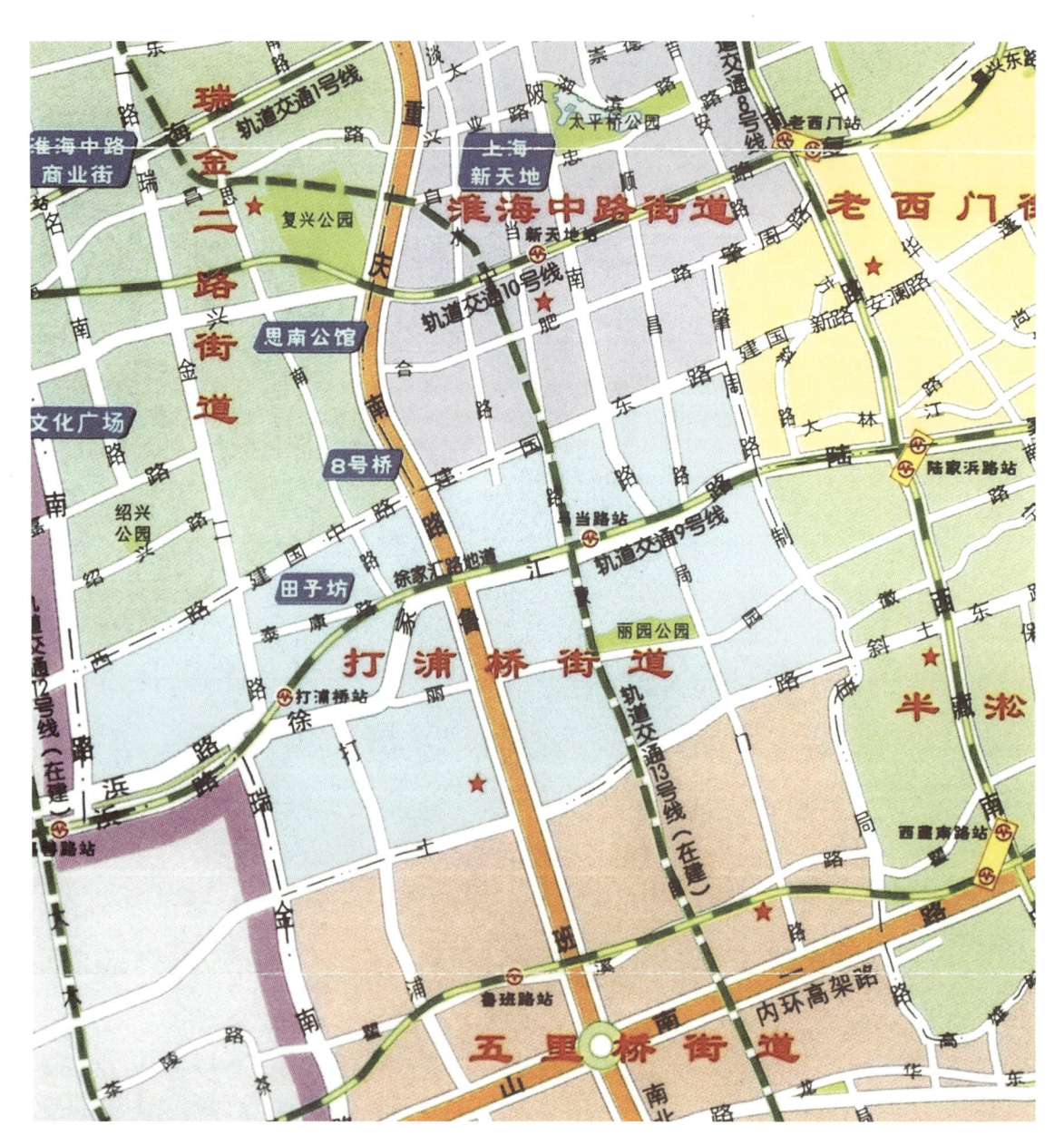

图0—29,《打浦桥街道区划图》之局部图,选自《2016年黄浦年鉴》(打浦桥街道提供)

该图中，还显示轨道交通9号线、13号线（当时未全线贯通，标注为"在建"，13号线的二、三期工程于2018年12月开通运营）在辖区内的马当路交汇。9号线还设有打浦桥站。（图0-29）

如今的打浦桥街道，辖区面积1.59平方公里，户籍人口6.27万人，实有居住人口6.55万人。[1] 自1992年上海市第一块土地批租项目在打浦桥"斜三地块"启动，该街区大规模旧区改造的序幕被拉开，街区面貌、形态、结构均发生显著变化，从棚户简屋集中区逐步发展为宜居宜商的现代社区。

不同时期的地图，类型不一，中外文兼有，或从整体，或从细部，蕴含着不同的内容与信息，从多种维度反映打浦桥地区在历史时空中的沧桑变迁。

---

[1] 打浦桥街道提供，2019年3月。

第一章　肇嘉浜沿岸的打浦桥

肇嘉浜，从上海县城"出西城仪凤门水关西流，过万胜桥而西，出闸桥，经罗家湾、陈泾庙南折而入于浦汇塘"[1]。位于肇嘉浜沿岸的打浦桥，就在罗家湾、陈泾庙南折之处，河流纵横，往西即为徐家汇。肇嘉浜是上海县城通往松江府城的重要通道。随着明代中叶上海县城的修筑，城西南一带作为上海的门户，在军事、商业、交通方面所具有的重要性也逐渐凸显。明清时期，打浦桥一带陆续兴起了一些村落、集市。（图1-1）

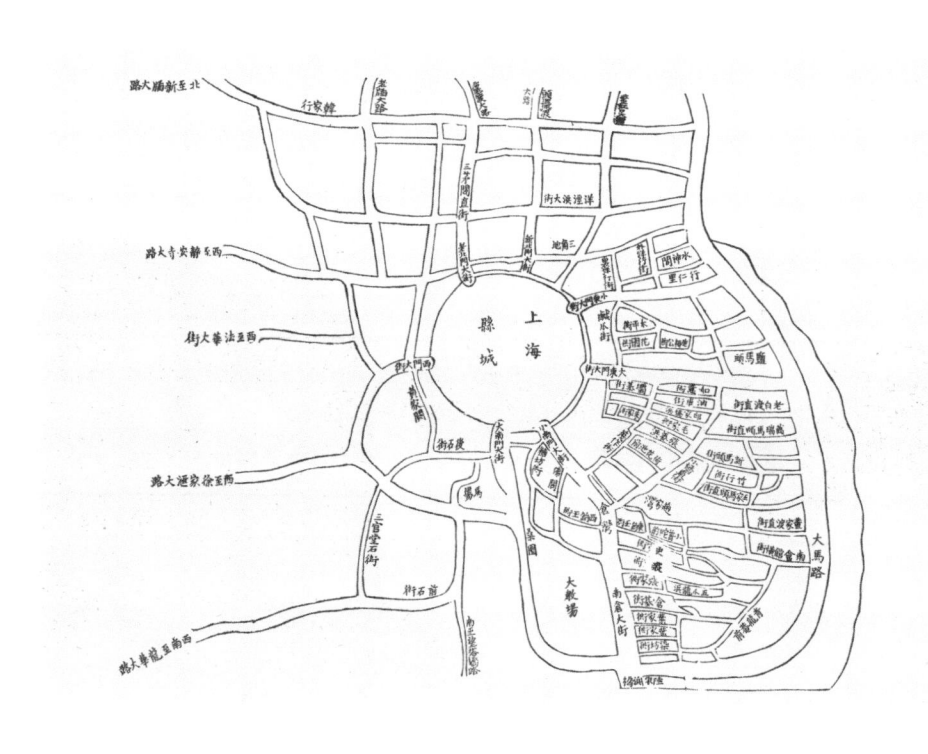

图1-1，上海县城西、南门外

1　[清]嘉庆《上海县志》卷二，"支水"。

第一节　从考古发现说起

　　明清时期的打浦桥，地处上海县城西门外，诸水环绕，浦溆潆洄，周边地势开阔，古迹亦多，村落、草堂、古桥，散落于各处，一派典型的江南水乡风光。加之其地民风淳朴，物产丰饶，风景优美，被视为上海的"风水宝地"，吸引了本地的一些世家大族前来置产，营建园林宅第。也有人在这里选建墓地，墓地又往往与宗祠连在一起，墓地的周边，还分布着不少族田，有的设立义庄，有的建造祠堂，祭先敬祖，世代守护。到了近代，不少同乡会组织也把会馆公所迁建于此，如位于穿心街的浙绍公所，清乾隆年间由浙江绍兴府人公建，后"复于斜桥西购地建筑，规模始备"[1]。徽宁会馆思恭堂，在斜桥南。另有台州公所，在斜桥西、肇嘉浜南。此在后面的章节中将有详细论述。（图1-2）

　　1993年4月16日，打浦路建筑工地发现明墓，经考证，确定墓主为顾从礼。尸身保存完好，为上海地区罕见。《光明日报》等国内重要报刊对此都有详细报道：

图1-2，上海县城西门外一带的河流、船只往来的景象

1　民国《上海县续志》卷三，"会馆公所"。

第一章 肇嘉浜沿岸的打浦桥

明代未腐古尸在沪见天日（专家认为对古病例学人类学研究很有价值）

本报讯（记者史美圣）日前，上海博物馆考古专家和上海自然博物馆人类学专家从上海打浦路基建工地一处明代墓葬中，发现一具未腐古尸，引起市科委和社会各有关方面人士的关注。

在上海博物馆，记者一边看发掘录像，一边听考古专家倪文俊、江松介绍情况。这次发掘的明代墓葬，墓主为明代御医顾东川之子顾从礼。他在嘉靖年间历任皇宫历官、太仆寺丞、光禄寺少卿，加四品服。公元1553年告老还乡回到上海。顾从礼墓为夫妻合葬墓。墓穴建造得十分坚固。尸体安放在双棺之中，内棺外包麻布、丝绸，套在外棺中。外棺外有壁厚10—20公分的木椁，棺椁之间用掺有石灰、沙子的糯米浆浇灌密封。木椁上有四根石条，石条上有整幅石板盖顶。整个墓葬外包一尺厚的糯米浆。棺内放有大量棉纸包着的木炭和灯芯草。男棺内滴水不进，尸体保存完好，皮肤仍有弹性，关节转动自如；女棺内渗水10余公分厚，尸体腐烂。与一般夫妻合葬墓不同之处是男棺在右，女棺在左，不知何故。

上海自然博物馆的徐永庆副研究员告诉记者，上海地下水位很高，居然能发现未腐古尸，实属难得。这具未腐古尸不同于干尸。它有一定的湿润度，因此皮肤有弹性，整体未腐烂。之所以在上海地区尸体能保存四百余年而不腐，主要原因是密封得好，其他因素是死亡时间气温不高，死亡后停尸时间不长，人身上的脂肪少，属老年性死亡等。

徐永庆说，发现古尸对古病例学、人类学研究都很有价值；随葬纺织品，对纺织工艺研究也提供了资料。目前，上海自然博物馆保存了二十余具古尸，由于存放空间狭小，都叠起来放，研究极不方便。非常希望有一处能控制湿度、温度、亮度的场所成立古尸博物馆。[1]（图1-3）

图1-3，《明代未腐古尸在沪见天日》，《光明日报》1993年4月22日，第2版

---

1 《明代未腐古尸在沪见天日》，《光明日报》1993年4月22日，第2版。

从明代顾从礼家族墓的考古清理现场查看，这是一座一墓双穴室糯米浆三合土浇筑的石板墓。石盖板约长3米、宽1.3米、厚0.45米。[1]（图1-4）顾从礼家族墓地，"位于卢湾区（今属黄浦区）肇嘉浜打浦桥附近，1993年、1994年，上海海华房产有限公司在肇嘉浜路打浦桥附近建房施工时，先后发现10多座墓葬。根据墓葬排列及棺盖上的铭旌，初步确定为顾从礼家族墓地"[2]。随着发掘的深入，先后发现了顾叙、顾东川、顾从礼、顾汝达等顾氏家族数代人十多座墓葬，出土大量文物，包括金银首饰、玉器、铜镜、折扇等，其中玉器数量颇多、品种多样、制作精美。介绍其中几件：

图1-4，顾从礼家族墓考古清理现场

1　上海市文物管理委员会，何继英主编：《上海明墓》，文物出版社2009年版。此段文字及图由上海博物馆何继英研究员提供。
2　上海市文物管理委员会，何继英主编：《上海明墓》，文物出版社2009年版，第59—65页。

图1-6，顾氏家族墓地出土的文物：白玉鸟云纹环

图1-5，顾氏家族墓地出土的文物：银鎏金嵌宝镶白玉松鹿绶带鸟牡丹纹帔缀

图1-7，顾氏家族墓地出土的文物：白玉执荷童子佩

  图1-5，银鎏金嵌宝镶白玉松鹿绶带鸟牡丹纹帔缀。高13.5厘米。1993年打浦桥明代顾东川夫人墓出土。发现时缝缀于霞帔下部。顾东川为顾从礼的父亲，明嘉靖年间御医。（图1-5）

  图1-6，白玉鸟云纹环。直径4厘米。1993年打浦桥明代顾从礼家族墓出土。针刻鸟纹、卷云纹，刻法近似游丝毛雕，具有汉代玉器风格。（图1-6）

  图1-7，白玉执荷童子佩。高5厘米。1993年打浦桥明代顾从礼墓出土。发现时用丝带佩于死者胸部。童子五官为典型的明代特征。[1]（图1-7）

其实，关于顾从礼墓地的位置，地方志书中也有记载，"（明）光禄少卿顾从礼墓，在日赤港北，王世贞铭"[2]。日赤港北，即位于今打浦桥。

---

1 详见上海市文物管理委员会，何继英主编：《上海明墓》，文物出版社2009年版。此段文字及图1-4、1-5、1-6、1-7由上海博物馆何继英研究员提供。
2 ［清］嘉庆《上海县志》卷七，"冢墓"。

第二节　顾氏家族与上海筑城

打浦路建筑工地发现的顾从礼之墓，墓主顾从礼来自明清时期上海的名门望族——顾氏家族，顾从礼也是参与明代嘉靖年间上海县城修筑的重要人物。

顾从礼，松江府上海县（今属上海市）人，字汝由，顾定芳之子。嘉靖巡视承天，以善书法被推荐，任中书舍人。"大学士夏公言荐修承天大志，称旨，授翰林典籍，历官光禄寺少卿，加四品服俸。"[1] 顾从礼还曾参与编纂《玉牒》，摹抄《永乐大典》等。

从京城致仕后，返回故里上海的顾从礼仍非常活跃，捐修儒学，置义田以助里役，济贫睦族。遇地方大饥，"出粟三千斛，煮糜饲饥"[2]。陆续修筑三里桥、五里桥、草堂桥等，还在上海县城内重修抚安桥。但他对上海影响最大的还是倡议兴筑县城，"上海困倭寇议城工，从礼先筑小南门以倡始"[3]。

这还要回溯到上海立县。元至元二十七年（1290年），松江知府仆散翰文以华亭县地大户多，民物繁庶难理为由，提议另置上海县。[4] 朝廷同意松江府的提议，准允划出华亭县东北的长人、高昌、北亭、海隅、新江五乡凡二十六保，分设上海县。二年后，即至元二十九年（1292年），上海县正式成立，上海县从此成为一个独立的行政区，与华亭县并为松江府属县。元代上海立县后，并没有"城"。上海县初立，以旧榷场为县署，长期以来无城池可据，这在中国县治中也不多见。为什么没有筑城设防，明弘治《上海志》有这样一段解释："上海以镇升县，故旧无城，后之作令者尝欲建请，然无遗址可因，其势颇难，而议者又谓市虽逼浦，而素无草动之虞，在所不必作者，故屡谋而屡寝焉。"[5] 当地士绅屡有建城之议，却一直被以"无遗址可因"为借口，始终没有筑城之举。就这样，没有城墙的上海，过了二百多年。

海疆升平，县治濒浦近海，也无多大关系。但到了明代中叶，江南沿海地带已屡受海盗、倭寇骚扰。嘉靖三十二年（1553年），上海县治治所在4月至6月间，因无城池可据，以至接连遭受5次倭祸。面对倭祸，上海士绅迅速动员起来，潘、陆、顾、钱等当

1　[明]崇祯《松江府志》卷三十五，"荐举"。
2　[明]崇祯《松江府志》卷四十一，"人物六"。
3　[明]崇祯《松江府志》卷四十一，"人物六"。
4　时人唐时措撰《县志记》中云："以华亭地大民众难理，命兮（析）高昌、长人、北亭、海隅、新江五乡凡二十六保立县。"仆散翰文，字行之，元至元十九年知松江府，奏析华亭东北五乡为上海县，以府直隶中书行省。
5　[明]弘治《上海志》卷一，"城池"。

地大族纷纷出来，要求官府筑城，有一位叫潘荣云说："邑以无城，群凶觊觎，民无固心，故受祸尤酷。"[1] 顾从礼更是写了一篇《奏请筑城疏略》，此摘引部分内容：

> 切照松江府上海县，黄浦环其东，吴淞绕其北，二水会合，东流入海，不过四五十里，实据东海上游，故曰上海。宋时，特为海舶所驻之地，故置市舶提举司。元朝禁网疏阔，江南数郡顽民率皆私造大船出海，交通琉球、日本、满剌、交趾诸蕃，往来贸易，悉由上海出入，地方赖以富饶，遂至元二十九年开设县治，至今二百余年。原无城垣可守，……县门之外，不过一里即是黄浦，潮势极其迅急，寇贼最难防御，所以近来嘉靖戊子等年，屡屡被贼劫烧，杀伤地方乡官、商人、居民，不下百有余家。盖因贼自海入江，乘潮而来，乘潮而去，劫掠城市如取囊中，皆由无城可依之故也。[2]

顾从礼的这篇奏疏，洋洋洒洒，向朝廷反映上海士绅要求筑城的迫切心情。他回顾了以前没有筑城的原因，主要有两点："一则事出草创，库藏钱粮未多"；"一则彼时地方之人，半是海洋贩易之辈，武艺素所习，海寇不敢轻犯。"所以虽未设有城池，自然亦无他患。现在情况不同，"倭贼自海入江，乘潮而来，乘潮而去，劫掠城市如取囊中……杀伤地方乡官、商人、居民不下百有余家"，所有这些，"皆由无城可依之故也"。顾从礼他们明白保全了地方，也就是保全了自己的家族。

除了顾从礼等地方士绅的强烈呼吁外，这一时期各级地方官员也积极向朝廷要求筑城。这里，特别要提到时任松江知府的方廉。方廉，号双江，浙江新城（今富阳）人。明嘉靖二十年（1541年）进士，三十二年（1553年）任松江知府。为防倭寇骚扰，他也认为上海筑城再也不能耽搁了，"斯城不筑，是以民委之盗也"。他"从邑人顾从礼建议筑濠"[3]，也附和顾从礼的筑城之议。不久，得到朝廷的准许，于是，官府、士绅合作，度定基址，抽调人员，旦暮督工，兴筑城垣。顾从礼先筑小南门以倡始，又发粟四千余石，募民筑城，计工给粟。城垒六十余丈，壕亦称是。官民联动，上下齐心，仅几个月，上海县城就修筑起来。（图1-8）

新筑的上海县城，位于松江府城东北九十里，城周围凡九里，高二丈四尺。陆门有六：东曰朝宗，南曰跨龙，西曰仪凤，北曰晏海，小东门曰宝带，小南门曰朝阳。水门

---

1 ［清］乾隆《上海县志》卷六，"城池"。
2 ［明］崇祯《松江府志》卷十九，"城池"。
3 ［明］崇祯《松江府志》卷十九，"城池"。

图1-8，上海县城墙

三座，其东西的一座跨肇嘉浜；一座在小东门，跨方浜；[1]还有一座在小南门，跨薛家浜。城四周设防，设敌楼、平台，建雉堞，"濠广六丈，深一丈七尺，周回潆绕，外通潮汐"[2]。但那时是泥土版筑的，后来才陆续改为砖石。这一年是明嘉靖三十二年（1553年），此距元代上海建县已整整260年。（图1-9）次年正月，倭寇突攻上海，倭首萧显驾七艘大船率领数千名倭寇进犯，在打败黄浦江中的明水师后，直逼上海城下。上海县城新筑，时任海防佥事的董邦政昼夜督战，据城死守。倭寇气势汹汹，屡屡发起进攻。城东南一带战事尤为吃紧，数百倭人渡过护城河，幸亏董邦政率兵及时赶到，予以击破。董邦政后调用神枪手，以一当百，倭寇最终遁去。以上海新城坚固而莫能克。倭寇又沿黄浦攻府城，仍不得破。上海筑城的功效迅速得以发挥。（图1-10、图1-11）方廉也因功擢右佥都御史，巡抚应天。[3]顾从礼倡议筑城之举，功不可没。[4]

顾从礼卒，葬于日赤港北大仓（今打浦路斜徐路），由王世贞撰铭。[5]

---

1 ［明］万历《上海县志》卷五，"城池"。
2 ［明］万历《上海县志》卷五，"城池"。
3 ［清］嘉庆《上海县志》卷九，"官绩"。
4 详见马学强：《士绅与明代上海筑城》，《上海研究论丛》（第二十二辑），上海书店出版社2014年版。
5 王世贞（1526—1590），字元美，号凤洲，又号弇州山人，南直隶苏州府太仓州（今江苏太仓）人。明嘉靖二十六年（1547年）进士，历任刑部主事、兵备副使、大名副使、浙江左参政、山西按察使等职，累官至南京刑部尚书。著有《弇州山人四部稿》、《弇山堂别集》等。

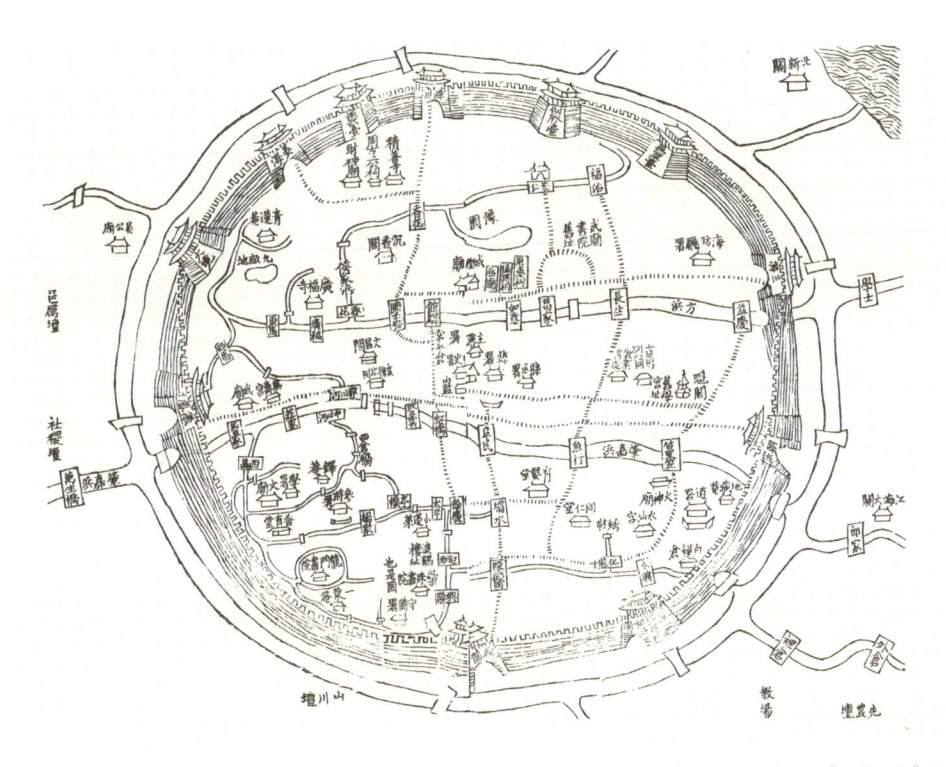

图1-9，上海县城图，选自清同治《上海县志》卷首

图1-10，反映上海抗倭史迹的文献：《长春园附集》封面

图1-11，《长春园附集》内容（选）

家桥等地方与贼交战斩获首级六颗，解赴巡按御门纪验讫。本月初十日倭贼四万余人住剳上海城下，攻围城池四十余日时，城又倒一百丈，此役督率亲兵昼夜风雨抛大石打死一倭，鼓勤众矢石两发贼始退。前后计七十余战，至十九等日起，至本年九月止。屡督肯快围兵张清等在于龙华港等处地方斩获首级四十五颗。本年十月内奉抚按衙门明文，招嘉乡兵进剿，自本月初三日起，至初八日节次督兵高淮等在于该县周家滨等处地方，斩获首级一十三颗。初九日改又统兵官于四眼桥地方大战，斩首级二十九颗，奉提督军门题政。
善募沙土之兵，节有斩获之效，相应纪录奏

上海顾氏家族的历史很值得关注。顾氏家族自孙吴以来，历来兴盛不衰。从顾友实，到顾仲睦，再到顾文敏，数代传承。至顾仲睦，始迁徙上海。顾文敏之子顾英，曾任广南知府，"例得封典"。[1] 上海人陆深撰《中顺大夫广南府知府顾公墓志铭》，即陆深为顾英撰写，也涉及顾氏家族的一段家世（图1-12、图1-13、图1-14）：

> 考讳文敏，号清隐，有隐德。妣陈氏。祖讳仲睦，祖妣沈氏。曾祖讳友实，曾祖妣邵氏。配徐安人，邑旧族，有贤行先公十三年卒。今卜以庚午十二月壬辰启，从公于肇溪南原合而大封焉。子四：长即澄，娶陆氏，孝友礼让以亢厥宗。次清，蚤卒。次云龙，娶姚氏，国子生谒选而卒。季渊，侧室张出也。女一，适张锡，王出也。[2]

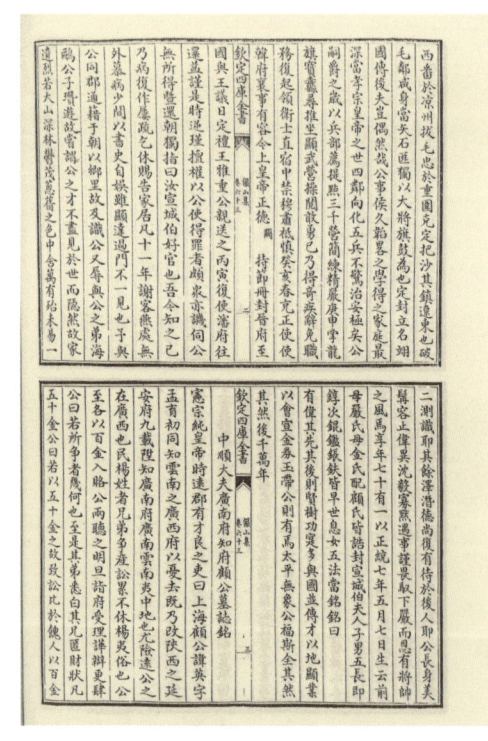

图1-12，陆深《俨山集》卷六十三，《中顺大夫广南府知府顾公墓志铭》

图1-13，陆深《俨山集》卷六十三，《中顺大夫广南府知府顾公墓志铭》（续）

---

1 ［明］崇祯《松江府志》卷四十一，"人物六"，有关于顾敏（字文敏）的记载。
2 ［明］陆深：《俨山集》卷六十三，《中顺大夫广南府知府顾公墓志铭》。

顾英，字孟育，号草堂。明天顺三年（1459年）举人。授广西同知，当地有杨氏兄弟争产，各赂顾英百金，庭审时返赂训诲，使两人愧服。转任延安同知，遇兵荒，百姓多欠赋税，建议变通征收。当地饥荒，先开仓赈济，再向上司请罪。后改任广南知府，勤政为民，有政声。退归后，筑南溪草堂于肇嘉浜南（今南塘浜路一带）。"赋诗自娱。又出田十余顷为义庄，赡族。"[1] 在这一带设义庄，赡养族人。顾氏家族与南草堂、打浦桥渊源颇深。

顾英之孙叫顾定芳，也就是顾从礼的父亲。顾定芳，字世安，号东川，博学多识，明嘉靖时为太学生。精医，召为圣济殿御医。某日，嘉靖问用药之道，对曰："用药如用人"；再问养生之道，"以清心寡欲对"，为帝所赞，"顾某非医也，儒之有用者"[2]。官修职郎。致仕归乡。上海县令郑洛书廉正，去世后，家人无力归葬，"定芳从旧田市地以葬"[3]，购地代葬。于邑里置学田百亩，赡养贫穷学生。侍奉父母，以孝著称。撰顾氏家训，尤关世教。[4]

图1-14，陆深《俨山集》卷六十三，《中顺大夫广南府知府顾公墓志铭》（续）

顾家人才辈出，顾从礼之弟顾从义，亦为名士。从义，字汝和，号砚山。"嘉靖庚戌诏选端行善书，时预选者六人，钦定为第一。"[5] 由上舍生选授中书舍人。明隆庆初参修国史，完成后，擢大理评事。性好石，得宣和紫玉泓砚，筑玉泓馆于南溪草堂旁，内有舒啸台、秋波亭、昙花庵、浴鹤溪等景。"手摹宋本淳化帖及法书名画、金石鼎彝。善绘事，工署书，尤为文徵仲、王元美父子所重。有《砚山山人诗稿》行世。"[6]

明清当地文献中有关于顾家在肇嘉浜沿岸活动的一些记载。除了有族人墓地之设外，顾氏子姓广置田产，还有草堂等园林第宅之筑。幽静的南溪草堂，位于肇溪之南。清代有首竹枝词中写道："顾氏南溪一草堂，玉泓馆筑草堂旁；至今子姓还居此，桥影人声对夕阳。"草堂即为顾英所构。顾英致仕归，筑南溪草堂，赋诗娱乐，悠然自得。张悦有诗云：

---

1 ［清］同治《上海县志》卷十八，"人物一"。
2 ［明］崇祯《松江府志》卷四十一，"人物六"。
3 ［明］崇祯《松江府志》卷四十一，"人物六"。
4 上海市卢湾区志编纂委员会编：《卢湾区志》，上海社会科学院出版社1998年版，第980页。
5 ［明］崇祯《松江府志》卷三十五，"荐举"。
6 ［明］崇祯《松江府志》卷四十一，"人物六"。

一室幽然荫碧萝，半层东枕白鸥波。

窗涵水影摇书幌，门过潮声杂棹歌。

洪簟凉分秋气早，湘帘晴卷夕阳多。

不知何处知音客，长为携琴载酒过。[1]

思绪悠悠，其景其境，令人回味。顾英之后，草堂犹存。此后，顾英的元孙顾九锡重又修葺草堂。围绕南溪草堂，顾氏又陆续置田，"今子姓数十家居之"，旁有草堂桥。[2]（图1–15）

当然，在打浦桥一带，不止顾家，还有一些大族在这里置办族田义冢。

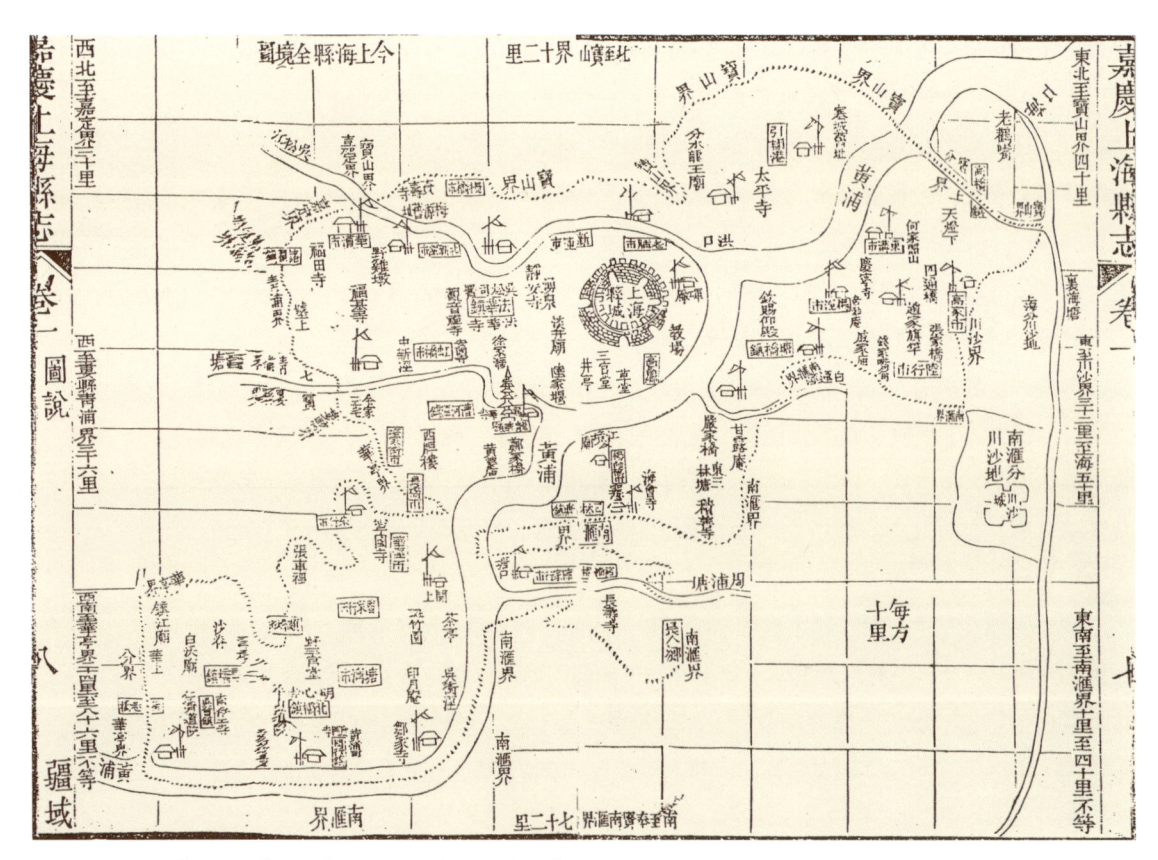

图1-15，清嘉庆《上海县志》所附"上海县全境图"，标注"草堂"

---

1 ［清］同治《上海县志》卷二十八，"第宅园林"。
2 ［清］同治《上海县志》卷二十八，"第宅园林"。

第三节　联接县城与府城的肇嘉浜

　　再回到上海县城。明嘉靖年间的城墙之筑，对这一带河流也带来较大影响，部分河流因此阻隔，或由此改道：如薛家浜，在肇嘉浜南，引黄浦水，自东南经县治而西，"因筑城而断塞，水无蓄泄，积聚秽浊，民多疫疠"[1]。筑城甚至影响到县城居民的饮水，引发卫生问题。方浜，在肇嘉浜北，由小东门水关入，经城隍庙广福寺而西，"因筑城断塞，其两岸多为居民所侵，今存一衣带矣"[2]。导致城内河道变窄，水流减少。侯家浜，"在方浜北，旧从大浦入，因筑城断塞，两岸亦多侵占，几于平壤"[3]。河道功能日渐丧失。可见，筑城的后果是多方面的。

　　筑城之后的肇嘉浜，逐渐成为境内的主干河道。肇嘉浜，在城南，由东向西，横贯县城。东引黄浦之水，从朝宗门水关入城，经仪凤门水关出城，流经万胜桥，西出闸桥，经过罗家湾、陈泾庙，南折而入于蒲汇塘，蜿蜒20里。"由东水关贯城而西，分流支港，蓄泄赖之。"[4]肇嘉浜的作用日渐突出。但也因筑城之后，"水关启闭不时，且夹阛阓，易淤"[5]。有了城墙以后，设水关，不利于河道通畅，虽不时加以疏浚，但肇嘉浜河道的淤积问题始终没有解决。

　　清代文献对肇嘉浜的记载更多。《上海县竹枝词》中提到肇嘉浜："系县治正中大干河。东引浦水，从郎家桥下入东水关，出西水关，西过陈泾庙，西南入蒲汇塘，长十八里。"[6]另有："肇嘉浜旧运官粮，赴府城由蒲汇塘；两处河工通县派，详经免役究何方。"[7]揭示了肇嘉浜对运输官粮的重要性。清代所修的几部《上海县志》中，对肇嘉浜都有记载。据康熙《上海县志》记载："肇嘉浜，在县治南，因浦水，由东水关贯城而西"，又"按此浜为邑干河，东贯城市，西接蒲汇塘……自邑泛舟抵郡，最便"[8]。蒲汇塘与肇嘉浜相接，据清嘉庆《上海县志》载："蒲汇塘，此支河之最大者，由县入府之通津也，为二十九保，在龙华港西，受盘龙、泗泾、横泖诸水。过潘龙桥东，名'蒲汇塘'……竹冈东、横泺

1　[明]万历《上海县志》卷二，"诸水"。
2　[明]万历《上海县志》卷二，"诸水"。
3　[明]万历《上海县志》卷二，"诸水"。
4　[明]万历《上海县志》卷二，"诸水"。
5　[明]万历《上海县志》卷二，"诸水"。
6　[清]秦荣光：《上海县竹枝词》，"水道十六"。
7　[清]秦荣光：《上海县竹枝词》。
8　[清]康熙《上海县志》卷十一，"诸水"。

西，为七宝镇。镇东界浜，入上海境……北岸刘泾桥即肇嘉浜入蒲汇塘口。”[1]肇嘉浜、蒲汇塘，成为从上海县城至松江府城最主要的水路，进而与江南内地诸市镇相连。

在一位名叫曹一士的上海籍官员所呈《开肇嘉浜议》中，谈到：“上邑去松百里，东濒黄浦。浦水贯城而西名肇嘉浜，蜿蜒二十里出蒲汇塘，以达郡治，风雨无阻，波涛不惊，为上海第一要河。”[2]曹氏之议，洋洋洒洒，从多个方面分析疏浚肇嘉浜的重要性，强调这条河流实乃上海“第一要河”。（图 1–16）

之所以把肇嘉浜列为第一要河，主要基于几个因素：首先，它是沟通上海县城与松江府城的水上要道。其次，肇嘉浜两旁支港甚多，开浚肇嘉浜在农田灌溉方面公私均

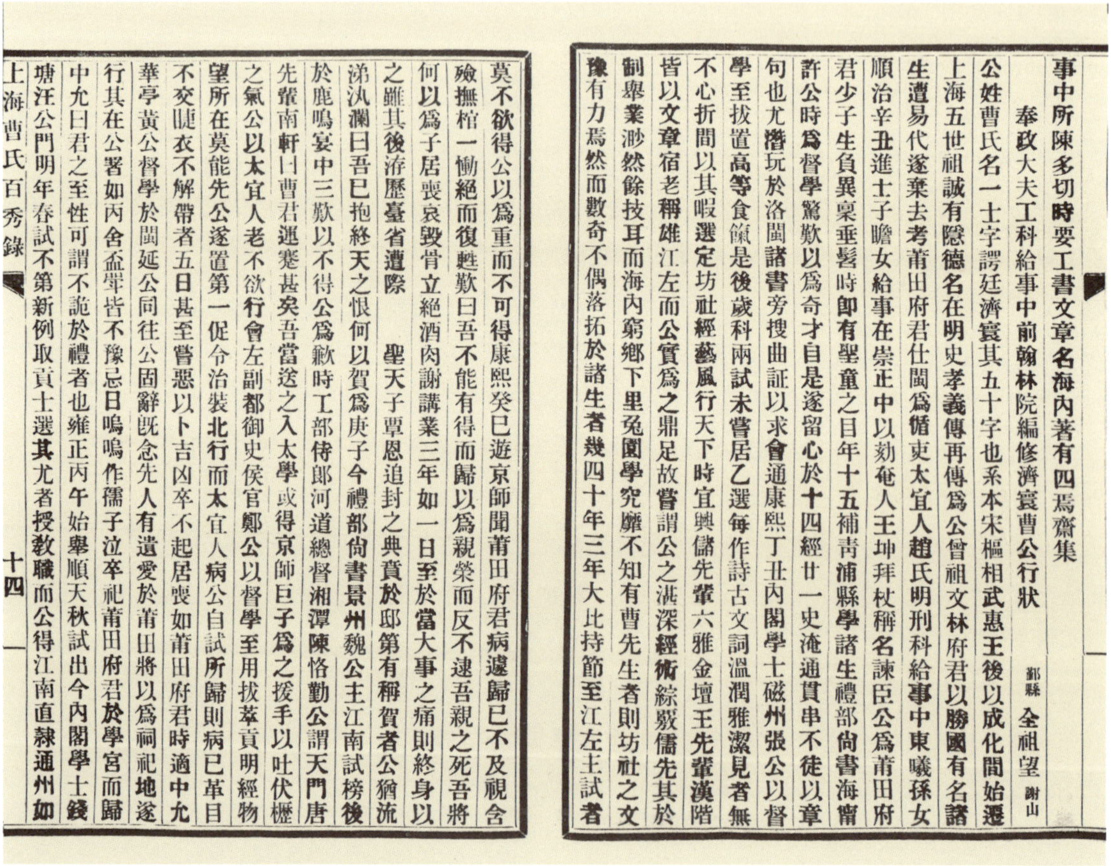
事中所陳多切時要工書文章名海內著有四焉齋集
奉政大夫工科給事中前翰林院編修濟寰曹公行狀　鄞縣 全祖望 謝山
公姓曹氏名一士字諤廷濟寰其五十字也系本宋樞相武惠王後以成化間始遷
上海五世祖誠有隱德名在明史孝義傳再傳爲公曾祖文林府君以勝國有名諸
生遭易代遂棄去考莆田府君仕閩爲循吏太宜人趙氏明刑科給事中東曦孫女
順治辛丑進士子瞻女給事在崇正中以劾奄人王坤拜杖稱名諫臣公爲莆田府
君少子生負異稟垂髫時即有聖童之目年十五補靑浦縣學諸生禮部尚書海甯
許公時爲督學驚歎以爲奇才自是遂留心於十四經廿一史淹通貫串不徒以章
句也尤潛玩於洛閩諸書旁搜曲証以求會通康熙丁丑內閣學士磁州張公以督
學至拔置高等食餼是後歲科兩試未嘗居乙選每作詩古文詞溫潤雅潔見者無
不心折間以其暇選定坊社經藝風行天下時宜興儲先輩六雅金壇王先輩漢階
皆以文章宿老稱雄江左而公實爲之鼎足故嘗謂公之湛深經術綜覈儒先其於
制舉業渺然餘技耳而海內窮鄉下里兔園學究靡不知有曹先生者則坊社之文
豫有力焉然而數奇不偶落拓於諸生者幾四十年三年大比持節至江左主試者
莫不欲得公以爲重而不可得康熙癸巳遊京師聞莆田府君病遽歸已不及視含
殮撫棺一慟絕而復甦歎曰吾不能有得而歸以爲親榮而反不逮吾親之死吾將
何以爲子居喪哀毀骨立絕酒肉謝講業三年如一日至於當大事之痛則終身以
之雖其後涖歷臺省遭際　聖天子覃恩追封之典賁於邸第有稱賀者公猶流
涕汍瀾曰吾已抱終天之恨何以賀爲庚子今禮部尚書景州魏公主江南試榜後
於鹿鳴宴中三歎以不得公爲歉時工部侍郎河道總督湘潭陳恪勤公謂天門唐
先輩南軒曰曹君遇蹇甚矣吾當送之入太學或得京師巨子爲之援手以吐伏櫪
之氣公以太宜人老不欲行會左副都御史侯官鄭公以督學至用拔萃貢明經物
望所在莫能先公遂置第一促令治裝北行而太宜人病公自試所歸則病已革目
不交睫衣不解帶者五日甚至嘗惡以卜吉凶卒不起居喪如莆田府君時適中允
華亭黃公督學於閩延公同往公固辭既念先人有遺愛於莆田將以爲祠祀地遂
行其在公署如丙舍盃斝皆不豫忌日嗚嗚作孺子泣卒祀莆田府君於學宮而歸
中允曰君之至性可謂不詭於禮者也雍正丙午始舉順天秋試出今內閣學士錢
塘汪公門明年春試不第新例取貢士選其尤者授教職而公得江南直隸通州如
上海曹氏百秀錄　十四

图 1–16，关于曹一士的记载，选自《上海曹氏百秀录》

1 ［清］嘉庆《上海县志》卷二，“支水”。有陈泾，“在蒲汇塘北，从刘泾桥进东北通肇嘉浜”。

2 ［清］嘉庆《上海县志》卷三，“水利”。

利，意义重大。清嘉庆《上海县志》记载："按：此浜（肇嘉浜）为县治正中大干河，凡南、北分流，潮水涨落，俱于此受沾溉泄泻之利焉。"[1] 曹一士也指出：肇嘉浜"河旁支港甚多，灌溉田亩，公私均利"[2]。此外，还有人提到："城河尤居民血脉，所系可资灌汲，可免火灾，所关甚巨。"[3] 为了保持这一河道的畅通，明清时期曾多次疏浚肇嘉浜。到了近代，也不断对此进行修浚，这在《申报》上可以读到大量相关的报道。（图1-17）

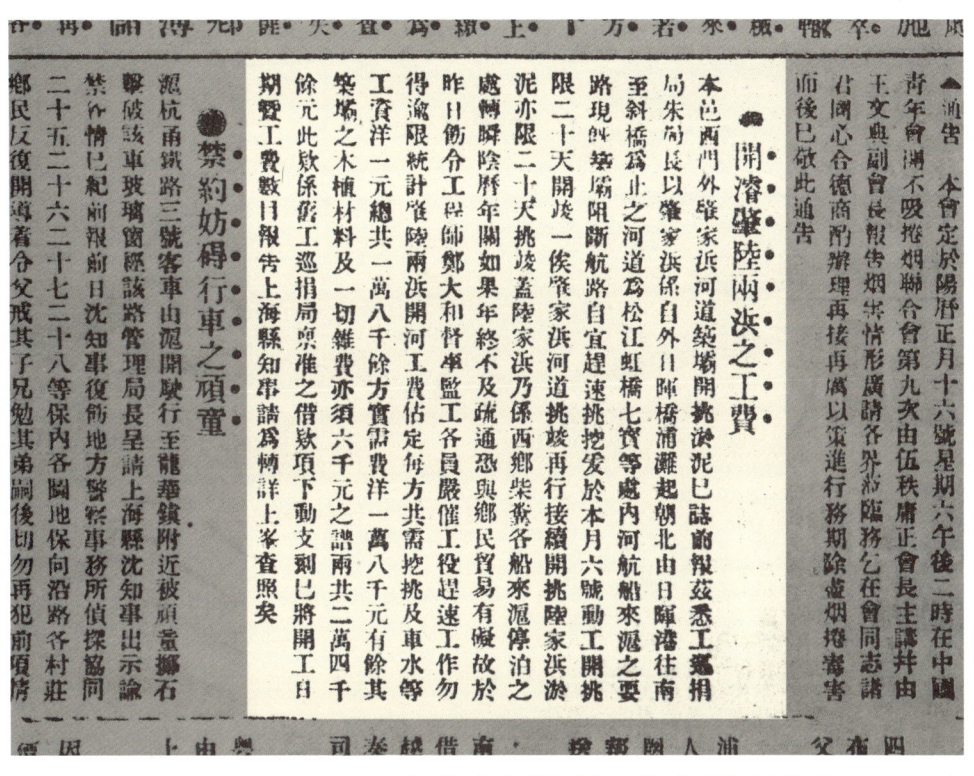

图1-17，《开浚肇陆两浜之工费》，《申报》1915年1月13日，第10版

肇嘉浜附近还有东芦蒲、西芦蒲、日晖港等河流，大大小小的河浜相互交织。此时，这一带景色宜人，树木茂密。仲春三月，桃红柳绿，春意盎然。入秋，登高而望，四周景物尽在一览之中，篱落村墟，民居错落，炊烟袅袅，大小河道帆樯出没，一无掩蔽。（图1-18、图1-19）

---

1 [清]嘉庆《上海县志》卷二，"水利志"。
2 [清]曹一士：《开肇嘉浜议》，嘉庆《上海县志》卷三，"水利"。
3 [清]唐锡瑞辑：《二十六保志》卷四，"杂记"。

图1-18，沿岸树木葱郁，选自徐逸波、翁祖亮、马学强主编《岁月：卢湾人文历史图册》

图1-19，打浦桥附近卢家湾一带的景象，选自徐逸波、翁祖亮、马学强主编《岁月：卢湾人文历史图册》

第四节　早期的村落与市集

　　肇嘉浜沿岸，支流蔓延，河流环绕，形成了一些村落，因河建桥，民居皆傍水而立。一村之中，同姓者至数家，或至数十家，所以，有以姓氏名其村宅者，如蔡家宅、费家宅、西费家宅，稍远处有顾家宅、陆家宅、李家宅、金家宅、刘家宅、杜家宅、褚家宅、杨家宅、盛家宅。[1]这些姓氏的族人们在不同时期，因不同的目的、背景，迁居于此，生长兹土，占野分圃，散为村墟，家给人足，鸡犬相闻。他们是打浦桥、罗家湾一带的原住户、老居民，主要姓氏有蔡、赵、范、曹、黄、吴、严、王等。

　　在传统时代，与百姓生计、村落经济发展关系最密切的还是水路河道。物品运送、商品流通，主要利用水上航路，依赖舟楫往来。临浦傍河，因水成衢，于是，设津渡、建桥梁。上海县城西南一带打浦桥附近，南部沿黄浦边，有草庵渡（在龙华渡东）、周家渡（草庵渡东）、高昌渡等，有几处官渡为明嘉靖时郑洛书任上海知县所设，以便于民之往来。[2]另有陈泾庙亭、井亭等。境内河道纵横，穿梭往来，各种桥梁横跨其上，有木桥、石桥，形制各异。在津渡、桥梁的附近，便于形成贸易集市。五里桥、斜桥、打浦桥等，即因处水路要道，人员走集，而逐渐形成市集、村落。（图1-20）

　　五里桥，因距县城西水关五里，所筑之桥由此得名，为上海县城西去松江府的交通孔要。"（上海县城）西南为三里桥、五里桥、草堂桥，三桥明嘉靖间顾从礼建。"[3]五里桥与三里桥、草堂桥，均建于明嘉靖年间，出资人就是顾从礼。五里桥后演变为一地名，多条河流横贯其间，附近成为一些物品的集散地。

　　斜桥，肇嘉浜东来，由西门入贯上海县城，河道转折处有一小桥，东南、西北向，因斜跨河上习称斜桥，南北往来，商贩集聚，在斜桥的周边设商铺、小摊，日渐成为西门外的一处水陆要津。斜桥，初为木桥，明万历年间

图1-20，丽园路遗存的古井（摄于2008年9月4日）

1　借助明清时期的土地契约文书以及近代的道契档案，我们清晰地了解到明清时期这一带的保、图、圩与村落分布、土地权属、姓氏状况，还可以找到一个个充满江南乡土气息的老地名，法册道契中文里直接称为"土名"。
2　[明]万历《上海县志》卷五，"津梁"。
3　[清]嘉庆《上海县志》卷六，"桥梁"。

朱家法改建成石桥，附近有井亭桥等，"斜桥，旧制木，明朱家法易石，裔孙国彩重修"[1]。说到斜桥，与朱氏家族关系密切。朱家法的曾祖父朱曜、祖父朱豹、父亲朱察卿，均葬于斜桥，朱曜曾任清江提举，朱豹官至福州知府，朱家法自己后为工部员外郎。值得一提的是，朱豹与朱家法为祖孙进士，分别于明正德十二年（1517年）、万历二十年（1592年）中进士。明代，上海斜桥的这一门朱姓，共出了3名进士，还有一位进士叫朱长世，乃朱豹曾孙，明天启二年（1622年）进士。朱家后代又多次捐资重修斜桥。位于今打浦桥丽园路一带区域，是朱氏家族活动的一个区域。1969年，丽园路发现朱察卿家族墓，遭破坏，后由街道追回铜镜、木梳妆盒、金银饰品、折扇、木梳、印章、木买地券等文物100多件。[2] 其中有2方木买地券保存较好，分别为朱察卿母、继母买地券，出现"上海县高昌乡二十五保城隍庙界肇嘉浜水北"及"本乡二十五保淡井庙界肇嘉浜水南"等字样。[3] 结合图片，部分文物介绍如下（图1–21、图1–22、图1–23、图1–24）：

图1–21，"朱氏子文"石章。边长1.8厘米、通高2.5厘米。1969年丽园路明代朱察卿家族墓出土。青田石。

图1–22，"朱察卿印"玉印。边长2.1～2.15厘米、通高1.75厘米。1969年丽园路明代朱察卿家族墓出土。覆斗形。形制、印文风格仿汉代玉印。

图1–23，"朱察卿印"铜印。边长1.4厘米、通高1.5厘米。1969年丽园路明代朱察卿家族墓出土。印面方形，熊钮，铜质。

图1–21，朱察卿家族墓出土文物："朱氏子文"石章

图1–22，"朱察卿印"玉印

图1–23，"朱察卿印"铜印

图1–24，金嵌宝镶玉蝴蝶簪

---

1 ［清］嘉庆《上海县志》卷六，"桥梁"。
2 1969年丽园路朱察卿家族墓出土文物，参见上海市文物管理委员会，何继英主编：《上海明墓》，文物出版社2009年版，第80页。
3 上海市文物管理委员会、何继英主编：《上海明墓》，文物出版社2009年版，第81、82页。

图1-24，金嵌宝镶玉蝴蝶簪。首宽5.1厘米。1969年丽园路明代朱察卿家族墓出土。这是一件设计精巧、别具匠心的金镶玉发饰。[1]

在1902年（壬寅年）《上海通商内外舆图》中，注明沿着城西，通往徐家汇，有"斜桥"等。望道港东边，依次有陈家港、陆家浜等。陆家浜在南城外，东起南仓渡，西接肇嘉浜。（图1-25）

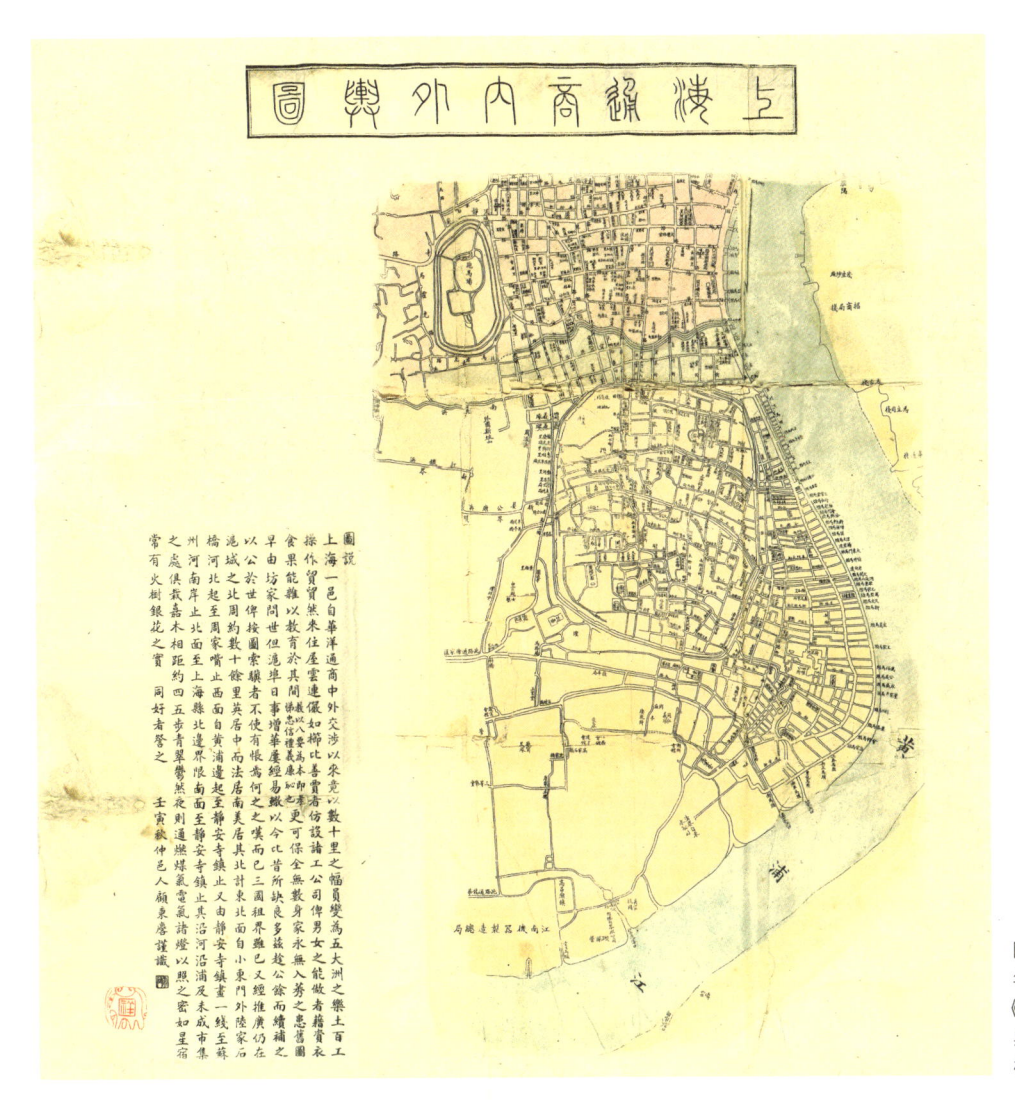

图1-25，1902年（壬寅年）《上海通商内外舆图》，标示斜桥等地名

1　上海市文物管理委员会、何继英主编：《上海明墓》，文物出版社2009年版，第80—83页。此段文字及相关图片由上海博物馆何继英研究员提供。

图1-26，这一带的庭园建筑，选自《江南制造总（分）局全图》

　　这里的一些市集、村落，有的因周边庙宇而兴，如高昌庙原在上海县城南门外、黄浦之滨，据明万历《上海县志》记载："有新、旧两所，新在城南陈家桥，旧在新庙南二里，皆滨浦。"[1] 明时为朱、陈、张三姓乐助。清雍正间，曹炳曾重修。庙宇周边虽有一定的人员聚集，但流动性较强，所以长期以来并未形成镇市。（图1-26）

　　自斜土路至斜徐路的日晖港两侧，跨日晖港有外日晖桥，清光绪十七年（1891年）改建为木桥。[2] 清末形成里日晖桥市、外日晖桥市，分别距上海县城西南七里、九里，[3] 出现了柴草、砂石交易市场和商品集散点。

　　事实上，明清时期的打浦桥及其附近的桥梁，如三元桥、承恩桥、井亭桥等，周边虽也形成了或大或小的市集，但长期以来这些市集始终没有形成一定规模的市镇，商贸活动也较为有限。这是什么原因造成的？其中一个很重要的因素，即与这些市集的空

1　[明]万历《上海县志》卷五，"寺观"。
2　民国《上海县续志》卷四，"桥梁"。
3　民国《上海县续志》卷一，"镇市"。

间分布格局有关。这些市集距县城不远，其西、南两个方向较早就兴起了两个规模较大的市镇，那就是法华镇、龙华镇。法华镇，在上海县城的西面，距城西十余里外，此镇"在二十八保，去县西一十八里"[1]，以法华寺而得名，清乾嘉年间崛起为上海县西一大镇，"去邑西十二里，陆路可通，为往来孔道，桑麻接壤，烟户万家，凡县之附郭者，宜以此为首"[2]。南部有龙华镇，"在二十六保，县治西南十八里，以龙华古刹著名"[3]。介于县城与法华、龙华等几个大镇之间的特殊地缘，加之多农田乡野，深深制约了打浦桥一带的市集发展。"沪邑西门外万生桥，当未经推广法租界以前，市廛并无今日之盛。唯西南一带人民，皆治农圃为生。"[4]

到了近代，由于工业化、城市化进程的加快，打浦桥及周边地区才陆续发展起来。典型的如高昌庙，清同治年间，江南机器制造总局自虹口迁来，环周居民日增，商业发展，渐成高昌庙市，继而成镇。自江南制造局设立以来，这一带的景观逐渐发生变化。而肇嘉浜北岸，随着法租界的扩张，出现了近代街区。

---

1 [清]乾隆十五年版《上海县志》卷一，"镇市"。
2 民国《法华乡志》卷一，"沿革"。
3 [清]乾隆十五年版《上海县志》卷一，"镇市"。
4 海上漱石生（孙玉生）：《退醒庐余墨》，熊月之主编：《稀见上海史志资料丛书（2）》，上海书店出版社2012年版，第331页。

第二章 地名释读

今天的"打浦桥"这一概念,主要是指打浦桥街道这一区域,位于黄浦区境西南部,因打浦桥名、路名而来,东起肇周路、制造局路与老西门街道、半淞园路街道交界,西至瑞金南路、肇嘉浜路、陕西南路与徐汇区接壤,南靠斜土路与五里桥街道为邻,北沿建国东路、建国中路、建国西路与淮海中路街道、瑞金二路街道相依。[1]这里交通便利,人口密集,商业繁华,生活气息浓厚,是上海的重要商圈之一。

但在几百年前,当时人们口中的打浦桥,仅是肇嘉浜上一座普普通通的桥梁,其地周边多为荒野。由今日之盛景,很难想象以前此处的僻静与荒凉。浮世变幻,沧海桑田,解读这一带的地名演变颇有意味。从打浦桥、卢家湾等地名中,我们或可拉开历史剧幕中光斑陆离的一角,窥见社会之巨变。从肇嘉浜上的打浦桥,到卢家湾成为区域之称;由河流凹处至于法界之中心地带,空间景观也发生大变,从荒地、农田而至于"店铺林立",学校、工厂、里弄住宅交错,区域功能复杂完备,打浦桥与卢家湾都由单一建筑或地点之名扩大为综合性区域范围的指称,最终形成近现代意义上的打浦桥与卢家湾。这种对于地名概念与指代范围的认知演变,展现了租界扩张、华洋杂处背景下区域地名的形成与近代化变迁历程。图(2-1)

1　上海市黄浦区打浦桥街道提供,2017年6月数据。

打浦桥：上海一个街区的成长

图2-1，早年的肇嘉浜

第一节　打浦桥的来历

打浦桥原名带浦桥，其谐音打浦桥，故名。[1]"因见于清同治《上海县志》而未见于清嘉庆《上海县志》，斯可断为嘉庆十八年（1813）至同治十年（1871）间修建。"[2] 所谓"带浦"，即靠近入海河流之意，在《松江府续志》之序篇首就有"松江枕海带浦"之语，[3] 所以"打浦桥"之名即点明了其桥所处位置，在娄泾（又名东芦浦）汇入肇嘉浜之处。[4]

肇嘉浜又名蒲肇河，东通陆家浜而出黄浦，西通蒲汇塘，流泽极长，在宋末时，"即为海舶由吴淞江口至当时的大港乌泥泾镇（今徐汇区华泾镇一带）的重要航道。元代中叶后，又称为上海县至松江府城（今松江区）的主航道"[5]，是上海的干河之一。

　　门前公路小河浜，载晓轻篙点水忙。
　　透过石栏蹲对远，青青麦甸野茫茫。[6]

这首诗生动描述了20世纪初打浦桥一带的荒凉景象。打浦桥自清末建成以来，一度处于荒凉偏僻之处，水路纵横，其地多有坟地及善堂，位于上海县城的边缘，人迹罕至，几乎未曾被注意提及。而自1914年法租界大扩张形成法新租界后，打浦桥作为法界与华界的界桥之一，因其所处之位置之特殊，才逐步进入人们的视野。

这种区域地位的提升，使打浦桥及其周边的环境得到了一定的关注。此桥在20世纪10年代之前，《申报》上的记载均是在盗匪劫掠案发时稍加提及，而在此之后，打浦桥周边的情况进一步得到注意，"有浮厝冢基不下数千余亩"，"打浦桥以南，观江北客民所搭盖之房舍，尽用棺木造成"。[7] 足见其地理之偏僻，情状之荒凉，为治安管理之所难及。

1　《上海地名志》编纂委员会编，陈征琳、邹逸麟等主编：《上海地名志》，上海社会科学院出版社1998年版，第294页。
2　中共"一大"会址纪念馆，上海革命历史博物馆筹备处编：《上海革命史资料与研究》（第7辑），上海古籍出版社2007年版，第463页。
3　[清]光绪《松江府续志》"序"。
4　[清]光绪《松江府续志》卷六，"山川志"。
5　中共"一大"会址纪念馆，上海革命历史博物馆筹备处编：《上海革命史资料与研究》（第7辑），上海古籍出版社2007年版，第463页。
6　刘正祯著：《岁月痕》，第1页。
7　《程其达致中华职业学校函》，《申报》1920年10月16日，第11版。

1914年法租界第三次扩张，使打浦桥成为法新租界与华界的边界之后，打浦桥一带荒凉边缘的情况大为改观。"局门桥、新桥、鲁班桥、打浦桥，上四桥跨肇嘉浜，民国四年建。"[1]1921年，打浦桥由于"桥梁坍塌"而进行修葺。[2]1924年由于"桥身坏损"[3]又进行改造，而致使这种桥梁坏损迅速得到修缮改造的原因，则是打浦桥"系华界与法界毗连之处、交通极繁"[4]，附近往来人流日益增加，乃至桥上露天秤菜业发达，而"致桥身日见损坏"，自然也要重视其修筑。（图2-2）

由此可见，法租界的扩张，使打浦桥处在了一个华洋交界的特殊地位上，政治上的复杂状况，使其吸引了大量人口，而人群的聚集逐渐催生出一系列不得不受到关注、亟待解决的问题。打浦桥以及周边区域由此一改往日荒凉情境，受到重视，为这一区域的后续发展打下了基础。

图2-2，《改造打浦桥》，《申报》1924年1月14日，第15版

法租界扩张之后，为改善打浦桥一带的交通状况，方便管理，当局计划修筑打浦桥路，有时也称之为打浦路。打浦桥路于1915年开始修建，在道路规划与修筑过程中，为使工程得以顺利进行，将打浦桥周边坟墓尽数迁开，直接使打浦桥一带荒冢遍地的情况得到改善，不仅为修路之便利，也为今后打浦桥周边土地得到充分利用，吸引人群定居经商，提高地区的吸引力与影响力，实现区位结构功能的转变打下了基础。

打浦桥路建成之后，成为直达龙华及制造局之要道，该路由于所处位置复杂，匪盗劫掠之事时有发生，但随着沿路警备力量的加强，治安状况渐趋良好，吸引了大量的平民涌入。在20世纪20、30年代，《申报》中关于打浦桥路商铺工厂的商业及招租广告急剧增加，表明打浦桥路一带商业日渐繁盛。经济地位的重要性增加，对于打浦桥一词传播范围的扩大与认同度的提升起到了积极的作用。（图2-3）

1　民国《上海县志》卷十一，"桥梁"。
2　《沪南工巡捐局》，《申报》1921年10月29日，第16版。
3　《改造打浦桥》，《申报》1924年1月14日，第15版。
4　《改造打浦桥》，《申报》1924年1月14日，第15版。

由此,"打浦桥"一词所代表之范围进一步扩大,其作为一个繁盛商业区的地位正在逐步确立。

在20世纪20年代末30年代初期,各类报纸上频繁出现"金神父路打浦桥"这样一个区域名称的连称,此区域建有第一、第二平民所,为平民聚集之处;且河浜纵横,江北棚户林立。(图2-4)

1932年"一·二八"事件爆发后,更有大批闸北难民为避战火而迁居此处,打浦桥一带居住人口愈加密集。由于房屋简陋且分布密集,此地带屡次发生火灾而"因该处地属华界,自来水力不足"[1],导致火势不能迅速遏制,损失颇为惨重。同时,由于法租界1914年颁发了《分类营业章程》,规定徐家汇路沿线打浦桥金神父路所在地区为小工厂聚集区域,至20世纪30年代,由于平民所的建立提供了大量劳动力,此处工厂林立,轻工业发展颇具规模,商业也颇为繁盛。作为法界与华界之交界处,对此区域情况描述时,地理名称用词由打浦桥周围而至于打浦桥路,再到"金神父路打浦桥"这一称呼,表明作为一个整体,法华杂处、样态多样、治理困难的这一交界区域的范围正在不断地扩大,而"打浦桥"一词,正由最早的特指一桥而到现在成了更广泛区域的代称。(图2-5)

1937年侵华日军挑起"八一三"战火,打断了打浦桥地区的发展进程。从8月19日起持续进行的沪南大轰炸中,地近江南造船所和沪杭甬铁路日晖港大桥的打浦桥地区,自然遭到了严重破坏。[2] 打浦桥地区的工厂、住宅损毁无数,后来多

图2-3,《新造街房召(招)租》,《申报》1931年11月10日,第17版

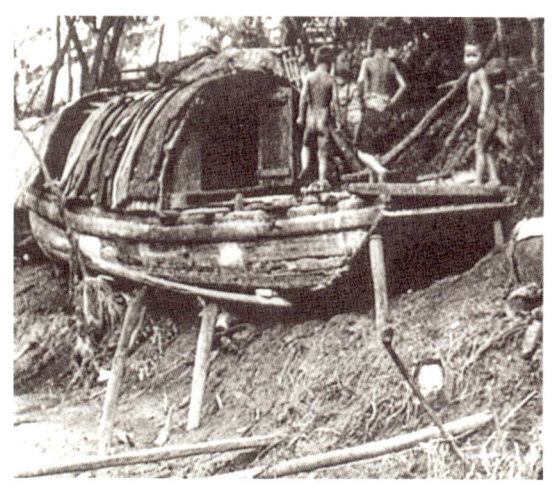

图2-4,棚户林立

---

1 《昨夜打浦桥大火》,《申报》1928年12月31日,第15版。
2 中共"一大"会址纪念馆,上海革命历史博物馆筹备处编:《上海革命史资料与研究》(第7辑),上海古籍出版社2007年版,第465页。

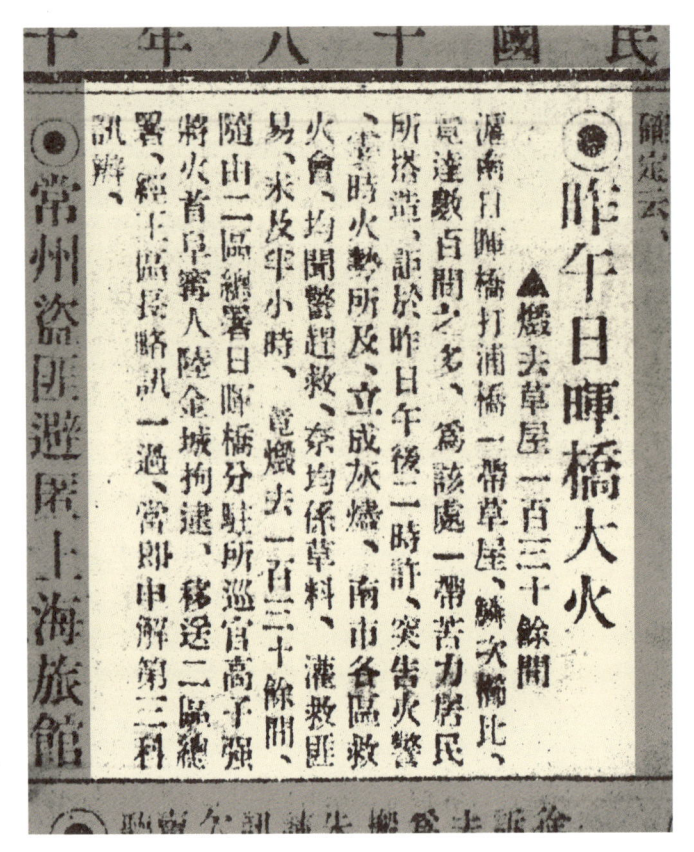

图2-5,《申报》1929年11月20日，第16版，记载沪南日晖桥打浦桥一带"毁去草屋一百三十余间"

半变为棚户区。至1940年，打浦桥附近肇嘉浜接通日晖港转折出浦之河段历经战争沧桑巨变，已经多半被填为半地。剩下的河道也由于桥洞淤塞；两岸工人住户日多，及难民船只任意倾倒垃圾于河中；两旁工厂排泄污水垃圾；战争炮毁民宅，破碎砖瓦之淤塞等种种原因，打浦桥附近"东西污流，计东段约长九十公尺，西段约长十公尺，臭秽不堪"，"桥之东首大半被垃圾及沙泥堆积，已无污水，西首储集泥土高达一丈，其河道交界地点筑有低堤，积污水有尺余"，"水色黑，经蒸发后在一定时间发出奇臭，使人难受"[1]。针对这种情况，1940年法公董局董事杨高思向南市区公署长沈世景提出由法公董局代办填塞打浦桥下河道之工程，经审批后，利用附近战前炮毁民宅破碎砖瓦将打浦桥下河道填平，打浦桥失去其横架肇嘉浜之桥梁功能。（图2-6、图2-7、图2-8、图2-9）

1947年，上海市工务局调查发现"中正南二路底打浦桥河浜前由旧公董局将此河填满，至今已五年矣。但桥身犹存，横穿徐家汇路，交通至感不便，各种车辆下桥时往之，丛生撞车伤人之事，巨祸细伤每月有数十余次，其小者当时解决，大之则警官动府……又有十七路电车掉头时也因桥块高矗常与桥车轮相撞，诸多不便"[2]。所以工务局最终于1947年决定拆除打浦桥桥体。至此，这座横跨肇嘉浜转入日晖港河段的桥梁在存在了百年之后，最终消失在了历史的长河中，但"打浦桥"一词，却留存了下来，并不断被赋予新的历史内涵。

---

1 《日伪上海特别政府关于法公董局拟填塞打浦桥及徐家汇河道案的文件》，上海市档案馆藏，档号：R1-11-376。
2 《上海市工务局关于拆除打浦桥改建马路的文书》，上海市档案馆藏，档号：Q215-1-2793。

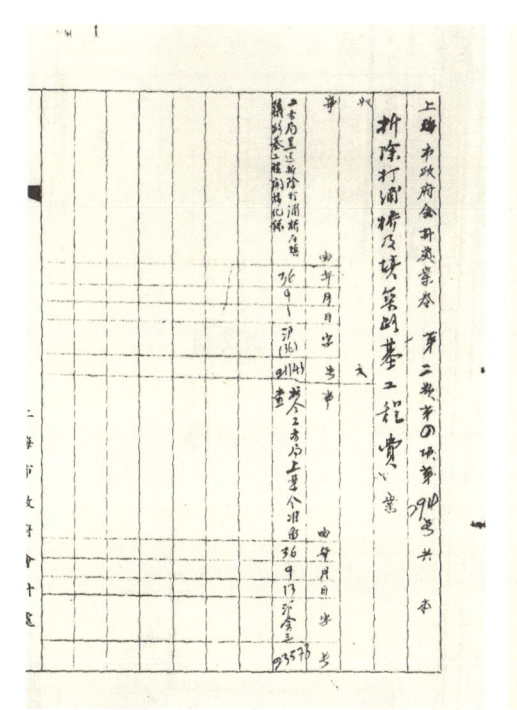

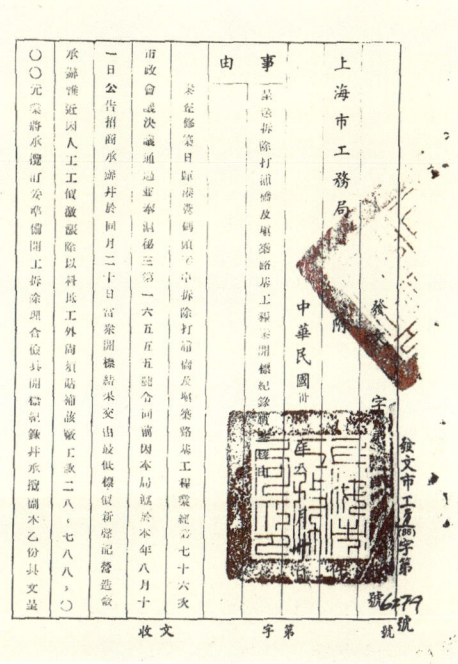

图2-6，打浦桥相关历史档案，上海市档案馆藏，档号：Q124-1-2910

图2-7，上海市工务局关于拆除打浦桥工程档案，上海市档案馆藏，档号：Q124-1-2910

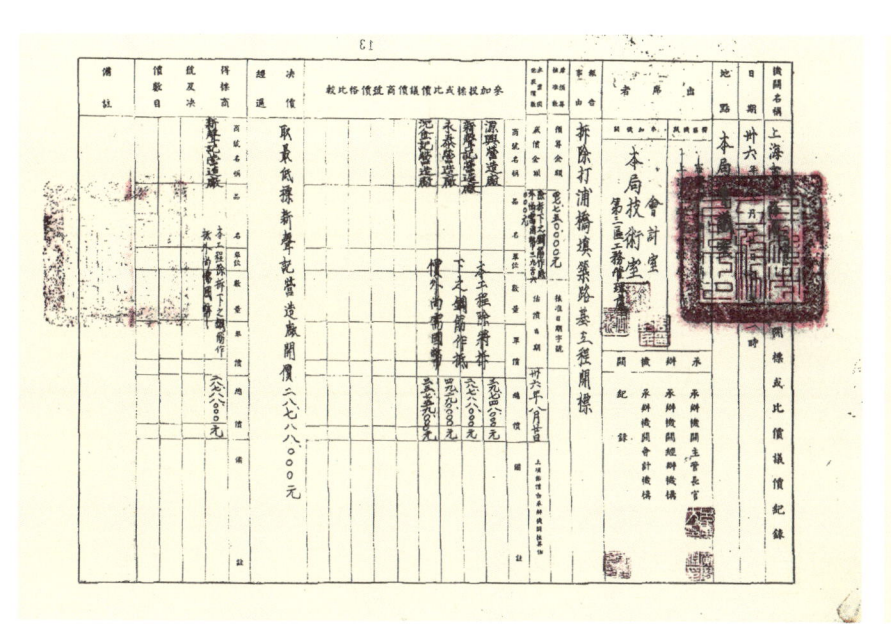

图2-8，上海市工务局关于拆除打浦桥填筑路基工程开标档案，上海市档案馆藏，档号：Q124-1-2910

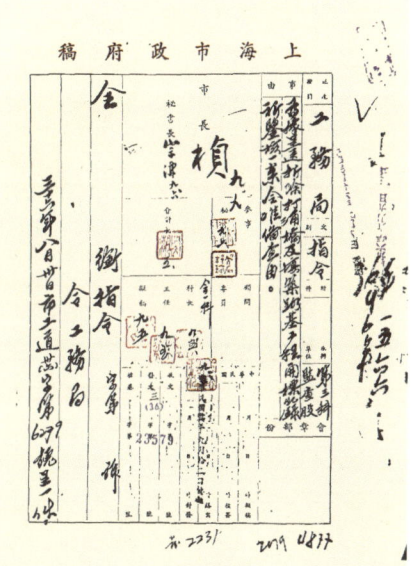

图2-9，上海市工务局关于打浦桥一带工程的指令，上海市档案馆藏，档号：Q124-1-2910

第二节　罗家湾与卢家湾

卢家湾，大致范围是：东至淡水路、鲁班路，西至泰康路，南至斜徐路，北至建国中路。[1]关于卢家湾名称之来源，有几种说法。

其一认为"卢家湾"原为"罗家湾"。此有文献依据，如清乾隆十五年（1750年）版《上海县志》中有一段文字："授文林郎广信府推官朱在镐墓，在罗家湾，行人司副曹锡黼捐资葬。"这是文献中有关罗家湾的较早记载。清嘉庆年间的《上海县志》也提到了罗家湾："南长浜，在周泾西南、罗家湾北。"肇嘉浜"经罗家湾陈泾庙南折而入于蒲汇塘"。[2]依据上海地名命名惯例，河道转弯处凸出的一面称为"嘴"，如浦东的陆家嘴，浦西的周家嘴；凹进的一面称为"湾"，如江湾、潭子湾，潘家湾等。[3]肇嘉浜南折入浦汇塘之"湾"处，有罗姓家族世居于此，而由于"卢""罗"发音相近，后来就演变为了卢家湾。翻阅明清的田册地籍，均明确注明为"二十五保九图罔字圩，土名罗家湾"。可见，罗家湾才是这里真正的老地名。1908年震旦学院（后改名震旦大学）迁址吕班路，该院的院刊仍沿用罗家湾的称呼。[4]（图2-10）

旧志记载还有一种说法认为，"卢家湾"应为"芦家湾"之演变，而"芦家湾"之"芦"字，应来源于南宋年间沪城有东、西二城，西城在东城西北，因旁有东、西芦浦，所以俗称为芦子城，据民国《法华乡志》记载，东芦浦在曹家渡东，南流至打浦桥一带形成一个急转弯而入肇嘉浜，所以此地"芦家湾"因是取"芦浦急弯"之意。[5]在吴方言中，芦与卢同音，也称为卢家湾。

20世纪初，法租界扩充时，在芦浦一带先后修筑道路，又在此地设立了巡捕房、电车站口，均以卢家湾为

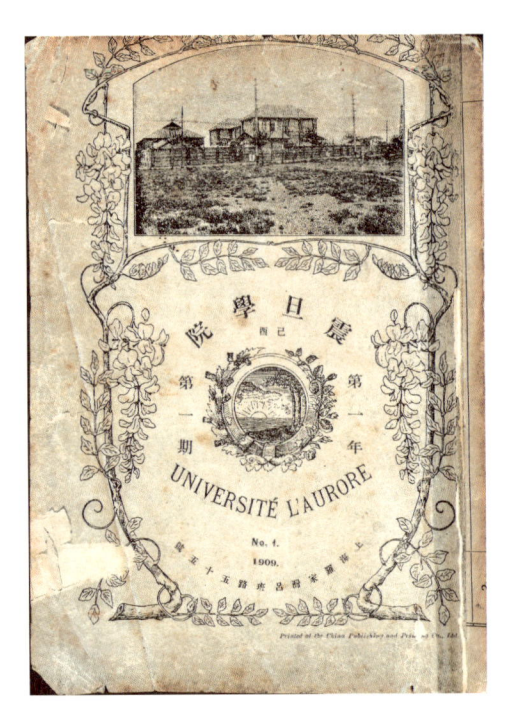

图2-10，1908年震旦学院迁址吕班路，该院的院刊注明的地址为"罗家湾吕班路"

1　陈征琳、邹逸麟等主编：《上海地名志》，上海社会科学院出版社1998年版，第295页。
2　[清]嘉庆《上海县志》卷二，"支水"。
3　中共上海市卢湾区委党史研究室编写：《老话上海法租界》，上海人民出版社1994年版，第207页。
4　详见徐逸波、翁祖亮、马学强主编：《岁月：上海卢湾人文历史图册》，上海辞书出版社2009年版，第15页。
5　薛理勇主编：《上海掌故辞典》，上海辞书出版社1999年版，第17页。

之冠名，徐家汇路一带逐步以"卢家湾"代称。此后更广泛使用这一地名，法公董局于此设芦家湾捕房，并陆续开设法商电车电灯公司（简称"法电"）等。于是，芦家湾（卢家湾）名声日渐流传于海内外。外国人根据译音，将其书写为"LO-KA-WEI"。（图2-11）

图2-11，外文书写的"LO-KA-WEI"

1908年，卢家湾筑成丽园大花园，"每夜游园者车马纷驰，真有如水如龙之概。十二点钟以后，法租界不许马车经过，游园者乃取道华界。希冀从他路绕抵该园，不料华界复有巡警扼守要路"[1]。（图2-12）卢家湾林木茂盛，地势宽畅，一时成为游园踏青之胜地。但与此同时，卢家湾一带烟馆林立，屡禁不止，"因业此者隐匿租界，视为华官势力之外，但该处并非租界"[2]，可见，此时卢家湾处于法界与华界势力之交错地带，法界有心通过筑路，设立巡捕房、电厂等手段控制这一区域，但卢家湾此时尚未明确纳入法租界之范围，造成了20世纪初卢家湾一带发展迅速、鱼龙混杂、权责不明的混乱状况。

及至1914年，法租界界址已放至方浜桥与南阳桥两处，这意味着由西门外至斜桥及肇周路一带属于华界，而法商电气公司铺设之电车轨道所到之处，即由方浜桥往南至西门外斜桥，卢家湾直至徐家汇及肇周路等处全部被纳入法租界之内[3]，今后全由法人负责管理。"自此以后两年间，法人大力整顿卢家湾一带，迁移坟墓，拓宽道路，查禁烟馆，使混乱风气焕然一新，为今后的发展打下基础。到了20世纪30年代，卢家湾地区经过公董局数年的建设，道路宽阔、建筑整齐、商店林立、经济繁荣，已经成为法租界之核心区域。至此，卢家湾区域逐渐定型，"卢家湾"之名也广为中外人士所知。（图2-13）

1943年，在此设卢家湾警察局。1945年12月，于此设第六区，名卢家湾区，亦称芦家湾区，当时区境东界鲁班路、重庆南路、重庆中

图2-12，《申报》1908年7月27日，第5版，记载卢家湾丽园

---

[1] 《游花园之拉杂谈（一）》，《申报》1908年8月1日，第20版。
[2] 《详志卢家湾禁烟情形》，《申报》1909年5月24日，第19版。
[3] 《推放租界纪闻》，《申报》1914年2月8日，第10版。

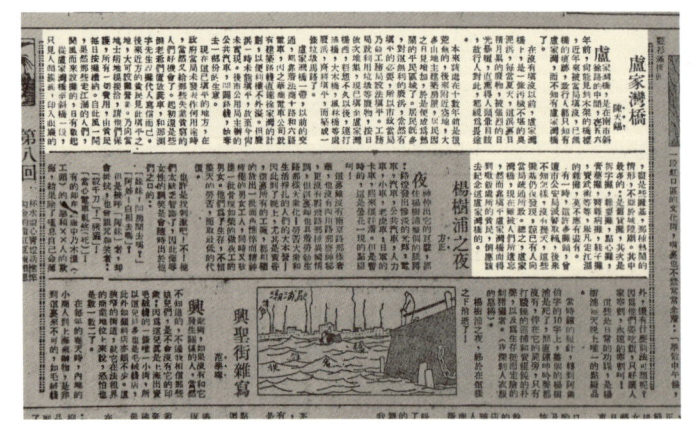

图2-13,《卢家湾桥》,《申报》1936年12月1日,第18版

路,南滨黄浦江,西界日晖路(今瑞金南路)、陕西南路,北界中正中路(今延安中路)。1947年取消序数区名,[1]省去"家"改为卢湾区,形成了后来卢湾区之雏形。1949年3月出版的《上海市行号路图录》在建国中路22号一带分别标识了"上海市卢湾区公所"、"上海市警察局卢家湾分局"。(图2-14)1949年5月30日,上海市军事管制委员会签署的接管令称"卢家湾区"。1950年6月成立区人民政府后统一称为"卢湾区"。

图2-14,建国中路设有上海市警察局卢家湾分局等,选自《上海市行号路录》(下册)"第五十九图"

---

1 陈征琳、邹逸麟等主编:《上海地名志》,上海社会科学院出版社1998年版,第102页。

第三节　斜土路的开辟

民国《上海县志》有一段关于今打浦桥一带道路的记载：

> 斜徐路，东起斜桥，西至徐家汇。局门路，南接龙华路，因对制造局后门，故名。鲁班路，南起龙华路，北至肇嘉浜。新桥路，局门路西，因北达新桥，故名。打浦路，在泉漳别墅后，以打浦桥名。斜土路，东起斜桥南，西达土山湾。日晖路，康衢路北，沿日晖桥，故名。丽园路，肇嘉浜东。……[1]

这些道路的修筑都经历了一个过程。文中提到的"斜土路"，也是如此。

上海作为中国最早开埠的口岸城市，与各国贸易往来频繁，政治上也多受西方各国之掣肘。其城市发展、市政建设无不受世界形势变化之影响。1914年第一次世界大战爆发，欧洲各国忙于本土战争，无暇顾及其在中国上海之各项利益，一方面政治控制上有所松懈，另一方面经济贸易陷入萧条，使上海的市政建设在原先中外势力角逐下一时停滞。同时，在贸易缩水的影响下，上海的挑夫等各项苦力失业，无以维持生计，形成极大社会问题。为解决这一问题，各项马路桥梁工程应运而生，斜土路就是此时被沪南工巡捐局提上筑路议程的。

斜土路之名，起于连接斜桥与土山湾之故。斜桥地区，位于龙华镇西口，原是坟山，因桥的朝向与其他桥不同，大多数的桥是南北向或东西向，但是这座桥东、西分作陆家浜和肇嘉浜，桥东的肇嘉浜是西南-东北流向，视觉上给人以斜建在河上的感觉，故被称之为斜桥，土山湾则位于徐家汇镇南。此地地势平坦广阔，多田地坟墓，地僻人稀，道路多为田间小道，交通不甚便捷。1914年9月25日，工巡捐局在《申报》上刊登这样一则通知：

> 工巡捐总局长朱君出示云，照得案奉上海镇守使面谕，欧西战事发生影响所及，沪地肩挑各项苦力失业，可虑敕将应办马路、桥梁工程招工兴筑等因，奉此遵即督同工程处察看情形，悉心履勘。规拟在肇嘉浅浜、蒲肇河沿浜筑成石片路名曰

1　民国《上海县志》卷十一，"道路"。

图2-15,《维持苦力生计之工程》,《申报》1914年9月25日,第10版

斜徐路。并在日晖港蒲肇河两处建筑大桥两座,又肇嘉浜与蒲肇河之南直达黄浦,其中地方广阔,水道便利,因皆田瘪小路不便行走,拟与斜徐路并行筑路一条直达徐家汇镇南之土山湾,名曰斜土路,并在此路中间开辟南北支路十条。其肇嘉浜蒲肇河除原有桥梁外,另造桥梁八九。[1](图2-15)

从这段记载中,可以看出修筑斜土路的工程已被提上议程,其筑路意义主要有三:

其一,受第一次世界大战影响,欧洲各列强无暇顾及其在上海的各项利益,工程暂缓,产生了大量苦力,无处安置,兴办公共工程可以创造更多就业机会,从而缓解这一社会问题。

其二,斜土路所处之位置日渐重要。龙华镇自江南制造局建立以来,又建有军署及火药厂,日渐成为全国之军需要地,此地漕河泾乡区与高昌庙制造局双峰并峙,南有沪杭铁路外绕浦江,北与徐家汇路租界比邻,中外往来之人日多,其政治上的战略意义不断扩大,建造斜土路可以满足此处的治安与交通需求。

其三,出于华洋之间主权竞争的筑路权争夺需求。随着龙华至徐家汇一带的政治与商业地位上升,人流日繁,生活于此的华人逐渐有路之需求,而出于租界扩张之目的,外人也有染指此地之意。"近年每逢春秋赛马及逐月星期,常有外人驰骋游历,并愿出资

---

[1]《维持苦力生计之工程》,《申报》1914年9月25日,第10版。

修筑桥路，无非扩张势力计划利权。"[1]在此情况之下，出于"免授外人以柄，弗弃内政之权……遇常则商利农便，自为地步之占；遇变则密察严防，庶得机宜之要"[2]的目的，工巡捐局决定修建斜土路以为机要之冲。

斜土路于1915年4月竣工。（图2-16）此后，这一带"往来行人日夜不绝"[3]，工厂、会馆、殡舍、善堂等，也纷纷于此选址建立。经过数十年的发展，往来人员逐步繁盛，交通需求日渐增加。1922年，为备汽车行驶方便，斜土路进行了第一次拓宽，1923年2月1日，闵沪段汽车正式通车，"该车上海车站在黄家阙路沪杭甬路南站附近直达闵行其间经过沪闵南柘路、斜土路、漕溪路、漕河泾、钱粮庙、颛桥、北桥等站全路计长六十里"[4]，这是斜土路首次公共交通设施路线的开通。

1926年，华商电车公司拟将路线扩展到斜土路一带。20世纪20年代，法华交界处新西区建立，斜土路一带被开辟为市政府所在地，电灯、电车、水管等公共设施逐步完善，房屋日渐稠密、往来行人络绎不绝，及至1928年，斜土路一带进一步发展繁荣，旧有道路已经难以维持日益增加的交通需求，沪闵南柘长途汽车股份有限公司上呈文书至上海市特别工务局，其中提到"斜土路弹街日晖桥以西……每日车辆进出及职工等人往来渐形热闹……多处陷落，高低不平，一遇雨天泥泞滑挞，难于行走，加以马路旁垃圾堆积……敝公司因之受损"[5]的状况，促使工务局于当年招标，对斜土路进行了拓宽修缮。20世纪20年代，斜土路的两次拓宽，到达五十英尺的宽度[6]，意味着斜土路公共交通的进一步繁荣，成了沪南的干道，也意味着斜土路由筑路之初农田坟墓遍野的荒地，逐步转变为政治与军事并重的区域，为进一步吸引人口、发展经济打下了基础。1929—1930年，上海市政府对沪南区西部的道路进行了整体的规划改

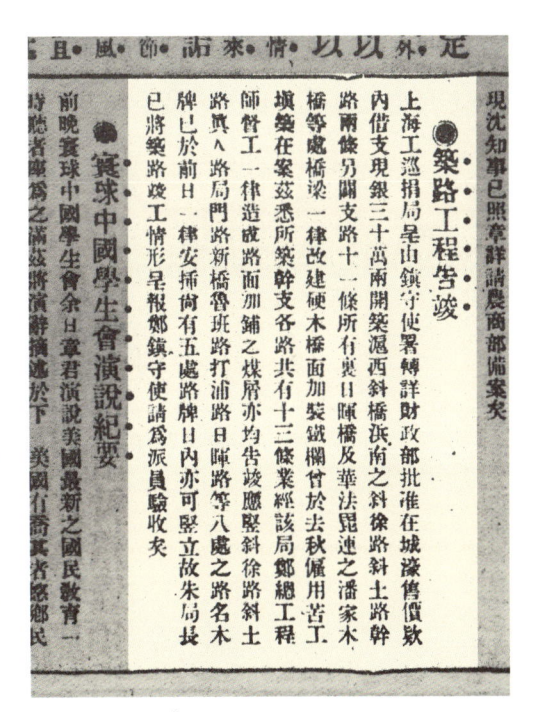

图2-16，《筑路工程告竣》，《申报》1915年4月3日，第10版

---

1 《请求略改路线之呈文》，《申报》1914年10月19日，第10版。
2 《请求略改路线之呈文》，《申报》1914年10月19日，第10版。
3 《臧旅长保卫行旅》，《申报》1915年6月11日，第10版。
4 《沪闵南柘长途汽车上海至闵行通车广告》，《申报》1923年1月30日，第1版。
5 《上海市工务局关于斜土路文书》，上海市档案馆藏，档号：Q215-1-8944。
6 《市工务局》，《申报》1928年7月12日，第24版。

建，"斜土路向为沪南干道，其路线弯曲，不能适合于道路系统。仅自制造局路至谨记路之一段尚可利用，并向东西引长，使与国货路及天钥桥相连，通在谨记路以西之斜土路，除一小部分并入康衢路外，余均放弃。至路面之宽度，原为五十英尺，现改定为十七公尺半，以期与两端之干道相适应"[1]。斜土路风貌逐步与今日相接近。图2-17，为《申报》上刊登的1947年5月《上海市区沪南区地价等级表》[2]，涉及斜土路、打浦桥一带的地价。（图2-17）

斜土路一带，由于其位于法界与华界交界地带，且本为荒野僻地，河浜纵横，治安管理权责十分混乱，这种状况吸引了大批顺河乘船而来的江北流民搭建草棚落脚于此，他们多无固定之职业，盗窃抢劫杀人之事时有发生。1930年，上海市政府发出了如下政令：

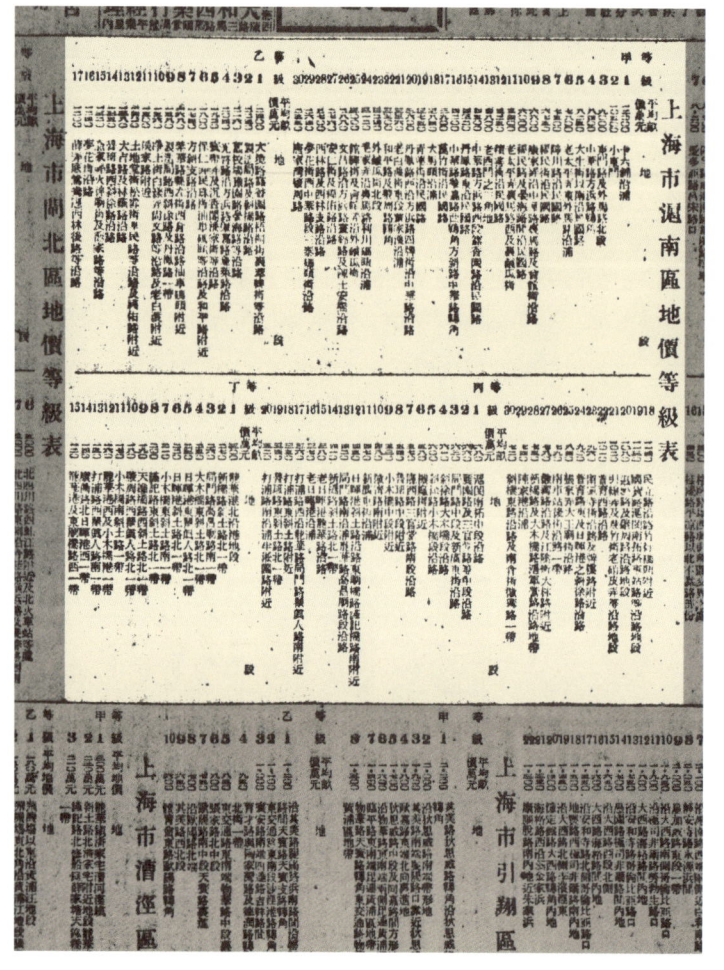

图2-17，《上海市区沪南区地价等级表》，《申报》1947年5月3日，第7版，涉及斜土路、打浦桥一带的地价

上海特别市政府指令第五三六五号

呈为租用第二平民住所基地，抄呈沪杭甬铁路局所拟合同稿并加签注，请检核。令，遵由呈件均悉查签注，各点尚属妥善，应准如所拟修改，仰即与铁路局正式签订合同可也。此令件存。

中华民国十九年五月九日。[3]

---

1 《沪南区西部道路系统新规划》，《申报》1929年12月26日，第14版。
2 《上海市区沪南区地价等级表》，《申报》1947年5月3日，第7版。
3 《上海特别市政府公报》（1930年），第54期，第30页。

政令中拟建的第二平民住所基地,就选址于斜土路鲁班路路口,"计占基地三千五百方尺,系向沪杭甬铁路局租用,计造住屋四百间……结果由谢福记得标,计全部造价银七万九千元,闻将即日兴工,限于二十年三月底落成"[1]。(图2-18、图2-19)第二平民所落成之后,立刻以低价出租,吸引了大量底层贫民来此定居,他们与先前在此搭草棚居住的江北流民一起,组成了斜土路一带的主要居住人口,为后来这一地带轻工业的发展提供了大量廉价劳动力。

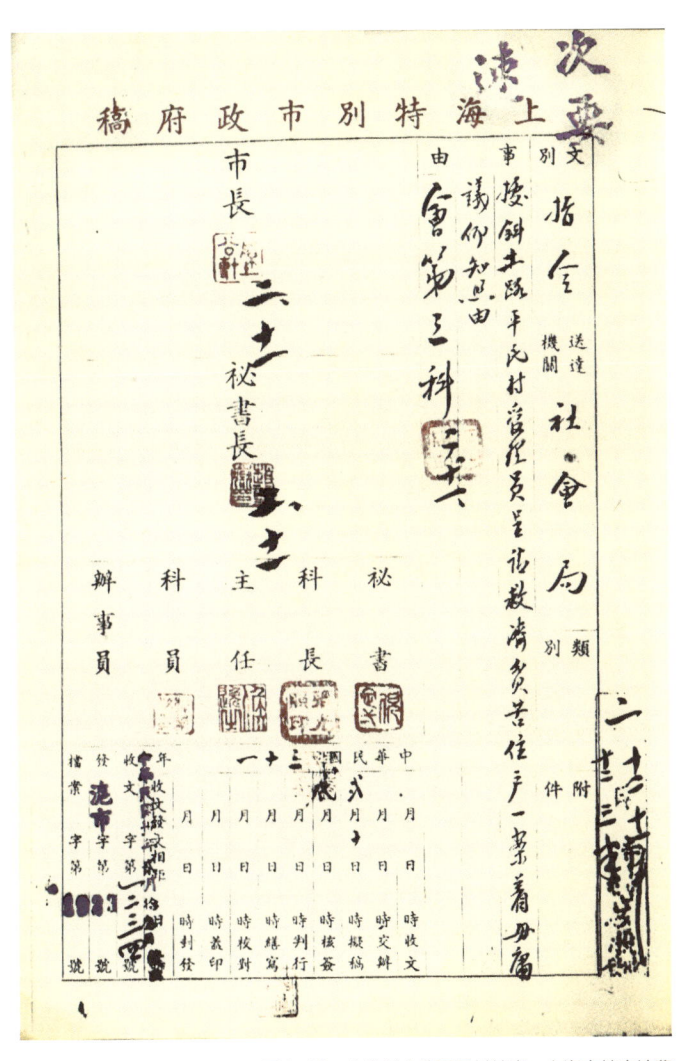

图2-18,有关斜土路平民村档案,上海市档案馆藏

---

1 《时报》1930年9月25日,第6版。

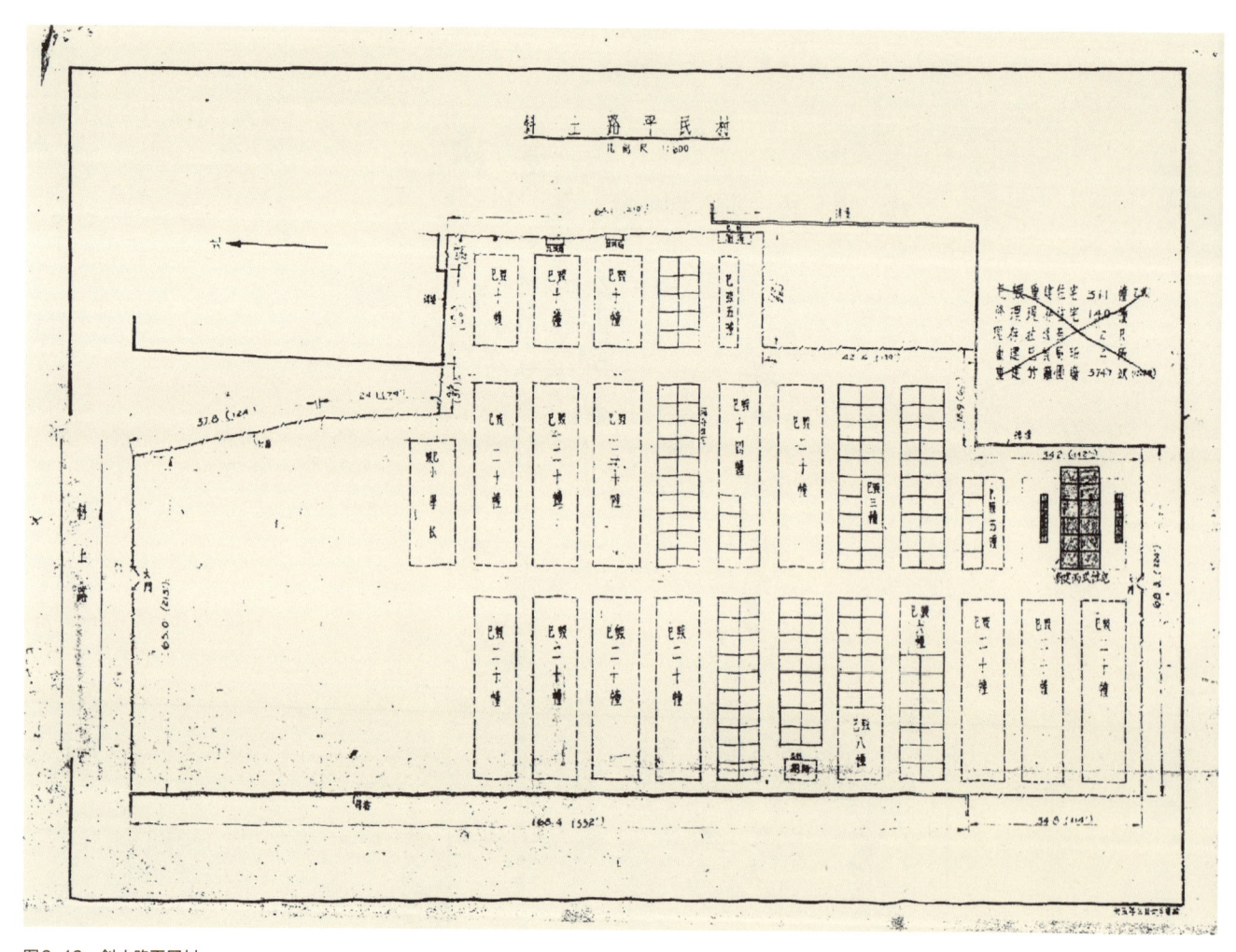

图2-19，斜土路平民村

第四节　江南制造局与制造局路

制造局路，顾名思义，是因江南制造局之故而为道路命名的。江南制造局是洋务运动举办最早的新式机器制造工厂，由曾国藩发起创办，容闳到美国订购了新型母机运回上海，于清同治四年（1865年）于虹口开办。两年之后，制造局生产弹药的规模日益扩大，虹口港的地理条件渐渐无法满足越来越大的军火和舰船生产要求，且虹口地区华洋杂处，易引起中外纠纷[1]，所以江南制造局于清同治六年（1867年）夏天搬至了城南高昌庙镇，高昌庙所在江面辽阔，地域宽广，十分适于造厂之用。（图2–20）"分建各厂曰机

图2–20，江南制造总局门

1　沈云龙：《现代政治人物述评（下）》，"近代中国史料丛刊"，（台北）文海出版社1966年版，第50页。

器厂,其楼上曰洋枪楼、曰汽炉厂、木工厂、铸铜铁厂、熟铁厂、库房煤栈。其管理各所曰公务厅、文案处、报销处、支应处、议价处。又建中外工匠住居之室,继建轮船厂、筑船坞。七年设翻译馆,八年增汽锤厂,令建枪厂移城内,广方言馆于局。十三年立操炮学堂,又在龙华寺镇购地,设黑药厂。光绪元年设厂于龙华镇,二年建火药库于松江城内,四年改汽锤厂……"¹ 从魏允恭所编《江南制造局记》中的记载可知,江南制造局搬至高昌庙后,其机构完备,工人众多,规模不断扩大,成为洋务运动时期中国重要的军工基地。1872年,上海英国领事就称江南制造局"约有1 300名中国工人",1890年以后,工人增加至近3 000人。²如此之大的人员规模,必定可带动高昌庙、龙华一带的经济发展,同时也意味着更大的交通需求。(图2-21、图2-22)

19世纪末20世纪初,制造局附近的各条马路便应这种需求逐步筑成。制造局路也是在这种情况下被提上筑路议程,而聂仲芳是影响此路建成的关键人物。聂仲芳其人,于

图2-21,《江南制造局记》图影(1)   图2-22,《江南制造局记》图影(2)

---

1 魏允恭编:《江南制造局记》卷二,"建置","近代中国史料丛刊"第41辑,(台北)文海出版社1966年版。
2 上海社会科学院经济研究所:《江南造船厂厂史(1865—1949)》,江苏人民出版社1983年版,第85—86页。

1882年被两江总督左宗棠起用,担任江南制造局襄办(副总经理),继而又升任总办(总经理)。在他任职8年期间,励精图治,颇有功绩,制造局成了工人最多的工厂,附设广方言馆,学子盈千,加以局中职员合而计之,最多时达数万人。但是制造局附近的交通状况远不能支撑制造局的弹药材料运输及人员往来,针对此种交通不便之局面,聂仲芳精心谋划,计划筑一条干路,从高昌庙直通至法租界。议既定,觉得工程浩大,他就召驻防上海的炮队营统领杨金龙,拟以兵代工,局中亦令拨一部分工人协助,并规划这路两旁种植杨柳。[1]由此,制造局路这条连接高昌庙制造局与法租界徐家汇路一带的重要干道加入了上海的城市道路系统,也开了中国兵工筑路之先河,而后制造局路的修复拓宽工程,也大部分由兵工进行。

及至制造局路建成以来,由于周围不断发展,其不断在翻修拓宽。1915年,高昌庙一带市面繁盛,往来行人络绎不绝,华商电车公司感到此地已有开通电车路线之需求,便请求拓宽制造局路以方便铺设电车轨道。[2]同年,上海郑镇守使考虑到制造局路负有运输江南制造局的子弹、火药、材料之职责,"未便任其坍损,特敕驻局第十三团及驻龙华之第六团周龚两团长抽拨所部工程队各一队从事修理,将该路加高放阔"[3]。

1919—1921年,制造局路一带已经"人烟稠密,而居者不下千人,工厂学堂东西林立,居户行号鳞次栉比"[4],进行了又一次迁坟拓宽。至1927年,上海市工务局对制造局路进行了一番测量与考察,认为"现当建设时代,路政是为首冲",而制造局路自斜桥直达龙华,是中西人士服务于龙华与高昌庙者往来办公的必经之路,"为通上海兵工厂之要道,路之北端沿河南岸有一马路通今市政府及财政局,北岸属法新租界,其东则为通电车之方斜路及已填之陆家浜"[5],判断制造局路将来交通必定更加繁盛,所以招标将制造局路再一次进行拓宽翻新。(图2-23)1935年,市工务局在制造局路进行了排筑沟渠之工程,到1936年,"沪南制造局路,自斜桥至徽宁路段,尚自去年十月间开浚沟渠工程竣事,至今已越三四月,路面迄今未修复。高低不平,崎岖难行,晴日则沙尘扑面,雨时则泥浆溅身"[6],所以又进行了翻修整理。来往人流货流的增加促使了制造局路的一次次拓

---

1 《中国兵士筑路——制造局路之由来》,载《七日谈》1946年第19期,第4页。
2 《函商放宽制造局马路》,《新闻报》1915年3月23日,第10版。
3 《修理制造局马路》,《时报》1915年4月6日,第13版。
4 《斜桥居民请阻建筑殡舍》,《申报》1919年8月7日,第11版。
5 《上海市工务局关于制造局路文书》,上海市档案馆藏,档号:Q215-1-8928。
6 《修复制造局路》,《新闻报本埠附刊》1936年2月12日,第1版。

宽翻新，而制造局路的便利交通功能又进一步推动了徐家汇与龙华一带的经济发展，使之成了沪南重要的工厂区。（图2-24、图2-25）

水源充足、地势平坦、交通便利、劳动力丰富，为斜土路及制造局路的发展提供了基础支持，这一地带最终成为沪南重要工业区域，更离不开江南制造局选址于高昌庙的带动作用。这两条路的筑成与沿线地带的发展状况，就是近代上海本土军事重工业与轻工业发展尝试的一个缩影。

图2-23，清末的斜桥，选自《江南制造（总、分）局全图》，上海社会科学院历史研究所资料室藏

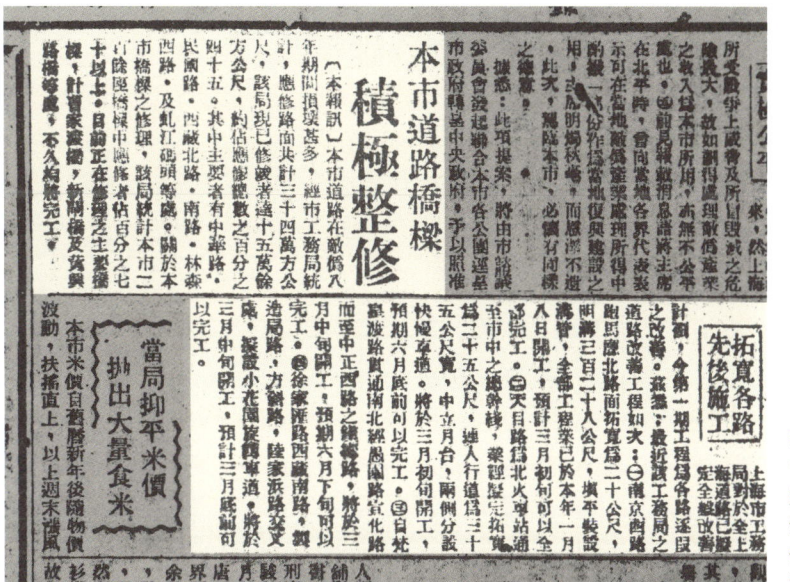

图2-24，《申报》1946年2月14日，第4版，记载徐家汇路、西藏南路、制造局路一带道路桥梁的整修

图2-25，《申报图画周刊》(1931年7月5日 第58号)绘制的"大上海计划图"(部分)，涉及沪南工业区

第五节　那些洋路名：金神父路、薛华立路等

近代的打浦桥，处于华洋之间，这个"洋"，就是指法租界，关于上海法租界的扩张，本书其他章节中有详细叙述。随着打浦桥地区法界道路的开辟，出现了一些所谓的洋地名。

法租界之马路，"多系音译，诘屈聱牙，已难认识，而其字复甚多，有长至五六字者"[1]。沪上旧报人陈伯熙曾记载了这样一则关于法租界马路命名给华人带来不便之见闻："如白来尼蒙马浪路、麦赛而蒂萝路等，则缙绅之士已难言之矣，欲雇人力车至某处，车夫瞠目相向，勉强拉至亦必争执不已。区区一地名，而初游沪者常如张骞使西域，莫得要领，唯有凿空而返，其不便孰甚也。"[2]而在打浦桥地区，法租界内修筑的马路之名，虽无诘屈聱牙之困扰，但因以洋人之名翻译命名，恐怕也有许多初来沪上之人不解其意。

一、金神父路

金神父路于1907年法公董局越界所筑，以法国人金神父之名而命名。金神父其人，曾任上海外国传教分会副总管、巴黎外方传教会总会长，其游历远东传教，远东外侨人士，对其莫不知晓。金神父在上海的影响尤其巨大，他于1881年首次到达中国，在上海居住多年，1888—1903年之间受选担任法公董局董事。他一手制订了法租界越界筑路之方案，购买了越界筑路之地产，法租界的扩张建设，其居功良多。为纪念他的功绩，上海法租界当局于1907年建造了金神父路。（图2-26）

金神父路虽由法租界出资建立，但其当时地处华界，且地辟荒野，河浜纵横，多有淤塞，数度填塞后行人渐多。1914年，法公董局派人在"金神父

图2-26，《札饬派兵开浚河道》，《申报》1907年5月8日，第4版，记载金神父路一带

1　陈伯熙编著：《上海轶事大观》，民国史料笔记丛刊，上海书店出版社2000年版，第20页。
2　陈伯熙编著：《上海轶事大观》，民国史料笔记丛刊，上海书店出版社2000年版，第20页。

路东段车内测量插标,预备扩充路线"[1],华界交涉无果,最终将金神父路纳入了法租界之版图。自此之后,金神父路便日渐发展,花园洋房相继建立。同时,上海法政大学、远东大学、国立暨南学校商科大学、新华艺术学院等高等院校相继在金神父路选址招生,至1929年,金神父路已经"市面发展、商店林立"[2],成为法租界中较为繁华的商业地带。

1929年8月,法工部局公布了分类营业的整顿取缔决议:

> 以后界内欲设工厂者,须在规定区域之内。对于旧立各厂,亦须分别种类。于本年九月起,其应迁者即须移往指定所在。今有极宽畅之地一方,坐落徐家汇路金神父路西带浦桥口,该地适在法工部局规定开设工厂之区域。现有号房数十宅正在从事建筑,转瞬工竣,其格式适合各种工厂之用,唯所剩无几,欲租宜速。尚有空地,如欲定造或分租,其大小格式均可商办。该地水陆运输均皆便利,无轨电车直达门前,交通之便无出其右,经营工厂业者幸勿失之交臂,欲租或定造者均请至法工部局账房内而洽可也。[3]

图2-27,《优美高尚新屋召(招)租》,《申报》1934年5月28日,第21版,该广告提及勤乐邨

由此在法租界当局的推动下,金神父路西打浦桥口一带渐渐成为居住与工业功能复合型区域。《申报》1934年5月28日有一则广告"优美高尚新屋招租",涉及位于法租界打浦桥北金神父路贾西义路口的勤乐邨出租。[4](图2-27)

---

1 《工董局稍安毋躁》,《申报》1914年6月10日,第10版。
2 《各商联会消息》,《申报》1929年7月29日,第14版。
3 《在法租界经营工厂业者注意》,《申报》1929年8月16日,第3版。
4 《优美高尚新屋召(招)租》,《申报》1934年5月28日,第21版。

二、薛华立路

薛华立路原为射击场路，不久即以法租界道路命名惯例，以法国人名冠之，为薛华立路。薛华立是徐家汇天主堂的司铎，后来还担任过佘山天文台的台长、徐家汇天文台的代理台长和佘山天文台的名誉台长。[1] 这条路修筑于1902年，1911年时，薛华立路东段因修筑卢家湾监狱被占用三分之二道路，所以法公董局于旧路南侧新开一条马路，称南薛华立路，旧路被称为北薛华立路，双路并存，直至1920年，北薛华立路最终更名为树本路，南薛华立路正式称为薛华立路。[2]（图2-28）

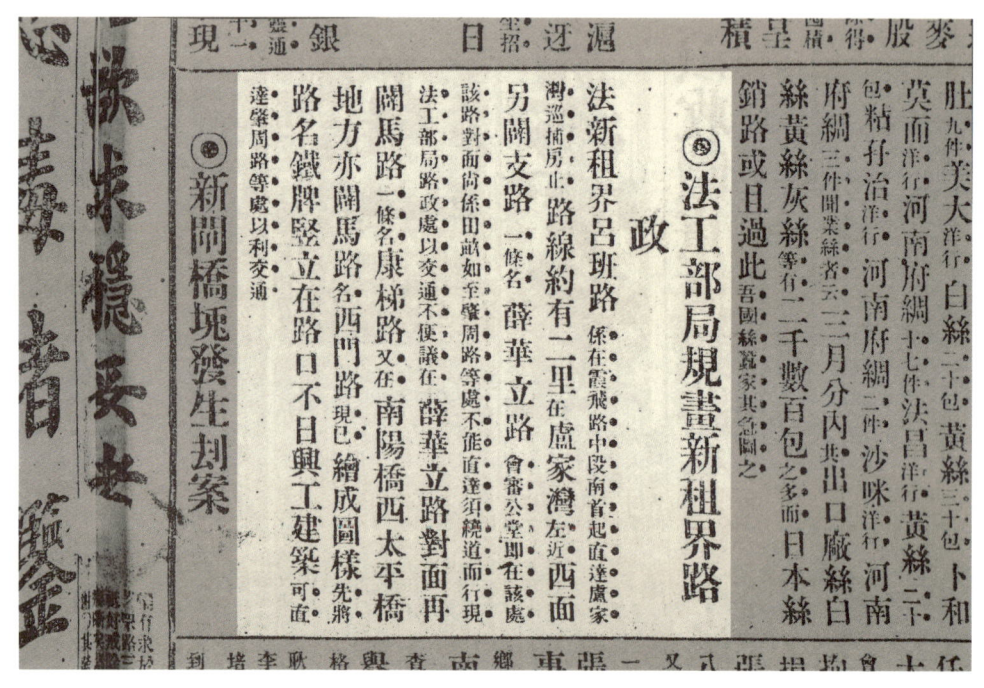

图2-28，《申报》1917年3月19日，第10版，其中提到法新租界薛华立路的修筑

1915—1916年，法会审公堂与法总捕房先后迁至薛华立路后，往来办公人员立即增多，带动了周围地区的一系列发展，最终与徐家汇路、金神父路一带共同形成了法租界之重要办公、居住区域。（图2-29、图2-30）《申报》上刊登过不少关于这一街区房屋的租赁、出售广告。如《申报》1928年2月21日第2版"招买住宅"的广告，涉及的房屋

---

1 郑祖安：《上海地名小志》，上海社会科学院出版社1988年版，第47页。
2 马学强、钱军主编：《近代上海城市的特殊记忆：法租界会审公廨与警务处旧址》，上海人民出版社2015年版，第20页。

MAISON D'ARRÊT DE LOKAWEI

图2-29，这一街区的早年景象：卢家湾拘留所，选自马学强、钱军主编：《近代上海城市的特殊记忆：法租界会审公廨与警务处旧址》

图2-30，位于薛华立路的法租界新会审公廨，选自马学强、钱军主编：《近代上海城市的特殊记忆：法租界会审公廨与警务处旧址》

即位于法审公廨对面。[1]《申报》1930年7月25日的一则广告，提到法租界薛华立路巡捕房西对面志成坊三层楼的一处石库门。[2]《申报》1934年1月30日的广告"新造精美住宅出售"，涉及的这处精美房屋也位于法租界薛华立路法公堂斜对面。[3]（图2-31、图2-32）

打浦桥街区一带的几条道路命名，是上海近代城市化以来道路命名规则的一个生动范本。第一种是本地区在旧上海城镇发展时期原有老地名或自然景观俗称，在上海近代城市化进程中逐渐被赋予了新的含义，如打浦桥与卢家湾；第二种是上海开埠后，在近代化城市建设的进程中由华界主导新筑之马路，体现了上海华界之工业化、城市化建设的努力，如斜土路与制造局路；第三种则是上海在近代租界林立、主权受损的特殊状况下，由外国人主导并掌握命名权利的道路名称，多以外人之名冠之，如金神父路、薛华立路。这三种命名规则，所体现的是近代上海华洋杂处，中外势力在斗争中发展，最终形成上海近代化进程的奇特样貌。而打浦桥地区，正是这种样态的一个缩影。

图2-31，《招买住宅》，《申报》1928年2月21日，第2版，此宅位于法审公廨对面

图2-32，《新造精美住宅出售》，《申报》1934年1月30日，第20版，该住宅位于法租界薛华立路法公堂斜对面

---

1 《招买住宅》，《申报》1928年2月21日，第2版。
2 《新屋招租》，《申报》1930年7月25日，第15版。
3 《新造精美住宅出售》，《申报》1934年1月30日，第20版。

第三章　华洋之间

　　作为近代中国典型的"条约口岸"城市，上海能在开埠后数十年间迅速从一个滨海县城发展为城市化程度最高的大都市，租界的辟设无疑起到了至关重要的作用。而就上海城市内部一个个具体的现代街区的形成肌理而言，租界的扩张以及由此产生的"城市化效应"同样是其关键因素，打浦桥街区的形成，实缘于此。

　　1914年，法租界最后一次西扩后，以肇嘉浜路、徐家汇路为华洋界址，北片城区在公董局主导的大规模筑路填浜、购地造屋之后，较早完成了从农业用地到现代住宅区的空间功能转型，无论在城市规划、市政建设、建筑风格以及生活方式上，都自成一体，体现出强烈、浓郁的法国特色；而南片华界区域在城市化的形成拓展过程中，虽受到来自法租界力量的辐射与推动，但大体都依循着本土内生的演进方式、节奏与机制，由此呈现出迥然不同于法租界的街区功能与城市景观。（图3–1）

图3–1，法租界、华界之间，徐家汇路界墙

第一节　法租界的扩张

1900年，法租界在实现了它的第二次界域大扩张后，原有的以公馆马路为主干的道路网络也得到拓展，且界址范围开始延伸到打浦桥一带的东北部外缘。之后的10余年间，法租界公董局想方设法谋求界外的利益，在不便立即提出扩界要求的情况下，采取了"越界筑路"的方法变相地来达到目的。越界筑路通常被视为租界扩张之前奏，租界当局"以之为先声，继之以扩界，相辅而行"[1]。有人曾这样描述这一先行方法的过程：外人先在看中的租界之外的一些地方收买土地，"然后悄悄地修造一条马路把大块地方包围起来"，以后，在这个区域内再修筑起一些支道，互相贯通，接着派出警察前去这些马路巡逻，这样"不声不响地"，马路和马路通过的地区都归入租界警察的管辖之下了，于是"几乎未被人所查觉，租界的界限渐渐在向外推展"。[2]

在年序上，1901年，公董局先在罗家湾购买了39.98亩土地，用于筑路、建设监狱和巡捕房。[3]同年越界开辟罗家湾路（Rue de Lokawei，今重庆南路），宽50英尺，长1.35公里。[4]1902年9月11日，改名为吕班路（Avenue Dubail）[5]，全部路段铺碎石子，长1 350米。[6]1902年，为缓解圣母院路（Route des Sœurs，今瑞金一路）交通量的问题，又将圣母院路沿宝昌路（Avenue Paul Brunat，今淮海中路）向南延伸，穿过市政地产、射击高地，直达徐家汇路，这就是圣母院路南段。1906年，公董局决定将之改名为金神父路（Route Père Robert，今瑞金二路）。[7]1907年该地块完成筑路。

也就在1902年，公董局在卢家湾以西的射击场地上建造了一座监狱，为了交通便利，董事会首先在射击场开通一条新路，当时称射击场路（Rue du Champ de Tir），这条路从吕班路开始，向西铺筑至金神父路。[8]1902年改名为薛华立路（今建国中路东段）。

1　张仲礼主编：《近代上海城市研究》，上海人民出版社1990年版，第228页。
2　威罗贝：《外人在华特权和利益》，生活·读书·新知三联书店1957年版，第324页。
3　Rapport sur les Travaux Accomplis dans le Cours de l'Exercice 1901，上海市档案馆藏，档号：U38-1-2769。
4　Rapport sur les Travaux Accomplis dans le Cours de l'Exercice 1901，上海市档案馆藏，档号：U38-1-2769。
5　Séance Génerale du Conseil du 11 Septembre 1902，上海市档案馆藏，档号：U38-1-2770。
6　Rapport de l'Ingénieur sur les Travaux Exécutes et les Dépenses Faites dans le courant de l'Exercice 1902，上海市档案馆藏，档号：U38-1-2770。
7　Rapport de l'Ingénieur sur les Travaux Exécutes et les Dépenses Faites dans le courant de l'Exercice 1902，上海市档案馆藏，档号：U38-1-2770。
8　Séance du Conseil du 9 Novermbre 1909，上海市档案馆藏，档号：U38-1-2777。

此路的开辟，将吕班路和金神父路连接起来。

1909年，公董局越界辟筑一条连接宝昌路和西摩路（Seymour Road，今陕西北路）的道路，命名为宝隆路（Avenue Paulun，今陕西南路、淮海中路以北路段）。[1]1912年3月25日，又在公董局会议上通过了在宝昌路的南面延长宝隆路的计划，这条延长路线经过德国医疗学校，向南延伸至徐家汇路。[2]

至于吕班路以东直达敏体尼荫路（Boulevard de Montigny，今西藏南路北段）的地区，筑路计划则相对迟缓。究其原因，一方面，这里密集分布着诸多坟墓、同乡公馆，给筑路造成了很大的阻碍；另一方面，西门外有一条横贯东西的河流，称南长浜，这条河流成为当时筑路的自然屏障。因此，早期的越界筑路，尽量避开了这一地区而向西发展，直至1915—1916年间，这一地区的筑路计划才提上日程。1916年，公董局完成了蓝维蔼路（Rue de Capitaine Rabier，南段为今肇周路、北段为西藏南路一段）和吕班路之间河段的填方，筑路工程也于同年内竣工。[3]1916年公董局又在这条马路的南面，开辟一条与之平行的道路，即康悌路（Route Conty，今建国东路）。新路的铺筑，改变了这一地区原来脏乱的卫生环境，使这一地区也成为法租界的新发展区。（图3-2）

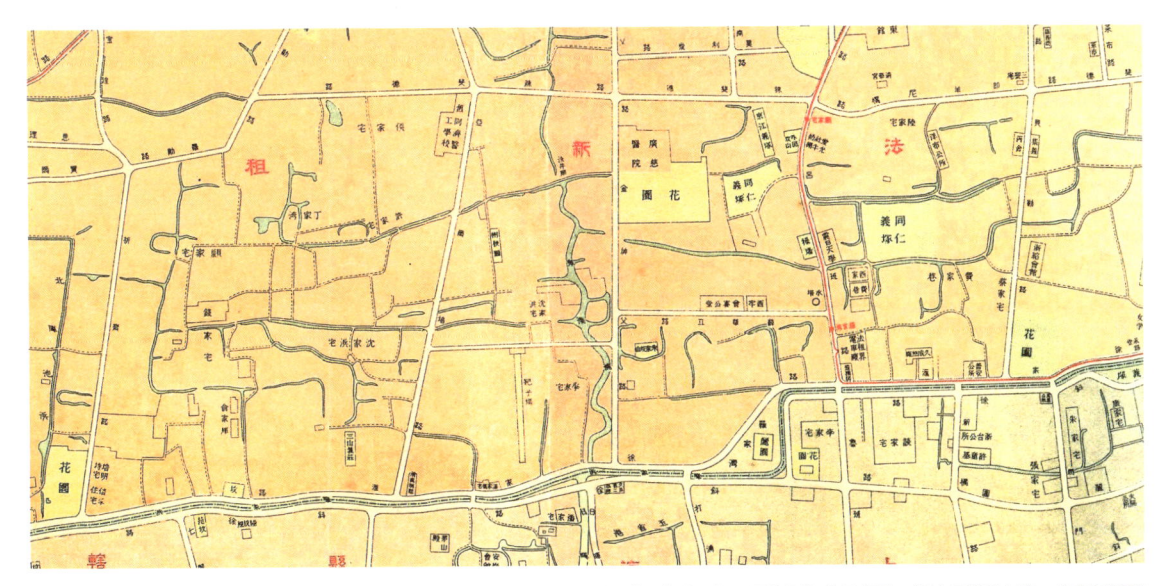

图3-2，1917年《上海法国新租界分图》之局部图，标注了薛华立路、徐家汇路等

---

1 Séance Génerale du Conseil du 12 Mars 1909，上海市档案馆藏，档号：U38-1-2777。
2 Séance du Comité des Travaux du 28 Mars 1912，上海市档案馆藏，档号：U38-1-2780。
3 Compte-rendu des Travaux Exécutes pendant l'Annee 1916，上海市档案馆藏，档号：U38-1-2784。

越界筑路不仅是租界扩张的主要方式，也是租界市政建设的主要途径。与这种"圈地式筑路"相伴而生的是下水道、用水、用电、照明等现代基础公用设施的楔入。

自1907年开始，公董局以徐家汇为起点，自东修筑了金神父路等4条道路，并开始埋设由南向北的排水管道，均以肇嘉浜为排放总汇处。肇嘉浜向东经陆家浜注入黄浦江，向北沿蓝维蔼路与周泾相接。1908年11月，从白藻泰路起，经陆家浜北岸斜桥，直至卢家湾铺设水管。1909年，在西门之外的徐家汇路铺下水道，徐家汇路从78号至85号，铺设100毫米口径的水管，长55米。[1]1909年，董家渡自来水公司在徐家汇路与吕班路的交叉口，建立了一个容量为750立方米的水塔，率先实现该区域自来水供应。1911年，在蓝维蔼路铺设150毫米口径的水管，长368米。[2]是年，铺设了薛华立路的200毫米口径的水管，从吕班路直到金神父路，并返回到金神父路，全长955米。[3]至此，徐家汇路以北、吕班路以西围绕卢家湾一带的道路沿线均铺设水管，从而满足了这一地区的用水需求。

区境内的照明设施，虽肇始于越界筑路，但并非完全与筑路同时进行，而是根据交通流量以及用户的情况决定是否安装。最早是1900年徐家汇路首先装设日光灯。1911年，在薛华立路安装照明设施时，董事会批准工程师的提议，在这条路上，安装5盏4—24支光的白炽灯，一盏50支光的金属丝灯和2盏弧光灯。[4]区境西面的金神父路的照明，则要到1915年才实施。

从"三纵"（吕班路、金神父路、宝隆路）"二横"（薛华立路、康悌路）道路的辟筑，以及由筑路带来的自来水、电灯、煤气等基础市政设施的全面铺开，可以看出法租界欲将势力触角正式伸向打浦桥、罗家湾等地的图谋。不过，再结合这一时期法租界越界辟筑的其他马路走向可知，公董局的意图在尽力将自己的版图由东向西推进，其最终目的是要让法租界与徐家汇衔接起来，因为法国天主教早在那里建立了江南教会的中心，它是法国在华开辟的一个特别重要的基地。至1914年下半年，法租界这一扩张目的最终在一种特殊的政治局势中得到了实现。[5]

---

[1] Rapport de l'Ingénieur sur les Travaux Exécutés pendant l'Année 1911, et Apercu des Améliorations Apportés Service，上海市档案馆藏，档号：U38-1-2779。

[2] Rapport de l'Ingénieur sur les Travaux Exécutés pendant l'Année 1911, et Apercu des Améliorations Apportés Service，上海市档案馆藏，档号：U38-1-2779。

[3] Rapport de l'Ingénieur sur les Travaux Exécutés pendant l'Année 1911, et apercu des Améliorations Apportés Service，上海市档案馆藏，档号：U38-1-2779。

[4] Séance du Conseil du 2 Octobre 1911，上海市档案馆藏，档号：U38-1-2779。

[5] 参见马学强：《近代都市扩张中的文化力量：以上海震旦大学街区形成为中心的考察》，收入《思想与文化》第16辑（教育部人文基地集刊），华东师范大学出版社2015年6月30日版。

这一次的扩张是以界外道路的警权为中心而展开的。1913年，法国公使正式向北京政府提出关于法租界公董局在界外辟建的诸多马路的警权问题。说是警权问题，但如能同意给予法租界公董局，那就等于将这个地区的管辖权给了法租界，法租界地域的扩大也就既成事实。（图3—3）

对此要求，北京袁世凯政府从自身利益交换出发，竟积极地给予考虑。当时，大批革命党人活跃在上海租界包括法租界内从事激烈的反袁斗争，袁世凯政府受到来自这一方面的巨大威胁，却因租界不受中国政府管理而无可奈何。当北京政府外交部部长孙宝琦接到法国公使来函后，向袁世凯建议：法国方面既然阳以划清警权为名，阴以扩充租界为实，不如因势利导，承认他们已辟之路归法租界警察管辖。但作为交换条件，法租界当局要将在界内的"乱党"驱逐出界或逮捕移送给中国当局。这样一来，就能为袁世凯政府消除隐藏在法租界内的隐患了。袁世凯同意做这一笔政治交易。

图3—3，法租界公董局徽记

1914年4月7日，北京外交部与法国公使就所谓的中国"国事犯"达成协议：法租界不得成为反抗袁世凯政府的根据地，不得成为"乱党"的隐藏地。如有上述情事，法租界巡捕应设法对他们查办拘禁，或将他们驱逐出界。4月8日，沪海道尹兼特派交涉员杨晟与法国驻上海总领事甘世东，各奉外交部和法国公使训令议定了《上海法租界推广条款》11条，其中具体确定的推广界址及有关内容为：

> 拟将上海法租界以西之地址，北自长浜路（今金陵西路、延安中路），西自英之徐家汇路（今华山路），南自斜桥徐家汇路，沿河至徐家汇桥止，经两面磋商，议归入法国警察之内。盖上文所指地址内外国居民甚多，所有马路悉为法国公董局购地开筑，并时行修葺，作为公董局产业，其安设路灯、创立巡捕房、分派巡捕、设立电轨、自来水、煤气、电灯各种经费，至今全归公董局一体担任。职是之故，决定将上文所指定界内地段以后全归该公董局管辖。[1]

---

[1] 北京大学法律系国际法教研室编：《中外旧约章汇编》（第二册），三联书店1959年版，第1030页。

7月14日，这一条款正式对外公布。法租界实现了它的第三次界域大扩张，其总面积达到15 150亩。如与第二次达到的面积相比，整整扩大了6倍。在这次扩张中，法新租界的东界紧邻上海县城西门，在斜桥处立有界石；[1]南边以肇嘉浜为界，肇嘉浜以北从徐家汇至西门均为法界，肇嘉浜以南为华界。肇嘉浜—徐家汇路从此成为名副其实的法华分界，或者华洋分界。

1914年法租界完成扩界后，肇嘉浜—徐家汇路以北大面积街区已完成了基本的填浜筑路与市政设施建设。然而，这只是城市化的先导，是衡量城市规模和进步的标准之一，并不等同于城市空间的实际拓展，真正地理学意义上的城市空间通常是指"城市建成区"（urban build-up area），它是由完整的城市道路体系、完善的基础设施建设和各类构建物组成的城市地域实体。[2]美国学者斯皮罗·科斯托夫亦指出，城市的发展，很大程度上是在已有框架或已有平面基础上的城市发展经历。它通过地块结构的变化，以及地块之上实物尺度和实物规模的变化体现出来。[3]从这个意义上说，真正要实现城市化，成为"城市建成区"，很大程度上是缘于洋商购地建屋所形成的土地利用方式由农业用地向城市用地的转变。

已有学者注意到："近代租界屡屡出现的'越界筑路'与外国人经常性的'越界租地'，彼此交织，颇为微妙。"以往的论述多聚焦于越界筑路，视其为租界扩张之前奏，实际上大量的越界租地才更具有"蚕食性"。[4]1899年6月，法租界实现了第二次扩张后，不少洋商开始随着越界筑路向西在宝昌路中段（今淮海中路）、圣母院路（今瑞金一路）、金神父路（今瑞金二路）、宝隆路（今陕西南路）一带越界租地。从1899年至1905年间，新扩展区以及越界筑路区发布的道契有292份之多，包括法册130份、英册113份、美册24份、德册24份、日册1份。[5]不过，在辟筑较早的吕班路和徐家汇路交界区域，一直未能大规模吸引洋人购地。其中有一个重要原因在于，公董局早在筑路之前，就在吕班路两侧以及南段购置了大量的地产。如1903年公董局就在吕班路附近的"二十七保六图行字圩"购买了145.167亩土地，同一年，公董局又在本路南段"二十五保九图冈字圩、二十七保六图行字圩"，购置了80.012亩土地，同时又在其附近"二十五保九图冈字圩、

---

1 "新筑马路告成"，《申报》1909年4月18日，第20版。
2 牟振宇：《近代上海法租界空间扩展及其驱动力分析》，《中国历史地理论丛》2008年第23卷第4辑。
3 [美]斯皮罗·科斯托夫著，单皓译：《城市的形成——历史进程中的城市模式和城市意义》，中国建筑工业出版社2005年版，第25—26页。
4 马学强：《近代上海法租界与法册道契》，《社会科学》2008年第12期。
5 蔡育天主编：《上海道契》第28—29卷，法册部分，上海古籍出版社1997年版。

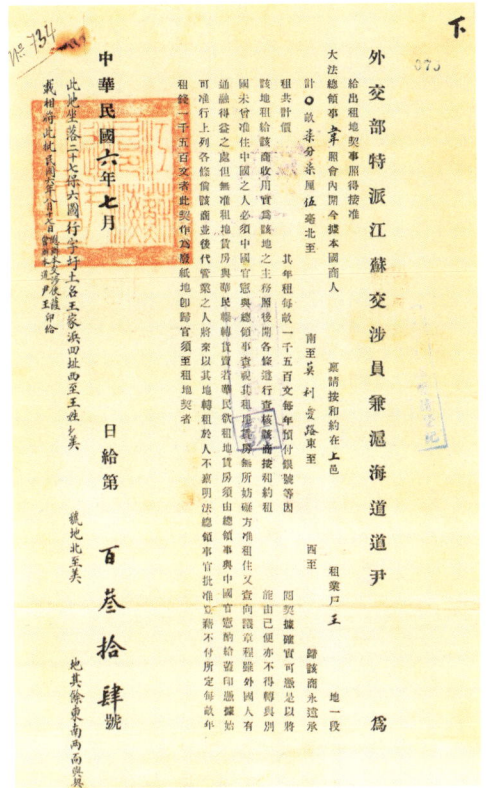

图3-4，上海法册道契（注明下契，据原件拍摄），有钤印　　　　　　　　　图3-5，上海道契上的道台印章

二十七保六图行字圩土名肇嘉浜"，购置了39.664亩土地。[1]（图3-4、图3-5）

这些地产除了用于筑路之外，大部分被公董局用作市政建设用地。据1920年《上海指南》记载，吕班路"几乎全部为市政机构及学校所占据"。自南而北，在吕班路徐家汇路口为卢家湾坟墓区；在其旁边是法商水电公司总站，对面为卢家湾捕房。吕班路55号为震旦大学，最北面便是法国公园（今复兴公园）和法国环形运动场。辣斐德路（今复兴中路）以南至薛华立路之间的土地，主要为广慈医院、震旦大学所有。（图3-6、图3-7、图3-8）

薛华立路位于吕班路左侧，20世纪初年，它的周边还保存着江南农村的一般风貌，区内多农田、河浜、乡间小道、墓地，除了公董局新建的靶场、监狱和北面的顾家宅兵营外，几乎没有现代建筑物的存在。然而，至1939年以后，河浜填没、庐墓迁移，乡间小道消失无踪，后建的靶场也退出了历史舞台，取而代之的是一幢幢现代化的楼房、宽敞平整的马路。同时，该路两侧由西至东分别设有法租界中央巡捕房、江苏第二特区地

---

[1] 蔡育天主编：《上海道契》第28—29卷，法册部分，上海古籍出版社1997年版。

图3-6，上海法租界吕班路沿线，南边的震旦学院（后改大学）第一所学生寄宿舍（1908年）

图3-7，震旦大学全景鸟瞰（1924年）

图3-8，法国公园，也叫顾家宅公园

方法院、上海第二特区女子监狱、上海第二特区监狱等机构。此外，公董局工程处、财务处以及车务处验车间、车务捐照处也坐落于此。这条宽30米、长约600米的街道，俨然成为法租界的一个重要管理中枢。[1]（图3-9）

空间景观发生的巨变，不仅反映了法租界市政建设的巨大成就，更突显出吕班路、薛华立路一带街区土地用途发生的质变。在开发之前，该区域的土地基本用于农业生产，但到了20世纪30年代，它的用途日益多元化，司法警务、市政服务、工业企业、商业机构、里弄住宅、西式洋房、学校以及花园绿地共存其间。可以说，卢家湾地区能快速实现城市化，在很大程度上得益于此。

当然，市政机构在此大量占据地产也并没有完全阻挡洋商来此购地。围绕广慈医院、震旦大学周边的一些隙地，如广慈医院附近的金神父路旁，有法商麦思格、马立司、三德堂宝教士等洋商地产，震旦大学附近的吕班路，则有法商三德堂、良济葛，英商楷米哥等洋商地产。[2]与老牌的法商三德堂相比，薛华立路以南至徐家汇路之间的某些地产，多为后起的英商、美商等新锐房地产商所占据。如英商爱尔德公司购置了金神父路与薛

---

1 马学强、钱军主编：《近代上海城市的特殊记忆：法租界会审公廨与警务处旧址》，上海人民出版社2015年版，第123页。
2 牟振宇：《从苇荻渔歌到东方巴黎 近代上海法租界城市化空间过程研究》，上海书店出版社2012年版，第84页。

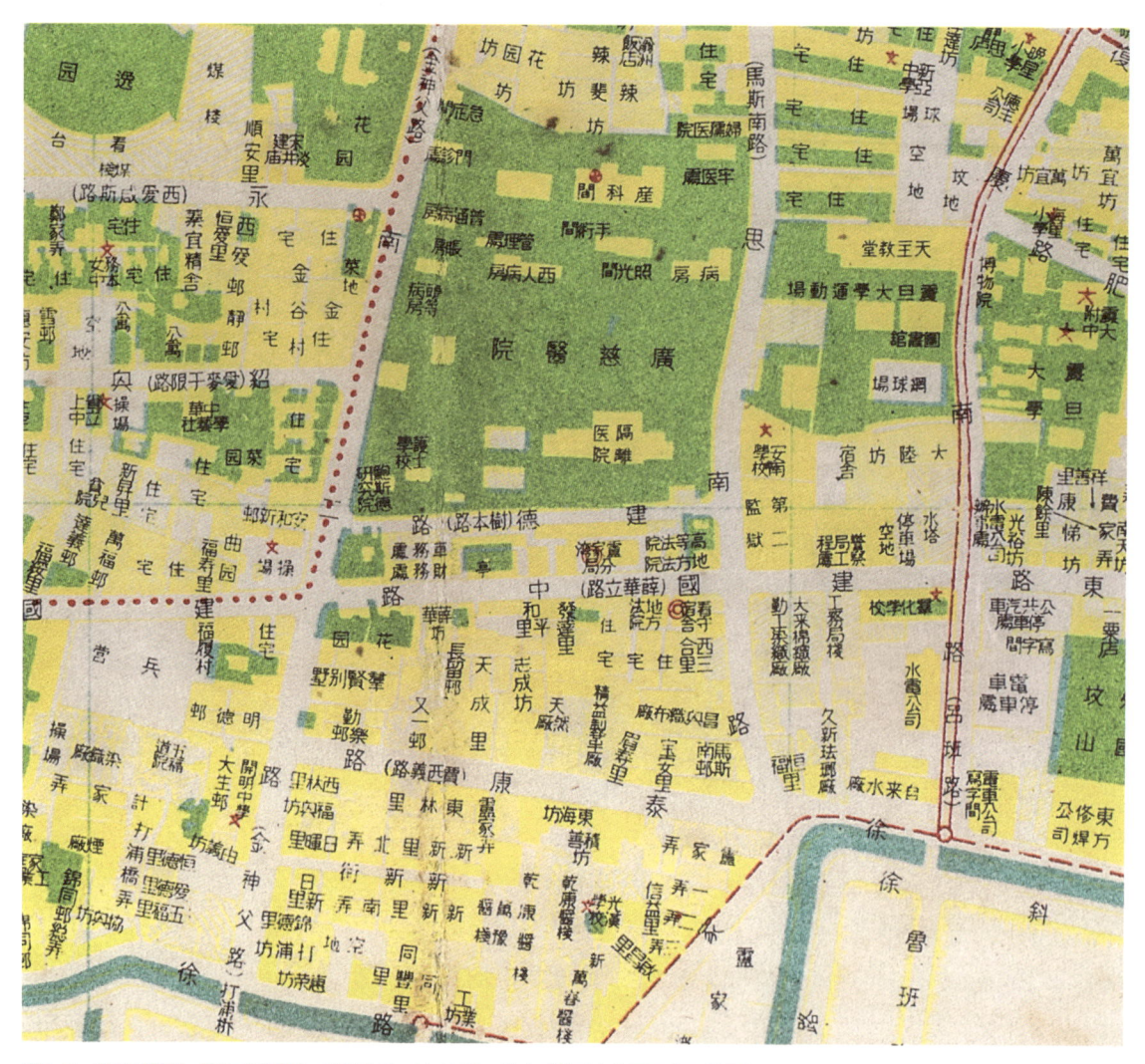

图3-9，街区局部图，标注广慈医院、高等法院、地方法院，选自《袖珍上海里弄分区精图》

华立路交界的部分地皮；美商中国营业公司购置了金神父路徐家汇路口的大面积地皮。1920年代初，随着这两处地皮的升值，两家公司开始在《申报》上登出出卖广告：

> 今有地皮二段，在法租界金神父路即薛华立路斜对过。第一段为平方地，计有二十八亩二分八厘，第二段为相连地，与金神父路附近，计有五亩五分六厘六毫，此二段地皮均已在外国领署注册，领有道契，极合建造洋房之用。将来定有发达及

生利之希望。现定于阳历十二月廿二号公共拍卖，或有个人愿意投价立刻承受亦可者，如欲知详细，请向圆明园路十一号爱尔德公司可也。[1]

此地坐落法租界金神父路徐家汇路口，沿金神父路有六百尺，沿徐家汇路有五百尺，极合大建筑之用，如欲购买此地产者，请驾临江西路廿四号中国营业公司接洽可也。[2]

西门外南长浜以南至徐家汇路之间的地带，在1914年法租界第三次扩展前后，始终是一派十足的乡野景观。"已经建设得非常漂亮，路两侧栽植了树木，其中有很多橡胶树。徐家汇河上有很多的乞丐和稻草船，数量非常的多。河岸两侧还有颇多的坟墓墩。"[3]分布更多的是极具华人商业特色的同乡会馆，如苏州集义公所、普安公所、洋布公所、浙绍公所等。（图3-10）其中，以浙绍公所的永锡堂规模最大、占地最多。"浙

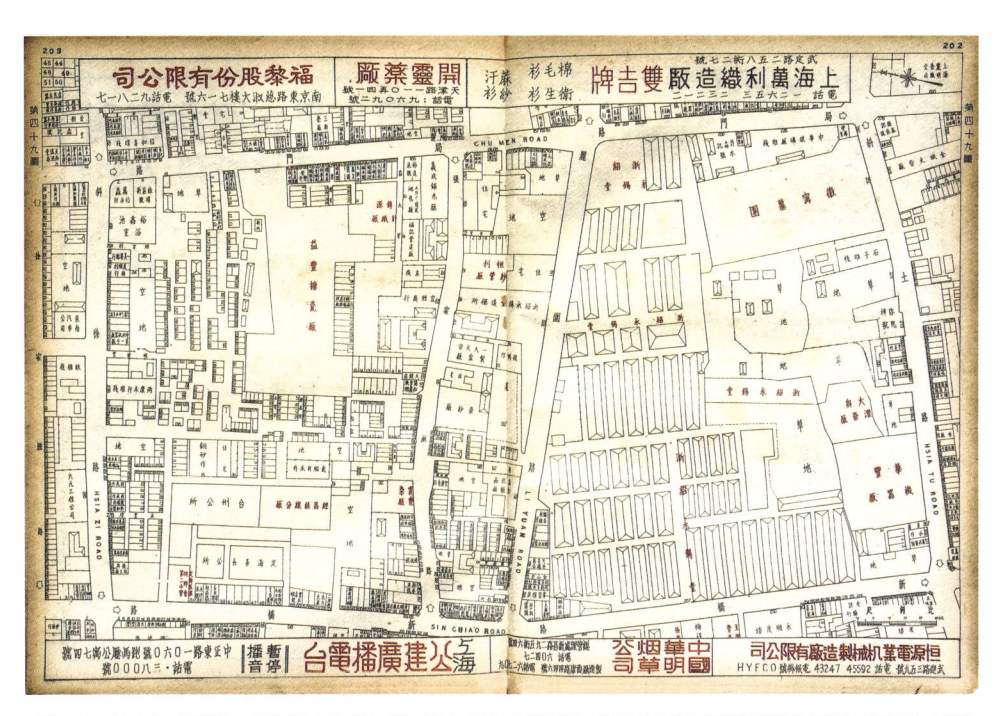

图3-10，斜土路、局门路、斜徐路、新桥路一带，集中了不少会馆公所，选自《上海市行号路图录》（下册）"第四十九图"

---

[1] 《地皮出卖》，《申报》1921年11月24日，第1版。
[2] 《欲购买巨大地产者注意》，《申报》1922年6月28日，第1版。
[3] Darwent, Charles Ewart, *Shanghai. A handbook for travellers and residents (1920)*, p93. (http://virtualshanghai.net/)

图3-11，浙绍永锡堂旧址（摄于2004年1月1日）

图3-12，浙绍公所永锡堂档案影印

绍永锡堂丙舍，初在老闸，道光八年创设。嗣辟租界，因价让白莲泾内同仁辅元堂地，迁葬。复于斜桥西购地建筑，规模始备。"[1]由于这一带会馆公所林立，街道纵横逼仄，使得公董局的市政建设计划一再受阻延缓，也未能吸引大量洋商来此购置地产。主导这一带房地产开发的主要还是永锡堂，1926—1928年，永锡堂在今顺昌路、徐家汇路、建国东路一带，陆续购置地产，营建了西顺阳里、安顺里、安越里等186幢住宅，建筑面积1.61万平方米。（图3-11、图3-12）

与北块法租界的发展模式不同，界址肇嘉浜-徐家汇路以南区块的开发是在清末民初华界地方自治运动的背景下进行的。不过，这种自治运动的发轫，直接源于相邻租界地区的扩张以及现代市政事业先进性的刺激，并出于保护华界利权免于租界当局不断侵越的主权意识。

从上海县的"乡保图圩"分布来看，打浦桥以南至江南制造局一带属于上海县高昌乡二十五保十三图麋字圩，土名唤作"斜桥头"[2]。这一带自明清以来僻处县城西门外西南郊，村落、农田、坟冢、沙地交叉间杂，主要有唐家宅、朱家宅、谈家宅、李家宅、潘家宅等，会馆公所亦多有分布，如东部的湖南会馆、湖北会馆、浙台会馆，西部的安徽会馆，南部的水炉公所。（图3-13）穿插其间的只有一些乡间土路，"羊肠路狭，不便行人"[3]，一般民众由此往返县城费时费力。对于商旅和官绅来说，虽可乘坐轿子出行，但因路远难行，乘轿价格亦属不菲。清同治年间南市一带的轿子抬价规定：小轿自县衙门出发，到城

---

1 上海市工商业联合会、复旦大学历史系编：《上海总商会组织史资料汇编（上册）》，上海古籍出版社2004年版，第9页。
2 杨逸编著：《上海市自治志·上海市区域界址方里保图》，民国四年（1915年）刊本，第1页。
3 《履道坦坦》，《申报》1886年7月17日，第3版。

内各处，每肩都是28文，来回加倍，出西门56文，到制造局120文，全天170文。[1]

至晚清光绪年间，由于毗邻的法租界已有一定程度的道路开发，出上海县城西门往南至江南制造局，便可以取道租界的平坦大道，从而绕避那些乡间的羊肠小道。对此，《申报》记载道："唯由英法租界绕至西门，过斜桥往南，再至肇嘉浜新桥至局，则路较平坦，东洋车可行走自如。"[2] 缺点是这条路一遇雨天泥泞，"则路滑难行，来往者颇行不便"[3]。1886年7月，由江南制造局总办出资购买路边部分民田，将路加宽七尺，"连原路共阔一丈五尺"[4]。这条路就是后来局门后路、局门路的雏形，也是打浦桥华界一带最早辟筑的马路。

华界现代交通事业的真正兴起，是在1905年之后。这一年，上海地方绅商郭怀珠、李钟珏、叶佳棠、姚文榕、莫锡纶等向上海道台袁树勋建议：鉴于"外权日张，主权寝落"，"道路比治，沟渠积淤"，上海应设立地方性的总工程局，"整顿地方，以立自治之基础"。[5] 袁树勋深表赞成，"以地方之人兴地方之利，即以地方之款行地方之政。有休戚相关之谊，无上下隔阂之虞。众志所成，收效自易"[6]。自1905年至1914年，华界地方自治机构经历了上海城厢内外总工程局、上海城自治公所和上海市政厅的演变，但其宗旨始终如一，即："整顿地方一切之事，助官司之不及，兴民生之大利。"[7]

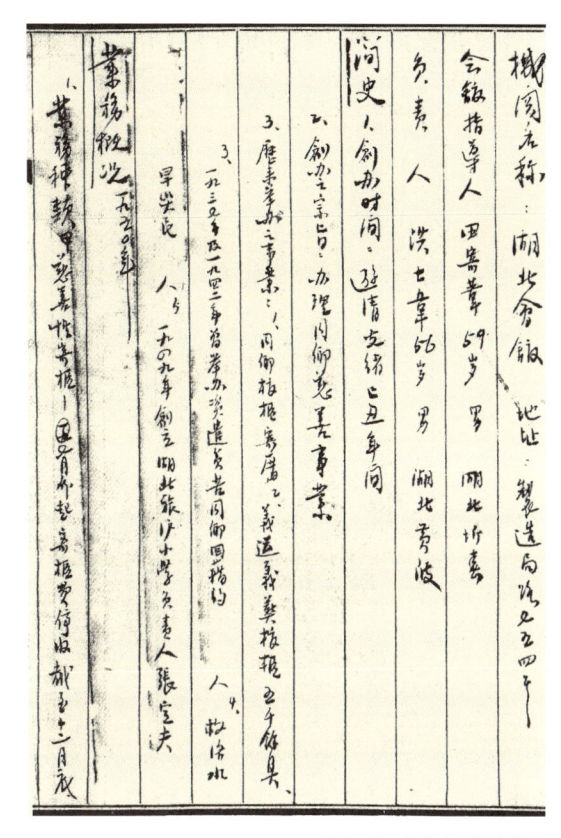

图3-13，湖北会馆档案影印

正是这种以开发建设地方为主要目的的华界自治事业的蓬勃开展，使得先期举办于租界地区的市政事业得以很快在徐家汇路以南仿行、发展。首先是清末民初上海城厢内

---

1 蔡君时主编：《上海公用事业志》，上海社会科学院出版社2000年版，第268页。
2 《履道坦坦》，《申报》1886年7月17日，第3版。
3 《履道坦坦》，《申报》1886年7月17日，第3版。
4 《履道坦坦》，《申报》1886年7月17日，第3版。
5 杨逸编著：《上海市自治志·大事记》，民国四年（1915年）刊本，第1页。
6 杨逸编著：《上海市自治志·公版》甲编，民国四年（1915年）刊本，第1页。
7 杨逸编著：《上海市自治志·各项规则规约章程》甲编，民国四年（1915年）刊本，第1页。

外总工程局公议在西门外肇嘉浜、周泾、斜桥一带增筑马路。1907—1909年的《申报》中对此多有报道：

> 本邑西门外马路，只有自方浜桥至斜桥一条。为行人往来要道，南达制造局，北接法租界，西通徐家汇，东至陆家浜等处，路狭人稠，平时车马往来，时虞阻塞，别无支路可以绕避，今又为法人越界开筑电车轨道，人货往还，益形不便，不得不预为之计，以利遄行而弭隐患。董局等共同集议于西门外开筑羊尾桥路、井亭桥路、周泾浜迤南至斜桥之路，及马路之东贯通西南门各支路，并南达火车站之路；又自西门北城根接通南城根之路，以期力保主权。其中，尤以周泾浜路、肇嘉浜为目前切要之图。自周泾浜北首界碑起，至井亭桥止，又肇嘉浜路自万生桥起至斜桥，与西门外马路交点之处止，沿浜岸线约长四百余丈，河面宽五六丈不等，拟就原有浜岸之路筑宽约四丈左右……已由制造局巡办捐银五千两，此外分投募捐，不敷尚多，拟请宪台于城河息款项下借垫银二千两发交董局应用。[1]

> 总工程局绅董议于西门外开筑马路三条：一从小菜场直至六家浜；一由井亭桥经肇嘉浜至高昌庙；一由外城脚至沪嘉铁路车站；兹井亭桥一段已开工兴辟矣。[2]

> 西门外肇嘉浜、周泾浜，前因淤塞，经沪道饬由总工程局填筑马路，以便行人绕避电车碰撞之虞。兹工程局已将肇嘉浜填平，名曰肇周路，周泾浜亦已填筑，一律竣工。筑至法界交接处之第三块界石为止，先于该处添一阴沟、天窗，以作华洋分界记识。[3]

华界的路政虽完全按照租界的路政模式兴办，但起步很晚，难度也比租界要大得多，新修马路必须有相当大的资金投入，必须开辟新的税源，城内本来赋税就沉重不堪，又要承担新的捐税，阻力之大完全在情理之中。[4] 诸种因素综合在一起，导致华界路政不能尽如人意。但不管怎么说，至1914年法租界第三次扩张之前，区境内华界路政毕竟在一批进步绅商的努力下有了明显的起色。

---

1 《总工程局禀沪道文》(为拨款增筑西门外马路事)，《申报》1907年12月25日，第10版。
2 《西门外开工筑路》，《申报》1908年1月6日，第19版。
3 《新筑马路告成》，《申报》1909年4月18日，第20版。
4 熊月之主编：《上海通史》第5卷《晚清社会》，上海人民出版社1999年版，第147页。

表3-1　1909—1913年区境内华人自筑马路一览

路名	起点	终点	瓦筒沟	旧形式	新路面	筑造年份
斜日路	斜桥南堍	沿肇嘉浜至日晖港口止		田地浜	泥路	宣统二年辟
绍兴会馆路	肇周路	西至绍兴会馆	十二寸圆径		石片	宣统二年填筑
水木业学堂路	集义路	西转北又转西北至法人吕班路	路边水沟通水处，十二寸圆径	田地	石片	宣统元年辟
宝隆医院路	金神父路	西至医院	十二寸圆径		石片	宣统元年辟
斜桥南路	斜桥	南至西栅门		砖泥路	泥路	宣统二年修，民国二年兵燹后重修
蒲肇河南岸路			排出水瓦筒沟		泥路	宣统三年填筑
方斜路	方浜	斜桥				宣统三年修，民国元年重修，民国二年修方板桥，南至教育路口一段
肇周路南段	井亭桥	斜桥			泥路	民国二年修
淡井庙东首路	金神父路	西至庙前			石片	民国二年修
填肇嘉浜路	教育路	万生桥	三尺圆径	臭水浜	石片	民国二年填

资料来源：杨逸编著：《上海市自治志·工程成绩表》，民国四年（1915年）刊本，第90—92页。

1914年"一战"爆发，欧洲各国无暇东顾，加之经济贸易萧条，使原先中外势力角逐的上海市政建设一时停滞，上海挑运工人陷入生计危机，酿成严重的社会问题。为此，沪南华界地区各项马路桥梁工程应运而生。1914年，徐家汇路以南地区的日晖路、打浦路、斜土路、丽园路、斜徐路和鲁班路都是在这一时期筑成的。次年，境内再建平阴桥、斜徐路桥、鲁班路桥和打浦路桥。道路、桥梁的修筑，使往来人员日趋繁盛，通勤需求也日渐增加。至1937年之前，在上海市公用局公共汽车管理处所辟通的路线中，涉及该地区的路线有4路和5路。4路，"以卢家湾为起终点，上行线划定鲁班路、丽园路、斜桥，经陆家浜、直达里马路；下行线由老西门、斜桥，经斜徐路直达卢家湾"[1]。5路"自南市湖南会馆起，经斜桥、西门，经肇嘉浜路，穿城过而达东门路"[2]。1936年7月，沪南公共汽车管理处为发展市乡交通、便利农民来往起见，专门又开拓上海至漕河泾段的汽车路线。起站为老西门和平路，终站为漕河泾镇西，"其线路所经各站为肇周路、斜桥、斜徐路，一直达卢家湾、打浦桥、谨记桥，折入斜土路，至徐家汇镇，经虹桥至漕河泾镇"[3]。这样一来，沪西居民欲往沪南地区，可不经过租界而直达。（图3-14、图3-15）

得益于独特的地理位置与便利之公共交通，1920年前后，一批缫丝、染织等华商小工厂沿斜徐路、日晖港相继设立，百余间工人、平民居住的草棚在此陆续搭建。（图3-16）1923年远东大学迁建打浦桥南斜徐路。（图3-17）1926年新华艺术专科学校购地设于斜徐路打浦路口。（图3-18）此外，东亚体育专科学校与东吴法学院也于1929年、1933年先后迁入鲁班路东草塘街。这些新式工厂、学校的迁入与集聚，很大程度上改变了南片华界地区静地荒野、文化落后的面貌。可以说，至抗战爆发前，这一带虽无法比肩北区租界的市容，但在整个南市城市化的节奏中呈现出蒸蒸日上，生机勃勃的态势。

图3-14，《上海小蓝本》封面（1931年）

图3-15，《上海小蓝本》记载的沪南一带交通线路

---

1 《四路延长》，《申报》1935年7月18日，第11版。
2 《华界增辟汽车线路》，《申报》1935年1月25日，第12版。
3 《划定路线》，《申报》1936年5月9日，第13版。

图3-16,《申报》1934年2月7日,第11版,提及沪南区打浦桥日晖港一带"开工见增"

图3-17,《申报》1926年1月1日,第5版,记载远东大学在打浦桥建新校舍

图3-18,《申报》1931年1月12日,第6版,位于斜徐路打浦桥南堍的"新华艺术专科学校"刊登招生启事

第二节　远东闻名的"法商水电公司"

近代上海，公共租界、法租界和华界三个区域各有自己相对独立的行政系统和市政制度，各自为政，互不统属。这种三家分治、事权不一的市政格局，对整个上海公用事业产生了相当复杂的影响。这一影响主要体现在各项公用事业都是分别从公共租界工部局、法租界公董局及华界中国市政当局取得经营特许权的，它们的经营范围受"三界四方"政治分界线的限制，[1]造成市政的"局部有序而全局无序"[2]。不过，与公共租界内先后有多家中外公司经营公用事业不同的是，法租界的公用事业始终是在法商电车电灯公司（法文为"Compagnie Française de Tramways et d'Eclairage Electriques de Shanghai"，后文简称"法电公司"或"法商水电公司"）一家垄断下经营的。（图3-19）

1905年夏，法商水电公司成立之前，法租界电车电灯事业的经营权，以22.5万法郎的价格让与比利时商国际远东公司[3]，该项合约终于1905年12月8日。1906年1月24日，法租界与比商国际远东公司再订合约，依合约第四条规定：公司应照公董局所让与之条件，转让于即将在法国创立之股份有限公司。[4]这就是法商水电公司的由来。它正式成立于1906年6月26日，公司资本300万法郎，由巴黎联合银行、巴黎荷兰银行和东方汇理银行三大有名的银行担任股东，总管理处设于巴黎，在上海设立办事处，代理东方国际公司经营当时第二特区电车电灯事宜。[5]

关于上海办事处，据说最早在法大马路（今金陵东

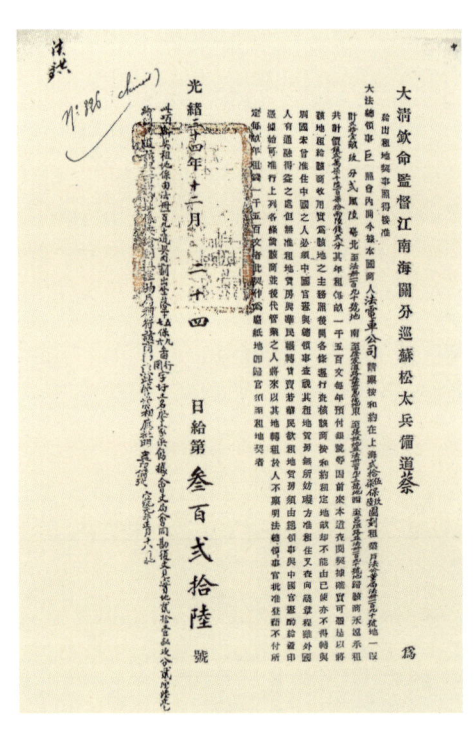

图3-19，法商电车公司租地契约，法册道契326号

1　丁日初主编：《上海近代经济史第二卷（1895—1927年）》，上海人民出版社1997年版，第386页。
2　熊月之主编：《上海通史》第5卷《晚清社会》，上海人民出版社1999年版，第204页。
3　杨尧深主编；杨尧深等撰：《老话上海法租界》，上海人民出版社1994年版，第51页。
4　陈真等编：《中国近代工业史资料》（第2辑）《帝国主义对中国工矿事业的侵略和垄断》，（北京）生活·读书·新知三联书店1958年版，第731页。
5　江南问题研究会：《上海各种公用事业概况（上海调查资料工友事业篇之二）：上海法商电车电灯公司》，上海市档案馆藏，档号：Y12-1-78-36。

路）大自鸣钟附近，之后曾另迁新址，最后于1933年迁至卢家湾新厂，地址为吕班路227号，电话：32901。[1] 此处新厂址位于徐家汇路以北、吕班路东侧，于1906年11月即着手购地，占地22.17亩，[2] 至1933年，卢家湾新厂（包括办公大楼、引擎间、水塔、电车场及修理厂等）全部建成，总占地为56亩，[3] 职工人数已达1 800余人。[4]

1906年公司成立时，就开始在法租界架线铺轨工程，1907年1月铺轨完成，并在卢家湾设立了停车场和修理厂。1908年5月，法租界第一辆有轨电车正式通车营业。同月，法电公司又与法公董局订立合约，获得了租赁公董局自来水厂及办理给水事业的专营权。1925年12月，双方增订合约，公司取得了无轨电车及公共汽车的专营权。无轨电车于1926年10月开始行驶，公共汽车则于1927年2月开始行驶。至此，法商水电公司成为一家集自来水、电力、公共交通于一体的规模庞大的综合性公用事业"托拉斯"，在法租界有着举足轻重的地位，公司股票1928年在巴黎上市后，甚至法国富贵人家给女儿的嫁妆中也有法电公司的股票，其地位可见一斑。[5]（图3-20、图3-21）

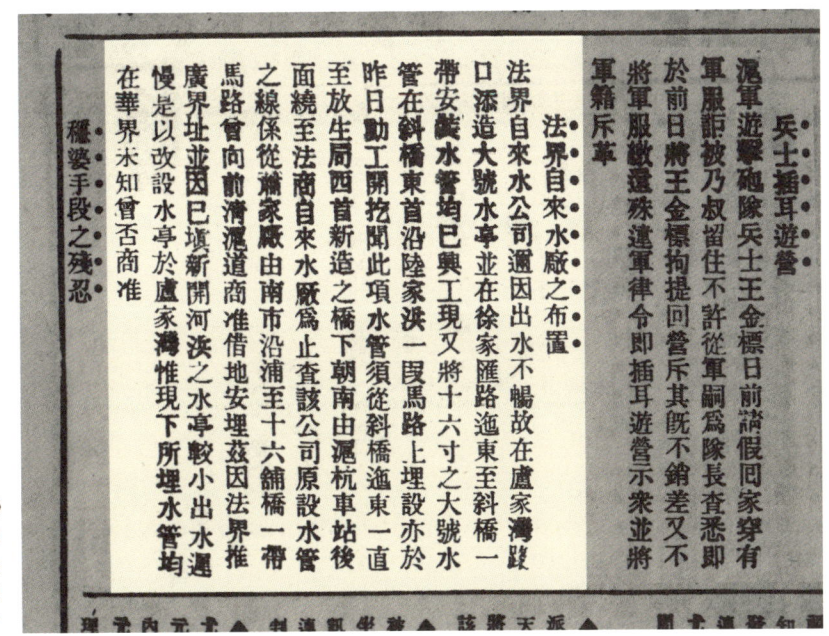

图3-20，《申报》1912年1月28日，第7版，关于卢家湾"法界自来水厂之布置"

---

1 熊月之主编：《稀见上海史志资料丛书（5）》，上海书店出版社2012年版，第237页。
2 胡永钫主编：《上海电力工业志》，上海社会科学院出版社1994年版，第470页。
3 杨尧深主编；杨尧深等撰：《老话上海法租界》，上海人民出版社1994年版，第52页。
4 吴汉民主编：《20世纪上海文史资料文库第9辑（宗教民族）》，上海书店出版社1999年版，第216页。
5 [法]居伊·布罗索莱著，牟振宇译：《上海的法国人（1849—1949）》，上海辞书出版社2014年版，第57页。

图3-21，《申报》1912年6月2日，第7版，记载在卢家湾"推广电车轨道"

然而，公司成立之初，发展其实十分缓慢，规模很小，只有2路、10路、6路有轨电车。2路原定自十六铺至徐家汇，起初仅开通经新开河、外滩、公馆马路、八仙桥、吕班路、亚培尔路至善钟路，比公共租界晚两个月。1908年7月经福开森路等路延伸至徐家汇，全长8.5公里。同时开通的有轨电车线路还有由十六铺经宝昌路至卢家湾的10路线，全长近4.3公里。同年6月，又增辟自十六铺至斜桥的6路线，全长5.1公里。这些线路路程较短，乘客稀少，经营状况不佳。至1908年12月，载客只约20万人次，营业收入仅7 674元。[1] 电灯方面，实力亦十分有限，发电量很小，初时发电总容量只有15 000余千伏安，用户电压110福特。[2] 法电的发展一度陷入困境，法租界公董局对于它在执行公事方面的延误颇为不满，甚至考虑过解散该公司。究其原因，很大程度是由于沪上民众一开始对新式交通工具普遍抱有的疑惧心理，情感认同上有一个适应的过程。1948年的《中

---

1 史梅定主编：《上海租界志》，上海社会科学院出版社1999年版，第427页。
2 江南问题研究会：《上海各种公用事业概况（上海调查资料工友事业篇之二）：上海法商电车电灯公司》，上海市档案馆藏，档号：Y12-1-78-36。

央日报》还作追忆说:"前上海租界于1908年开始通行有轨电车,当时一般市民,不敢乘坐,电车公司曾一度免费供市民试乘,以视今日电车乘客拥挤情形,实非当时所能梦想者也。"[1]

之后,随着法租界内的中国人对这种新生事物本能抵制的渐渐消退,法电的经营状况逐步好转。1909年度,盈利向好,但仍亏8 667法郎。1910年开始盈余,达96 034法郎。1911年辛亥革命以后,各地战乱频繁,内地避难民众及农村破产的农民蜂拥入沪,致使法租界人口迅猛增加,刺激了公共交通运输业的快速发展,电车的乘客数量也逐年快速上升。另一方面,随着法租界的日益繁荣,垄断专营权所产生的效益开始明显起来。1908年因水厂经营亏损,公董局将董家渡水厂让给法商水电公司,规定专营75年。根据合约,法商水电公司向公董局支付电车事业总收入的5%及给水事业总收入的2.5%至7%作为报酬金,并给公董局使用水、电、交通各方面的优待和便利。[2] 而为了鼓励法商电车公司开辟公共汽车线路,公董局对公共汽车业务采取更加优惠的政策,在1925年12月订立的公共汽车合同中,规定在法租界内经营公共汽车业务"5年内不缴纳任何报酬金,每行一码所缴季度捐为银1分,5年后再议。"[3]

至20世纪二三十年代,法商水电公司共铺设有10条有轨电车线路,总里程为45公里,各路电车的乘客人次增加趋势,参见表3-2,表3-3。

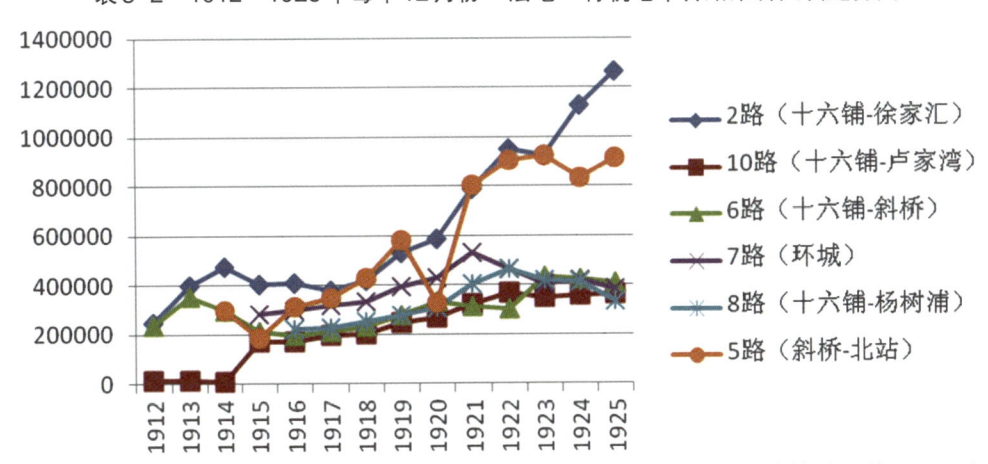

表3-2　1912—1925年每年12月份"法电"有轨电车各路乘客人次趋势图

资料来源:据上海市公共交通公司编:《上海市街道和公路营业客运史料汇集》第6辑,第58、63页制作而成。

1　周源和:《上海交通话当年》,华东师范大学出版社1992年版,第55页。
2　吴汉民主编:《20世纪上海文史资料文库第9辑(宗教民族)》,上海书店出版社1999年版,第217页。
3　史梅定主编:《上海租界志》,上海社会科学院出版社1999年版,第429页。

表3-3　1930年"法电"铺设线路与开设有轨电车里程

线路	沿线站数	里程（公里）
1路	由十六铺经法蓝西外滩、公馆马路、坟山路、霞飞路，至福开森路	7.2
2路	由十六铺经法蓝西外滩、公馆马路、坟山路、霞飞路、姚主教路、海格路，至徐家汇	8.6
3路	由小东门经民国路至老西门	2.5
4路	由海格路经善钟路、霞飞路、坟山路、公馆马路、外滩，进公共租界至提篮桥	5.7
5路	由西门经同仁辅元堂、东新桥、正丰街、英大马路、芝罘路、老垃圾桥、海宁路至北火车站	3.5
6路	由十六铺经法蓝西外滩、公馆马路、八仙桥街、民国路、方斜路、徐家汇路，至芦家湾	5.1
7路	由十六铺经法蓝西外滩、公馆马路、坟山路、霞飞路、善钟路，至海格路	6.4
8路、9路	由十六铺经法蓝西外滩，至洋泾桥	1.1
10路	由十六铺经法蓝西外滩、公馆马路、坟山路、霞飞路、吕班路，至芦家湾	4.9

资料来源：《上海小蓝本》(The Little Book of Shanghai)，1931年版，第308—359页；薛理勇：《上海开通有轨电车始末》，载《上海市政公路》2011年6月第193期。

经过数次的扩充和厂址的迁移，到1930年，法电公司新增无轨电车16辆，公共汽车20辆，电气部分最高负荷已达10 000余瓦，用户24 000余家，比成立之初扩大了10倍以上。[1] 供水部分，自接管董家渡水厂后，法电公司改善经营、扩充设备，并且在租界内逐步建造了水塔，铺设了自来水管道。至1937年，日供水量达6.2万立方米。[2]（图3-22）

法电公司的高速发展，一方面来源于租界人民对于外国现代化生活方式的逐步认同，更多的则是源于法租界的鼎力支持下的垄断带来的高利润。在法电的营业范围内，即使

---

[1] 江南问题研究会：《上海各种公用事业概况（上海调查资料工友事业篇之二）：上海法商电车电灯公司》，上海市档案馆藏，档号：Y12-1-78-36。
[2] 王垂芳主编：《洋商史：上海1843—1956》，上海社会科学院出版社2007年版，第301页。

图3-22，《法商公司通告》，《申报》1933年8月1日，第19版

力有未逮，法电公司也不允许英美电力公司在其区域内供电供水，必须经过法电公司的一轮转手进行盘剥。和普通民营性质的资本主义企业不同，法商水电公司由于隶属法方，"以独有事业，专以盈利是图，不与邻界比较，不顾市民负担，殊与公用事业严责相背"[1]，且许多时候对中国政府（从清政府到国民党政府）法令置之不理，任意抬高水、电和交通的价格。因此，法电公司的利润十分之高，据巴黎总公司对股东大会的报告，从1926到1937年，法电公司每年的净利润均在2 000万法郎以上，其中1928到1930年更是高达3 000万法郎。[2]以利润率而言，自1916年至1937年，每年均保持12%以上的利润率。其中，1920—1937年间，年利润率更高达20%以上，最高年份为1927年，甚至达62%以上。[3]

作为一家"三位一体"的综合性集权式水电公司，法电内部职能分工明确，组织结

---

1 《法租界纳税华人会反对水电增价》，《申报》1932年6月4日，第14版。
2 胡林阁等编：《上海产业与上海职工》，香港远东出版社1939年版，第274页。
3 上海市公共交通公司编：《上海市街道和公路营业客运史料汇集》第6辑，第58、63页。

构较为严密。从营业性质的角度来看，主要分为交通、电灯、自来水三大部分，而从管理系统和生产部门的角度来看，则在总管理处（当时的工人称之为"写字间"）之下分设两大部门，即车务部和机务部，而车务部和机务部之下再分别设置若干部门。例如，车务部总管的是交通营业，其下则分别有票箱间、管理处（工人称之为"小写字间"）及公共汽车、电车的各条线路，其下职工划分为查票、写票、卖票、司机、稽查等等；机务部总管的是供电、给水及各项车辆与水电设备的修理，其下则分别有老车间（负责有轨电车）、新车间（负责无轨电车和汽车）和董家渡水厂、自来水间及点灯间等。

从权力构成与人员配置来说，法电推行的是"重要管理人员法国化，一般管理人员多国化，普通工人中国化"的分层体制。法电自创立以后，上自公司的大班（总经理）、副经理、总工程师，下至各部门负责人，如车务部总管、副总管等，几十年来几乎清一色为法籍。对于一般管理岗位，其职员则来自不同的国家，以利于相互监督、相互牵制。如法电的文书多为葡萄牙人，稽查主要为中国人（因乘客绝大部分为中国公民），但又有日本人、印度人、韩国人，使各国稽查相互监督，防止查票与售票者的勾结舞弊。至于司机、卖票员、技工中如电线匠、油漆匠、木匠、铁匠、司钟点（调度员）以及轨道夫等一般工人，皆为中国人。[1] 然而，即使华人想成为最低一级的普通法电职工，也绝非易事。一般有三种途径：其一，由中法学堂或者法国人介绍；其二，由服务员设法运作各部负责人员，得到同意后再由服务员出面介绍；其三，由国民党机关人员介绍或保荐，或指定某部门工作。[2] 由此可见，要想成为法电的职员，一般都和法电管理层有着密不可分的关系，这也是很多职员都被称之为"走狗"的原因。

此外，为了便于对人数众多的普通工人的控制，法电在录用人员时也有倾向性地选择不同的省籍、乡籍加以利用。如在20世纪30年代法电的车务部工人中，"苏北籍共占三分之一，卖票工人中北方人共约六七十人、湖北籍约二三十人、宁波籍约二十余人、无锡籍二十余人、常州籍十余人，本地籍约百人。司机除苏北籍以外，湖南、湖北籍约三十余人，北方人约五十余人，南方人约三分之一弱"[3]。这种籍贯上的差异性，显然有利于资方的控制与管理。正如美国学者裴宜理在《上海罢工——中国工人政治研究》一书中所述："由于地缘祖籍的各不相同，电车工人们为了各自的谋生机会，相互之间各有成

---

1 周源和：《上海交通话当年》，华东师范大学出版社1992年版，第59页。
2 江南问题研究会：《上海各种公用事业概况（上海调查资料工友事业篇之二）：上海法商电车电灯公司》，上海市档案馆藏，档号：Y12-1-78-36。
3 朱邦兴等编著：《上海产业与职工》，上海人民出版社1984年版，第277页。

见，互存戒心，因而影响了他们的团结与合作。"[1]

与华洋用工歧视相对应的是，工资待遇上同样根据肤色与种族的不同分为三等。法国人最高，西洋人次之，中国人最低。据统计，外籍职工仅占全公司职工总数的5%，而他们的工资总额却占全公司工资总额的一半，法籍职员更享有住房、汽车、水电等免费供应及其他津贴。法籍职员中的总经理，即法籍大班一人的月薪，在上海解放后的1950年，仍高达9 000多折实单位（还有特别办公费和其他津贴未计在内），等于一个中国工人5年工资的总和[2]。如此高薪，生活自然较为奢华。20世纪40年代，法电有位经理名叫杜克莱，住在戴劳耐路（今德昌路）60号的大别墅里，雇用了14名佣人，其中12名是中国人，两名是安南人。佣人们都住在预留的佣人房里，以确保提供一种永久和完美的服务。杜克莱夫妇经常在外应酬，吃午饭时，他们6岁的女儿玛丽经常独自一人，膳食总管李先生身穿白色制服，在餐桌旁小心翼翼地服侍她。[3]

反观中国职员的工资，以车务部卖票员为例，据1939年出版的《上海产业与上海职工》调查称，法电卖票员最高每月49.5元，最低27.7元。对比同时期在法国的电车卖票员，每月工资为1 125法郎，折合当时汇率，相当于华币189元。[4]但从双方的工作强度来说，在法国的卖票员每周工作时间为40小时，法电卖票员则在70小时左右，待遇相差之大，剥削程度之深，令人咋舌。

如果说工资待遇、工作强度的不公正只是物质上与体力上的剥削，那么，法电内部出台的一系列严苛的惩罚制度就是对工人精神上的高压管控。法电在营业之后，每个职工都建立一张"生死卡"，卡上记载入厂介绍人、职别、工资、平日活动、参加罢工次数及受处分情况等。如发生事情，就翻出有关该职工的卡片来算老账，常常加重处分以至开除。[5]同时，还制订了《司机工作守则》《售票员工作守则》《公司车务章程》等规章制度，对一线职工的工作职责、操作规范、注意事项等做了具体规定。然而，这些章程上的规定大多比较模糊，特别是对于奖赏只字不提，对于惩罚则无所不用其极。如在职员须知中，第一条"端整"的要求是：

> 凡在班人员，办公时应穿着公司所发之制服，其外务查票、写票及卖票人员

---

1 [美]裴宜理著，刘平译：《上海罢工——中国工人政治研究》，江苏人民出版社2001年版，第301页。
2 吴汉民主编：《20世纪上海文史资料文库第9辑（宗教民族）》，上海书店出版社1999年版，第218页。
3 马学强、曹胜梅：《上海的法国文化地图》，上海锦绣文章出版社2010年版，第88页。
4 胡林阁等编：《上海产业与上海职工》，香港远东出版社1939年版，第249页。
5 吴汉民主编：《20世纪上海文史资料文库第9辑（宗教民族）》，上海书店出版社1999年版，第218页。

须将衣帽整刷洁净，穿戴整齐，纽扣必须时常纽整。对于自身脸面手腕，当洗揩清洁，头发须时加修饰，以状观瞻。倘职员等懒于修饰，致令人见而生厌，公司内只得罚停其派定之班头。[1]

作为典型的公共服务性行业，法电十分注重员工的日常仪表与服务形象无可厚非。然而，诸如某卖票员因铜牌没有擦亮，便被罚扣8元大洋；某号查票因为在班头上伸了一次懒腰，被认为有碍观瞻，便罚停4天，[2]等等，这些所谓惩罚，大多皆看惩罚者的心情，可谓随心而罚，完全没有标准，令工人每日皆在战战兢兢中。或许是慑于这些惩罚的"淫威"，当时的法电工人经常给人以"制服光鲜、衣帽整洁、纽扣紧扣"的良好印象。[3]

另一方面，法电严格明令告诫员工礼貌对待乘客，如果缺乏礼貌，依情节轻重停工1天至8天，如果对乘客侮辱或施暴，则一律开除。[4]更有甚者，一些因未礼待乘客的员工所受到的惩罚实乃人性摧残。如190号的司机有一次因为与别人打架，他没有做见证人去报告，被停生意也就罢了，后来去问车务总管理由，还被赏了"外国火腿"（脚踢）和"雪茄烟"（打耳光），被打得鼻青脸肿。[5]又如1932年，有个198号售票员因患伤寒症，在车上工作的时候，实在支持不住了，就打了个电话给车务总管维亚利，要求请假。谁知维亚利毫无人性，竟回答他说："要请假就停生意。" 198号售票员为了生活只好硬挺下去，结果累死在车上。[6]

与乘客是"上帝"一样吃罪不起的还有外籍上司。凡是他们认为犯了过错的工人，就要被叫去"吃大菜"（问话），每天常常有数十人之多，他们在写字间门口排着队，等候传唤。被传的工人，须将号帽脱下，端端正正地捧在手里，先向外国人鞠躬，报出自己的工号，然后，毕恭毕敬地站直了听候责问。外国人傲然坐在靠椅上训斥工人。工人只许认错，听候处罚，绝对不许申辩，否则，外国人就要把你的号帽留下，回去"反省"。没有号帽就不能上班，直等到你认错，再给你处罚。如果被问的人礼貌不周或与外国人争论，就会遭到痛骂甚至毒打，并加重处罚。[7]凡此种种，均印证了解放前一直公认

---

1 朱邦兴、胡林阁、徐声合编：《上海产业与上海职工》，上海人民出版社1984年版，第281页。
2 吴汉民主编：《20世纪上海文史资料文库第9辑（宗教民族）》，上海书店出版社1999年版，第219页。
3 周源和：《上海交通话当年》，华东师范大学出版社1992年版，第61页。
4 周源和：《上海交通话当年》，华东师范大学出版社1992年版，第61页。
5 朱邦兴、胡林阁、徐声合编：《上海产业与上海职工》，上海人民出版社1984年版，第285页。
6 上海公共交通总公司《上海法电工人运动史》编写组编：《上海法电工人运动史》，中共党史出版社1991年版，第52页。
7 吴汉民主编：《20世纪上海文史资料文库第9辑（宗教民族）》，上海书店出版社1999年版，第218页。

"法电当局对工人管理之严厉,乃是上海企业中独一无二的"[1]的说法。

由于种种残酷压迫和剥削,法电历史上的工人运动十分活跃,在上海颇有名气。从1908年创立伊始,法电工人就有过罢工的历史,据8月5日法电大班致法租界公董局的函件中说道:"本公司被迫开除司机37名(当时司机共50余人),内25名全系熟练工人。为代替这些工人,我们必须招用新工人,并加以训练,以致最近人手短少……这班工人不会运用电制轮机,时常弄坏机件,也给公司方面造成种种困难。"[2]此后一直有此起彼伏的自发罢工。不过,至1925年"五卅运动"之前,由于法电资方在工人中收买自己的代理人,对工人思想进行严密监控,自发的工人运动难有实质性的成效。

1926年10月,中共在法电建立了党支部。1928年10月,工人组织成立自己的工会。自此,法电工人运动进入有正确领导、完备组织、明确方向的历史新阶段,法电公司成为共产党开展活动的一个主要基地。在党的领导下,法电成为上海工人运动的坚强堡垒,先后参与1927年上海工人三次武装起义,爆发了1928年24天大罢工、1930年"红五月"57天怠工、1930年"马浪路惨案"等震惊一时的大工潮,涌现出徐阿梅、刘云、华志勇、黄福林等一批杰出的工人领袖。这种光荣的革命传统从大革命时候开始一直延续到上海解放,在上海工人运动史上谱写了光辉的篇章。(图3-23、图3-24)

1953年11月,法电回到人民手中,上海市人民政府将其收归公营,代管其全部财产,改名为"沪南水电交通公司"。

图3-23,《法水电厂一度纠纷,引擎间内工人罢工》,《申报》1940年10月2日,第7版

---

[1] 胡林阁等编:《上海产业与上海职工》,香港远东出版社1939年版,第247页。
[2] 上海公共交通总公司《上海法电工人运动史》编写组编:《上海法电工人运动史》,中共党史出版社1991年版,第23页。

图3-24，法商电车公司工人举行罢工，要求年关借薪（1949年1月24日）

第三节　华洋杂处

近代上海城区中，较之公共租界与华界的南市、闸北，法租界以街道宽畅整洁、环境幽静、文化氛围浓厚著称，在20世纪20年代就被认为是一个"宽广的、精心设计的住宅区"[1]。30年代被认为是大上海"最整洁"之地[2]。其中，位于法租界中部的中央捕房辖区，就是这种以优越高级住宅区而闻名的特色街区，范围大致为东起嵩山路、蓝维蔼路，西至亚尔培路，北起福煦路，南至徐家汇路的区域，其地理范围部分涵盖了今天的打浦桥街区。

法租界在中西部建设高档住宅区的目标，始于20世纪初的两次扩界之后。当时的外滩、公馆马路、爱多亚路俨然已是法租界的政治和经济中心，八仙桥正在成为娱乐中心，因此，中部新区域已相对降低了经济和政治方面的功能需求，而日益增加的人口，[3]急需一个居住为主的功能分区，特别是富裕阶层需要一个条件优越的高档住宅社区。据此，公董局和租界房地产商均认为在中、南部这片地价相对低廉的新扩区域建设居民住宅区大有可为。

不过，在规划住宅种类方面，公董局与房地产商的意见发生了分歧。大多数房地产商（特别是华商）根据商业原则，力求在单位土地面积上经济利益最大化，乐于像东部区域一样大量建造土地利用率高、容积率大、受华人欢迎的中式里弄住宅。[4]而公董局越来越趋向限制中式房屋的出现，极力提倡建造欧式建筑，也即通常所称的"洋房"。其理由除了文化背景、景观欣赏上的原因外，最主要是认为中式房屋因中国人不良的生活习惯而不利卫生。[5]何况，中式里弄还有质量差、防火、安全等问题。由此，公董局与房产商、华人业主在住宅建筑的限制上屡起争执。如1900年12月5日，公董局代理工程师汇报说，有位叫王祖贤的华人想在金神父路边上公董局专门留给西式房屋的地区内，造一些中式房屋，结果，公董局委员会审核了上报的规划后，不准备发放申请的营造执照。[6]

1　徐雪筠等编译，张仲礼校订:《上海近代社会经济发展概况（1882—1931）》，上海社会科学院出版社1985年版，第216页。

2　柳培潜:《大上海指南》，中华书局1936年版，第8页。

3　1910年法租界人口为11.5万，1920年达17万，1930年高达43万。参见罗志如:《统计表中之上海》，《国立中央研究院社会科学研究所集刊》，1932年版，第21页；邹依仁:《旧上海人口变迁的研究》，上海人民出版社1980年版，第94页。

4　陆烨:《上海法租界"厂宅混合"街区成因探究》，《史林》2011年第6期。

5　董事会认为:"中国人自住的最漂亮的房屋里，仍纵容自己不清洁的坏习惯，而给周围的邻居带来很大的麻烦。"参见《上海法租界公董局关于中式建造营造规章》，上海市档案馆藏，档号：U38-1-1255。

6　《上海法公董局公报》相关记载。

几经反复，终于在1920年，公董局确定以中央捕房区内的霞飞路、广慈医院北墙、金神父路以西100米和吕班路以东100米（相当于萨坡赛路以东）构成的四方区域内只允许建造欧式住宅。[1]1939年，公董局公布《整顿及美化法租界计划》，又规划霞飞路附近区域和西面福煦、贝当两捕房大部为欧式区。同时，在中央区划分出B字、C字[2]两个欧式住宅区。由于C字住宅区的划定，法租界住宅区大致东部以吕班路和萨坡赛路为界，南部以康悌路、薛华立路和福履里路为界，西北面大部区域被要求建造漂亮气派的花园洋房、公寓大楼和装有暖气、壁炉的其他高档住宅；而中央捕房区南部，东至吕班路（今重庆南路）、西至亚尔培路（今陕西南路）、南至徐家汇路、北至薛华立路（今建国中路）和福履理路（今建国西路）的狭长区域，主要是华人住宅区，允许房地产商大量建筑里弄住宅。（图3-25、图3-26）

住宅开发标准与建设类型确定后，觉得有利可图的房地产商们立即大举进入。1920—1930年，新区域规划后的法租界住宅建设风起云涌，增加欧式住宅2 200余幢，中式住宅22 300余幢。[3]其中，1920年初是欧式住宅发展速度最为惊人的时期。据上海1912—1921年的《海关十年报告》记载，"1920年前的八年里，法租界共有欧洲人住宅423幢，而1920和1921两年里，就造了552幢"。[4]这些被称作"洋房"的欧式住宅，在1920—1930年的《申报》中多有出售、招租、召顶等名目不一的广告。从这些广告中，可以看出这些西式住宅的地理位置、外观结构、内部设施、周边环境与交通，以及开发者、所有者等诸多信息。

图3-25，《上海公共租界工部局年报》（1931年）

---

1 《上海法租界公董局关于中式建造营造规章》，上海市档案馆藏，档号：U38-1-1255。
2 C字住宅区的范围是：杜美路（今东湖路）、霞飞路（今淮海中路）一段至劳尔东路（今襄阳北路），至拉都路（今襄阳南路）、华龙路（今雁荡路）、金神父路（今瑞金二路）、树本路（今建德路）、马斯南路（今思南路）、薛华立路（今建国中路）、吕班路（今重庆南路）、北至马斯南路（今思南路）、华龙路（今雁荡路）、陶尔斐司路（今南昌路）、吕班路、霞飞路、白尔部路（今重庆中路）、蒲石路（今长乐路）、灵桂路（今长乐路附近，已不存）、普恩济世路（今进贤路）、亚尔培路（今陕西南路）、蒲石路、古拔路（今富民路）一段至杜美路口为界。参见《上海法租界公董局公报》1938年12月29日。
3 罗志如：《统计表中之上海》，《国立中央研究院社会科学研究所集刊》，1932年版，第19页；史梅定主编：《上海租界志》，上海社会科学院出版社2001年版，第559页。
4 徐雪筠等编译，张仲礼校订：《上海近代社会经济发展概况（1882—1931）》，上海社会科学院出版社1985年版，第217页。

坐落于法新租界金神父路西北角即阿而培路（亚尔培路）第十五号洋房住宅一所，内有大小房间共六间，花园、马房、车间及佣人房间俱全，洋商道契计地一亩二分左右，有意得此便宜产业，请向本行询问一切可也。义品放款银行启。[1]

坐落新法租界金神父路薛华立路南首，新建单幢三层楼洋房。该屋式样最新，屋内设备完美。如自来水、电灯线、火炉、新式汽带、水泥阳台、晒台以及浴间内浴缸、面盆、卫生、马桶，厨房内铁灶、水箱、水盘、冰箱、煤池一应俱全，且地位宽敞，空气透露，最合卫生家居住，租价甚廉，每宅四十两，如合意者，请到江西路廿八号平治明洋行接洽可也。[2]

优美洋房住宅一所，坐落法租界金神父路广慈医院对面新开马路Rue Victor Emmanuel III，占地二亩有余，房间甚多，极合华人居家之用，屋内装有新式热汽管，浴间装设一应完备，欲购或租者，请向爱多亚路九号中国建业地产公司接洽可也。[3]

图3-26，《上海公共租界工部局年报》（1931年）中涉及的华式房屋等

今有新造洋式楼房两处，在法租界卢家湾薛华立路一百十七号、一百十九号公堂。面房内浴室、厨间、汽车屋俱已完备，作公馆住宅最相宜。如有意买者，请至法租界天主堂四十八号政记公司面洽可也。[4]

兹有卢家湾电车站口洋房一宅，计卧室四间，厨房间、浴室、佣人室、花园，及装修俱全，空气充足，每月房金计银四十两，如欲租此屋及一切详细情形，每日下午二时至六时请至吕班路一百五十四号接洽可也。[5]

兹有坐落薛华立路巡捕房斜角对过四层楼洋房，第一百四十三号、一百四十五号、一百四十九号洋房三宅内有大菜间、书楼间、房间四间、厨房间、汽车间、浴室二间、花园草地等，最合华人住宅之用，租金极廉，小费等项一概免除，有意租

---

1 《头等洋房住宅出售》，《申报》1918年7月10日，第1版。
2 《新屋招租特等三层楼洋房》，《申报》1926年5月11日，第8版。
3 《新建洋房出售或出租》，《申报》1926年11月5日，第1版。
4 《招买住宅》，《申报》1928年2月21日，第2版。
5 《房屋招租》，《申报》1928年6月10日，第25版。

住者，请问环龙路一百二十一号领看或向爱多亚路九号三德堂接洽可也。[1]

金神父路广慈医院北首花园坊新建高大三层洋房百余宅，屋内装修精美，浴室装有新式白磁浴缸、自来水，坑厕清洁非常，光线充足，空气新鲜，租价极廉，里内特设公用汽车间，以备租户租用，出入便利，乘公共汽车直达里口，如欲租者，请至本行接洽，或向本坊内经租处领看，亦可外滩七号义品放款银行启。[2]

法租界吕班路薛华立路转角一百八十号新式大小洋房数宅，设备齐全，装潢华丽，极合高尚家庭居住，左右毗邻捕房及电车公司，故非常安宁清洁，交通极便，租价亦廉。如合意者，请驾面洽，或向四马路外滩一号汇丰房子三楼满海洋行账房接洽亦可，电话一五七七三。[3]

法租界金神父路打浦桥薛华立路口地段幽雅，菜场极近，廿一路公共汽车直达门前，新造西式单间三层楼，住宅数十幢，并有草地，内部花砖、会客室、卧室、厨房、白磁浴室、卫生器具、电灯线、电铃、火炉一应俱全，另有佣人及公共卫生马桶，所装扶梯阔平，上下便利，并有汽车间出租……租价极廉，小租不收。华记公司经租账房启。[4]

三层楼小洋房在法租界卢家湾附近，阳台、窗帘、电灯、电铃、卫生厕所、浴室、煤气灶、热水炉、壁炉，顶费二百元，房租连水四十两，欲顶者，请打电话一五〇七七至九号，或三五二〇〇号，或向广东路三号茂生洋行黄君接洽。[5]

法租界吕班路薛华立路北首大陆坊内，计有二层加汽楼洋房住宅，浴缸、抽水马桶齐备，月租七十一元；西式单间真三层住宅，月租五十一元；西式单间三层加汽楼住宅，月租七十一元；二楼加汽楼即假三层住宅，月租四十元；自来水费俱在内，空气充足，交通便利；法租界十路电车直达坊口，上海第二特区地方法院即在前面，法国花园即在后面，震旦大学即在对面，在法院供职者，尤为相宜，接洽处本坊A字卅八号。[6]

法租界金神父路薛华立路口明德村三层楼西式小洋房数宅，一切卫生设备全，交通便利，廿一路公共汽车直达弄口，自来水供给，租金低廉，每月租金国币五十一元，小租不收，合意者，请向看门人接洽，宝建路廿二号明德公司启。[7]

---

1 《洋房召（招）租》，《申报》1928年8月19日，第16版。
2 《法租界新造新式三层楼洋房招租》，《申报》1928年9月22日，第18版。
3 《新式洋房住宅召（招）租》，《申报》1929年2月18日，第21版。
4 《召（招）租群贤别墅》，《申报》1931年3月3日，第17版。
5 《招顶》，《申报》1932年7月9日，第21版。
6 《吉房招租》，《申报》1935年11月22日，第17版。
7 《小洋房廉价召（招）租》，《申报》1936年10月8日，第22版。

从这些"洋房"的地理分布来看，主要集中在金神父路、薛华立路、吕班路南侧一带，距离广慈医院、震旦大学、法国公园、中央捕房、法商水电公司、上海第二特区地方法院等市政机构都不是很远。而且"道路平坦，路旁多植木，翁蔚苍郁，绿荫横生……春花秋月，风景绝佳，不啻仙境"[1]，是时人眼中理想的宜居之地。从入住人群来看，由于要承担不菲的房地价格与生活费用，居住者多是经济上较为富裕、社会地位较高的移民。20世纪20年代初这一片洋房区初步形成之际，就有一部分富户和西人幽居于此。据当时《申报》的报道："卢家湾等地又为巨公及碧眼者流所占，非普通人所能问津。"[2]到了30年代，曾有时人描述这片布满洋房的街区整洁而高档：

> 走上金神父路，背着中国地界，那就是宽广的柏油马路。两旁是大小花园，洋楼，舒适的住宅。但进进出出，行来往去的，多数是高等华人和外国侨民，他们都是那样神气活现。[3]

具体来说，吕班路、薛华立路、福履理路一带的洋房多为捕房捕头、法院职员、法电高级职员住宅，居住者多为外侨，又以法侨居多，多从事租界行政治安、工商业管理、文化艺术和宗教神职等业。而金神父路街区"是当时上海所谓文化人比较集中的地方之一"[4]。如金神父路的花园坊，20世纪30年代前后曾有作家曹聚仁、作家徐懋庸、编译家黄源、历史学者卫聚贤、知名学者樊仲云、翻译家胡山源等先后在此做过"寓公"。此外，当时任职于打浦桥上海美术专科学校的一批书画家、篆刻家、雕塑家也聚居于金神父路的群贤别墅、花园坊。如邵家光（群贤别墅1号）、李世凯（群贤别墅20号）、陈士文（群贤别墅5号）、周多（花园坊60号）、王远勃（花园坊73号）、陈人浩（花园坊102号）、黄自（花园坊115号）[5]，等等。

与花园坊相距不远，金神父路南端还有一处新式里弄住宅受到名人的"光顾"，即日晖里41号，曾为现代著名剧作家田汉的住所，而20世纪20年代田汉所领导的革命文艺团体"南国社"也一度设址于此。关于田汉在日晖里的经历，作者廖沫沙有较为详细的亲身回忆：

1　上海信托股份有限公司编辑部编：《上海风土杂记》，1932年刊印，第5页。
2　《汽车与建筑新村之关系》，《申报》1922年12月23日，第21版。
3　方铭编：《蒋光慈研究资料》，宁夏人民出版社1983年版，第121页。
4　中国人民政治协商会议株洲市委员会文史资料研究委员会编辑：《株洲文史第20辑高级编辑宋家修》，1997年，第139页。
5　马海平编著：《上海美专名人传略》，南京大学出版社2012年版，第187页；许洪新：《上海美专周边城区研究》，邢建榕主编：《上海档案史料研究》（第14辑），上海三联书店出版社2013年版，第87—90页。

1927年大革命中长沙发生马日事变,反动派屠杀共产党人,当时我也被列入黑名单……当我到上海后,囊袋中只有仅能买点大饼油条的钱了。我辗转找到金神父路(今瑞金二路)日晖里(41号)田汉先生家,就和田沅(田汉的三弟)同住在亭子间里。此后我曾在上海艺术大学聆听田汉先生的讲课……和田汉先生同住差不多有两年的时间,记得他家的客人,真是川流不息,经常高朋满座……田先生对来访者,总是亲切接待。客人倘有所求,凡力所能及者,无不慨然允诺……当时田先生的家境并不富裕,常常是东借西贷,但是田先生以诚待人,慷慨好义。[1]

与花园坊、群贤别墅等高级西式住宅分布位置不同的是,类似日晖里这样的新式石库门里弄住宅,则多建于中央捕房区的南部,靠近打浦桥、徐家汇路一带。如1927年3月,金神父路南首(打浦桥)法政大学对面的新新里,新建市房70余幢,租金每月16元,石库门20余幢,租金每月16元,广式房180余幢,租金每月14元。法租界21路公共汽车直达门前,搭电车至卢家湾,近在咫尺。[2]这些普通石库门里弄建筑面积大、居住密度偏高、租金相对低廉、交通便利等优势,除了满足一般家庭的居住需求外,还极为适合在里弄内开设工厂和商铺。另一方面,20世纪20、30年代法租界公董局实行的分类营业制度,更是直接促成中央捕房区南部"厂宅混合"区的形成。(图3-27)

分类营业制度始于1924年、1928年、1934年和1941年又3次颁布《分类营业章程》,其中1934年章程标志着制度的成熟。分类营业制度的出台,始缘于公董局要全力维护中央捕房地带欧式住宅区生活环境的卫生、宁静、安全和便利,不允许严重影响居民生活的营业进入。这些对居民生活妨碍的营业,在分类营业章程中依据轻重程度,被分为三表四类。甲种353项为"大规模或极其危险、不卫生、有障碍"之营业,主要为各类工厂、作坊和屠宰场等。乙种为"有妨碍或不卫生"之营业,基本为零售型商店、菜蔬食品商铺、小型作坊和仓储等,分为二表,第一表为上述营业规模较大者(一般为职工6人以上),第二表为规模较小者(一般为职工6人以下)。[3]丙种主要为休闲和服务业,诸如咖啡吧、小酒馆、电影院等,对环境危害最轻。(图3-28)

要维护宜居环境,公董局必须将影响居民生活的大型工商营业(主要是甲种和乙种一表中之营业)阻挡在中心区域之外,尽量保证中心区域地为单一功能的居住区。然而,

---

[1] 廖沫沙:《谈谈我与田汉的交往》,载《回忆田汉专辑》,第89—90页;又见《廖沫沙的风雨岁月》,载《新文学史料》1985年第2期。

[2] 《便宜房屋招租》,《申报》1927年3月3日,第12版。

[3] 《上海法租界公董局华文公报》(1934),上海市档案馆藏,档号:U38-1-2843。

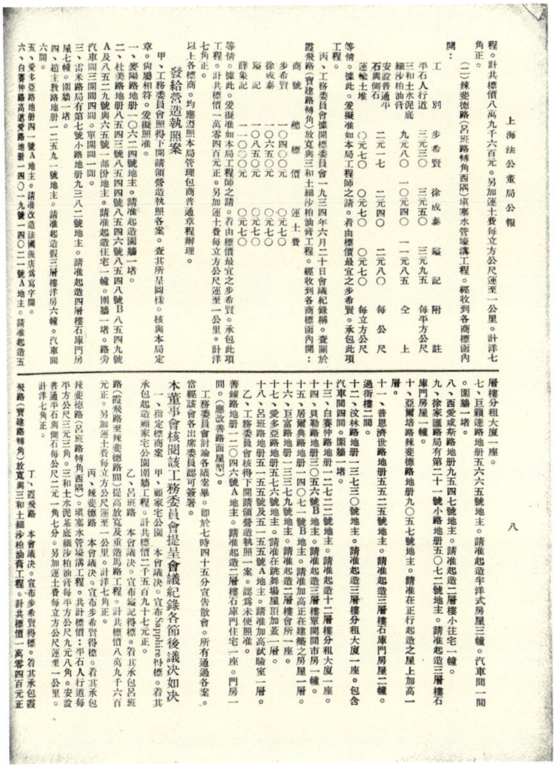

图3-27，《上海法公董局公报》（1934年7月19日）中《发给营造执照案》（节选），涉及吕班路、徐家汇一带住宅

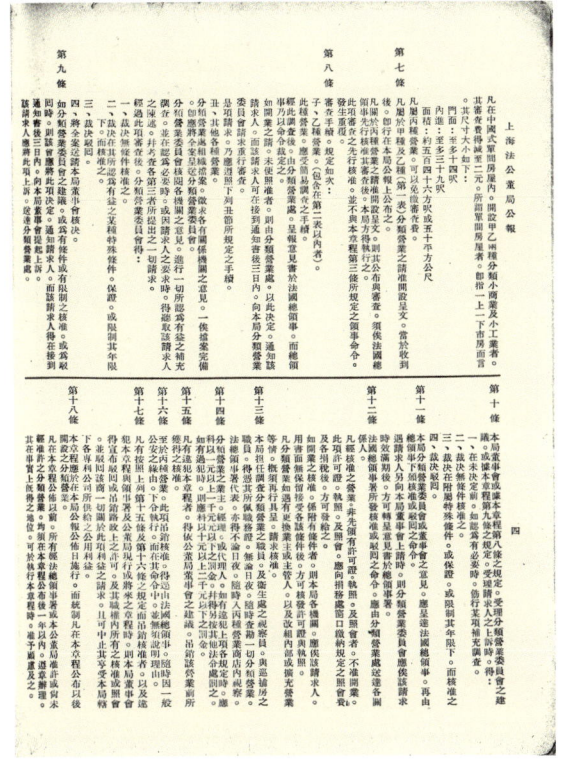

图3-28，《上海法公董局公报》（1934年年10月18日），公董局管理分类营业章程中涉及"中国式房屋"的营业

城市是个综合实体，不可能完全杜绝工商业，"上海繁荣的原动力就是工厂"[1]，特别是经济相对不发达的法租界，厂坊堆栈等的开设能增加更多税收。因此狭小的租界内，必须在离中心住宅区较远的地方划出一个工业区，以安置厂坊营业，而中心区之外的东南部里弄区自然成为可牺牲之地。

在分类营业管理中，公董局利用审查费等经济手段鼓励和引导危害性营业在里弄住宅区内开设。分类营业章程第6条规定，甲、乙两种小工商业若开设于中式单间房屋内的，审查费减至2元。其所谓单间房屋，尺寸大小为门面至多14尺，内进至多39尺，面积约546方尺或50平方公尺。[2] 以这样的面积限制，显然是里弄房屋最为适宜。在公董局的引导和鼓励下，租界内工厂、作坊、宰牲场等危害性营业多于此开设，也使这片区域内的房地主们趋向于将地皮和房屋（甚至是原为住宅的房屋）当作厂房出租，租给远

---

1 徐开垒：《上海的工厂区》，《万象》1943年第11期。
2 《上海法租界公董局华文公报》（1934），上海市档案馆藏，档号：U38-1-2843。

比住户租赁时间长、支付力强的厂坊业主。当时的《申报》就登有不少这样的招租广告（图3-29）：

> 坐落法租界打浦桥西，有街房及石库门廿余幢及新式厂房十余座，最合香烟、织造厂及学校之需。有意者，请驾临康悌路萨坡赛路美新厂接洽。[1]
>
> 法租界金神父路打浦桥西首锦同邨内，新造厂屋十余宅，每宅租洋三十元，最合织绸、织袜、香烟厂及各种小工厂之用。合意者，请向管门人领看接洽可也。[2]
>
> 卢家湾南斜地路、鲁班路东协昌里房屋敬数十幢，租价从廉，再宜工厂房之用。合意者，向里内协日营造厂接洽。陈关荣启。[3]
>
> 日晖港打浦桥兴隆街恒德里单幢石库门房屋，最合小规模工厂之用。欲租者，请向9611E戍朱葆三路二十五号三楼公正房地产信托社接洽。[4]

图3-29，《申报》1935年5月24日，第10版，记载"美亚绸厂"，打浦桥也有分厂

为了统筹兼顾，公董局还在租界南部专门划定了一个分类营业限制区，以容纳对居民生活环境污染和影响最大的工商业。这个区域基本位于福履里路、康悌路、薛华立路与徐家汇路之间，东部边界到蓝维蔼路，西部边界屡次修改。20世纪30至40年代，法租界的这个"厂宅混合"区以分类营业限制区为中心，并包括受到渗透的周围区域。在1942年的中央区保甲图中，在限制区内，如第176段保甲管辖区（东至金神父路，南至徐家汇路，西至亚尔培路，北至福履理路），区域内分布精华煤球厂、法工部局堆栈、上海铁丝厂、庆丰酱园、汇达烟厂、茂雄染厂、美固利汽水酒厂、大通华棉厂工场、家庭工业社总厂、大东南烟厂、中华织造厂、厚生老光厂、振兴毛绒纺织厂、梁新记兄弟牙刷厂、中国富强丝织公司、兴大瑞记染厂等工厂作坊。[5]

---

1 《新屋召（招）租》，《申报》1929年11月7日，第19版。
2 《厂屋召（招）租》，《申报》1930年1月21日，第17版。
3 《召（招）租》，《申报》1931年3月6日，第17版。
4 《租金低廉，不收小租》，《申报》1934年4月15日，第28版。
5 《上海法租界中央区176段保全图》（1942年），上海市原卢湾区档案馆藏，档号：1-1-18。

这些工厂货栈参差不齐，规模较大者有徐家汇路打浦桥西首的振兴毛绒厂，有一座新式双层锯形建筑的独立厂房，占地约四五亩，房屋完全用水泥钢骨造成，内分拣毛、烘洗等若干部，男女职工三百余人，纱锭三千二百余枚，器械有洗毛机、烘毛机、染毛机、开毛机、剪毛机、整理机等大小数十架。[1] 又如福履里路圆圆织造厂，用于织、染、印的自动机器，如烧毛机、丝光机、煮练机、漂白机、拉阔机、烘干机、轧光机、尺码机、打印机、浆布机、转布机、打包机、打水机、染印机、夹水机等共有数十部之多，职工达上千人。[2] 这些设在里弄房屋内的厂坊为追求经济利益，车间、厂房、仓库都要尽量挤入并不宽敞的房屋内。诸多的机器、产品和工人占满每一寸空间，这是"厂宅混合区"内经常出现的情况。关于打浦桥地区工厂的分布，第四章中还有专题论述。

属于分类营业限制区范围的，还有租界最南面沿肇嘉浜河（包括填浜筑路后的徐家汇路、肇嘉浜路）的地带，这是距离中心住宅区最远的边缘地带。在20世纪30年代后逐渐成为法租界的工业集中区。这片地带工厂最为密集，机器与工人也聚集最多。以肇嘉浜北至康悌路（今建国东路），东西在贝勒路（今黄陂南路）和马浪路（今马当路）之间，面积不足0.08平方公里的一小块地段为例，与南山里等近10个里弄住宅小区相伴的是震丰染织厂、金星热水瓶厂、光大文记热水瓶桶罐厂、新昌奥记染厂、统益织造厂、祥泰针织厂、裕康厂第二工场、恒胜皮厂、洪康绸厂、久新漂染起毛厂、瑞昶织绸厂、天华机器针织厂、天益布厂、永泰柴炭栈等40多所工厂、作坊和货栈。[3] 随着混合区内厂坊的发展，法租界与肇嘉浜南面的华界地区连成一片，有些企业还跨河两岸跨界开设工厂，如中国飞纶制绒厂于南面斜土路900号设总厂，于北面亚尔培路589号开设分厂。

由于限制区内的工厂往往不限工作时间，沿肇嘉浜一带诸多的棉纺、棉织、丝织、针织、毛纺和漂染等类厂坊战前即日均要工作10小时以上，[4] 沪战爆发后，更是日夜加班生产，导致各种污染非常严重，居民生活环境日益恶劣。肇嘉浜河即深受其害，在20世纪30年代初即被附近居民视为"一条横卧的臭水沟渠"，[5] 加上抗战时日军封浜筑路，河道已是"污水腐臭，蛆蚋丛生，行人掩鼻而过"，[6] 这样的恶劣居住环境，在"布置之整洁，

---

1 《振兴毛绒纺织厂》，上海市档案馆藏，档号：Y9-1-101-128
2 巴玲：《圆圆织造厂》，《自修》1939年第47期。
3 《上海法租界中央区140、141段保甲管辖区域图》（1942年），上海市原卢湾区档案馆藏，档号：1-1-4；《上海市行号路图录》（下册），福利营业股份有限公司出版，1949年版。
4 罗志如：《统计表中之上海》，《国立中央研究院社会科学研究所集刊》，1932年版，第75页。
5 方铭编：《蒋光慈研究资料》，宁夏人民出版社1983年版，第117页。
6 《卢湾区志》编委会编：《卢湾区志》，上海社会科学院出版社1998年版，第1150页。

空气之新鲜,为全市冠"[1]的法租界中西部区域,显得让人匪夷所思。(图3-30)

厂坊林立,劳工及家属众多导致街区内人口混杂,以工人、商贩、失业者和穷苦学生聚集为多。沿浜打浦桥地域街区的晨景则是充满了嘈杂和市井气息:

图3-30,棚户区景象

> 这里人口众多,阶层复杂,来来去去的,多数是大学生,和中下层社会的居民。每天当黎明前后,金神父路上的路灯,尚未熄灭的当儿,二十一路公共汽车就由外滩轰隆隆地开来了,停在法政大学门口,等待着搭客。随即这个区域渐渐地热闹起来。打浦桥上的黄包车、板车、汽车来往不绝。清道夫也穿着红色的号衣,推着垃圾车来扫马路了。小贩们都摆出了鱼虾和蔬菜,提高了嗓子叫卖。卖洋葱牛肉饼的,响亮地敲起了铁锅,香味热气充满街道。等到天一亮透,已人群挤挤,大有水泄不通之势。而穿着西装的大学生,养着长头发的、打着艺术大领结的,或是穿着画衣的美术教授,和艺术学生,也都出来买早点,或是泡开水……叮咚叮咚的钢琴声、嘎嘎嘎的高音低音的练习嗓子声、同时也有大小提琴声……所有一切声音,随着一天的开始,缠绕在这个区域的上空。[2]

最后,再来看肇嘉浜河以南的华界地区。与相距不远的欧式住宅区、里弄住宅区相比,这一带长期以来为传统市镇与乡村交融的区域,"北则毗连租界,南则皆农户之家"[3],城市化进程原本十分缓慢。然而,近代以来,历次战乱所引发的外来移民的大量涌入,加之"散兵流氓,群集于此"[4],使这里滋生了大片棚户区。1929年11月20日《申报》报道了这一带发生的火灾时,称"沪南日晖桥打浦桥一带草屋,鳞次栉比,竟达数百间之

---

1 柳培潜:《大上海指南》,中华书局1936年刊印,第8页。
2 方铭编:《蒋光慈研究资料》,宁夏人民出版社1983年版,第117—118页。
3 《斜桥卢家湾筹组保卫团》,《申报》1925年10月28日,第11版。
4 《斜桥卢家湾筹组保卫团》,《申报》1925年10月28日,第11版。

多，为该处一带苦力居民所搭造"[1]。除了用稻草所盖的简屋外，"以一破舟，上盖芦席，作为栖息所者"[2]的船户也是打浦桥南片棚户的主要来源。

> 沿着上海打浦桥一带，污水河的岸边，随处都有竹篷小船在沙滩上搁着。这种破陋狭小的船里，每一只就住着一户人家。他们在被蔑视与污辱的中间，坚强地生活着，生活却往往比那摩天楼里的"高等华人"更有意义。[3]

1930年前后，因河道淤浅，一大批船民拖船上岸，成为住人的旱船，从而形成水上棚户区的雏形。以后，许多破产农民从苏北、山东等地来到上海，在肇嘉浜附近落脚谋生，浜两岸逐渐搭起了棚屋和滚地龙。到1934年，两岸棚户居民已有1 400户左右，形成了肇嘉浜最早的棚户区[4]。起初的棚户居民"大都系操舟、苦力、人力车夫等"[5]，迨至1928年法租界颁布《分类营业章程》，规定徐家汇路沿线、打浦桥、金神父路所在地区为小工厂聚集区域后，棚户区相应地聚集了众多的劳工、家属，以及为他们提供日常生活服务的摊贩。1936年12月1日《申报》记道：

> 从卢家湾桥至斜桥一段，只见人头簇簇，印入眼帘的，尽是些摊基，那种热闹的情形，不亚于城隍庙。其中最多的：是旧货摊，其次是拆字摊、杂耍摊，点心摊，膏药摊，医杂病摊，鞋子摊，卖武术等等，举凡走江湖的杂摊，莫不应有尽有。[6]

棚户区房屋虽然属于违章建筑，但由于住房紧张、贫困人口持续增加的现实，以及为防出现治安犯罪的隐患，对于已经成型的棚户区，华界政府往往采取妥协措施或将其纳入常规市政管理。1928年，上海特别市政府会议通过决定，筹建平民住所，组建"筹建平民住所委员会"。建造住所的经费，最初由市政府临时拨款，后正式列入市政府预算。1929年先至徐家汇地方筹资建造第一平民住所，平房一百幢，中建礼堂一座，"为平

---

[1]《毁去草屋一百三十余间》，《申报》1929年11月20日，第16版。
[2]《浦东老白渡草泥塘大火》，《申报》1933年8月10日，第8版。
[3]《蔡楚生访问船户》，《申报》1937年3月14日，第23版。
[4] 吴汉民主编：《20世纪上海文史资料文库第9辑宗教民族》，上海书店出版社1999年版，第343页。
[5]《浦东老白渡草泥塘大火》，《申报》1933年8月10日，第8版。
[6]《卢家湾桥》，《申报》1936年12月1日，第18版。

图3-31，《上海特别市政府在鲁班路斜土路筹建第二平民所》，《申报》1930年2月7日，第15版

民婚丧喜庆之需，廉价出租，平民称便"[1]。（图3-31）1930年，"在鲁班路斜土路口建造第二平民住所，平房三百幢，每幢月租约一元左右"[2]。至1933年4月，上海全市平民住所共有3处。"第一平民住所在闸北全家庵路，第二平民住所在鲁班路斜土路，第三平民住所在闸北交通路，三所中，以第二住所住民较多、环境较佳。"[3]第二平民住所还一度改组为上海市合作事业实验区第二平民住所合作社，在合作社中，政府还尝试举办生产利用等合作事业，"使家庭手工业或小工艺人之出品得直接销售于市场，而免中间商人之剥削，一面予以相当之指导，得改良其出产品而增加其收益"[4]。（图3-32、图3-33、图3-34）

抗战期间，被战火驱赶而来的难民纷纷在肇嘉浜、日晖港等废河残墟上搭棚结屋，甚至在翻转的破船下蜗居。出现了南彭家弄（原打浦路53弄52支弄）、东彭家弄（原打

---

1 《市府筹建第二平民住所》，《申报》1930年2月7日，第15版。
2 《市府筹建第二平民住所》，《申报》1930年2月7日，第15版。
3 《市府核准合作实验区计划》，《申报》1933年4月1日，第13版。
4 《市府核准合作实验区计划》，《申报》1933年4月1日，第13版。

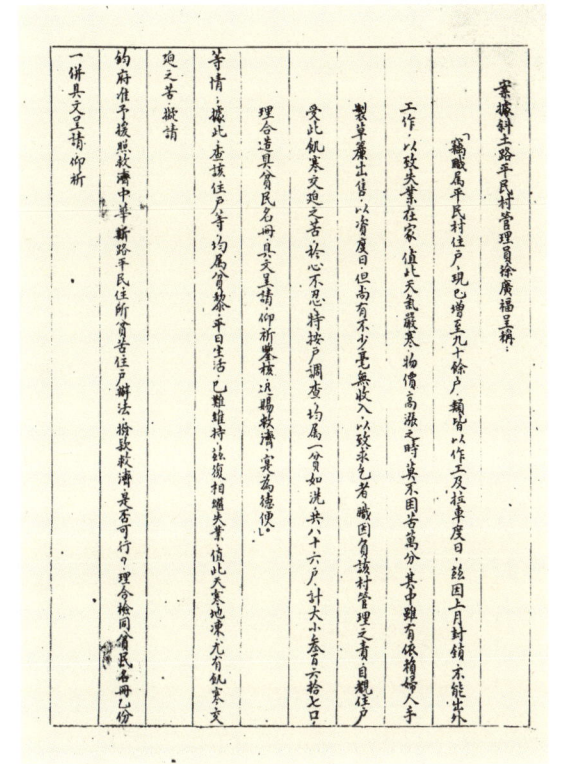

图3-32，有关斜土路平民村档案（节选），上海市档案馆藏

图3-33，斜土路平民村贫民清册（节选），上海市档案馆藏

浦路53弄77支弄）、淮盐新村（原打浦路53弄108支弄）、顺兴里（原打浦路53弄114支弄）、鲁顺里（原鲁班路30弄）、李家宅（原鲁班路50、70弄）、谢家宅（原鲁班路162弄）、荣祥里（原斜徐路641、647弄）、江南里（原斜徐路838、842、852弄）、德邻里（原斜徐路874弄）和新顺里（原南塘浜路143、147弄）等11条棚户简屋里弄。[1]

抗战结束后，卢家湾棚户区的居民依然有增无减。据1948年的一项社会调查表明，卢家湾共有棚户区约1 500户[2]，分布最多的是鲁班路、斜徐路、打浦路、日晖路等处。至1949年5月上海解放时，打浦桥地区有相当数量的居民居住在棚户区中，这对新成立的人民政府是一个巨大的考验。关于上海解放后肇嘉浜水上棚户区的改造，第五章会有详细论述。

1　上海市地方志办公室编著：《上海名街志》，上海社会科学院出版社2004年版，第767页。
2　陈仁炳主编：《有关上海儿童福利的社会调查》，上海儿童福利促进会1948年版，第243页。

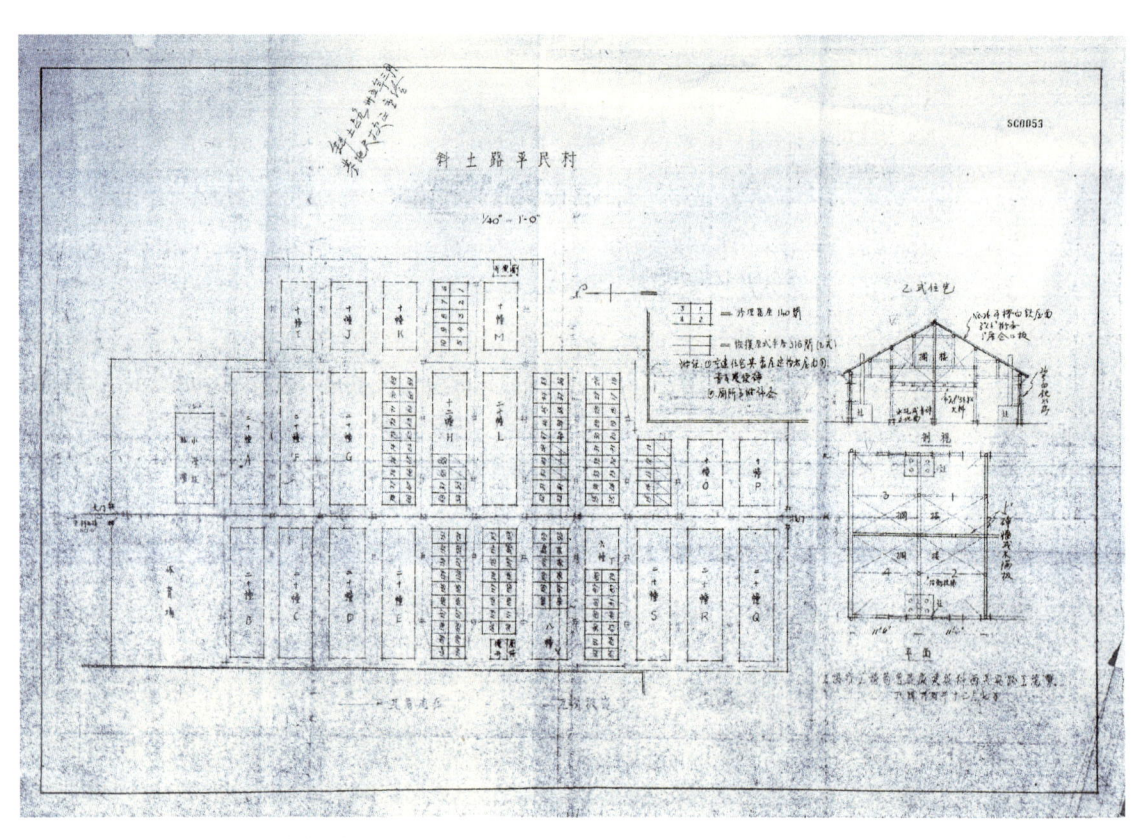

图3-34，斜土路平民村图纸，上海市档案馆藏

第四章　近代化进程中的打浦桥

近代上海是一个集合城市，分为三大区域，均受治于各自分离而彼此独立的3个机构，这几个机构"又按照其自有之特殊法规而行使职权"[1]。这三区分别是公共租界、法租界、华界，也被称为"三界"。华界中又分南市、闸北，所以形成了所谓的"三界四方"格局。"四围马路各争开，英法花旗杂处来。怅触当年丛冢地，一时都变作楼台。"[2]各处的马路陆续开辟，市政发展、店铺林立、车水马龙，原有的乡村景象顿然改观。打浦桥地区也经历了这样的过程。

直到19世纪末，打浦桥区境的景象基本上是土地平旷，村庄错落，溪浜纵横，芦苇丛生。但随着城市的扩张，位于肇嘉浜沿岸的打浦桥地区也逐步融入到近代上海的城市圈内，并开启了它的近代化历程。（图4-1）

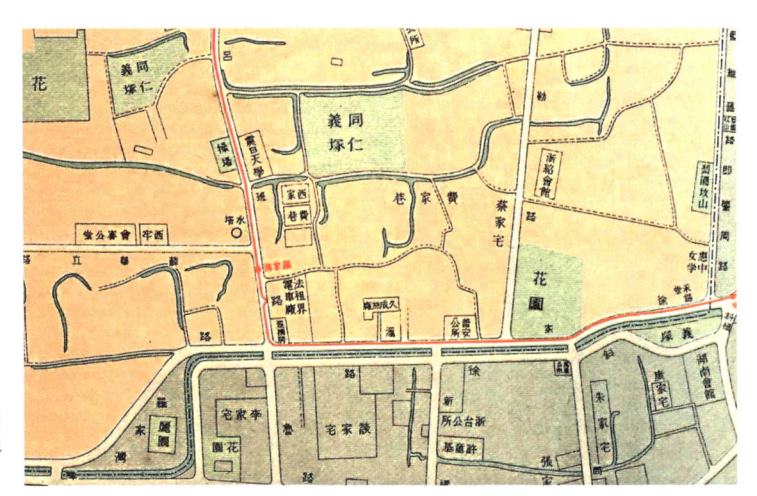

图4-1，斜徐路一带，选自1917年《上海法国新租界分图》（部分）

---

1 工部局华文处译述：《费唐法官研究上海公共租界情形报告书》（第一卷），1931年版，第二编，第25页。
2 葛其龙：《前后洋泾竹枝词》，参见顾柄权编著：《上海洋场竹枝词》，上海书店出版社1996年版，第356页。

第一节　独特的市政系统

打浦桥一带，分属于法租界与华界，位于华洋之间，具有不同的市政管理系统，由此也使得这一片区的风貌塑造、景观格局乃至城市的运作方面，各具特点。可以说，打浦桥的近代化具有其独特的发展路径。

一、法租界市政治制

上海法租界自1849年诞生，先后经历了1861年第一次扩张、1900年第二次扩张，至1914年的第三次扩张后，把今日打浦桥的部分地区也划入内。对于这一过程，在前面的章节中已有详尽的论述。随着法租界的扩张，打浦桥地区的道路逐渐拓展，从"筑路"到"造街"，逐渐有了市政的近代化。由于租界的发展以及由此带来的各种效应，导致上海城市的急速拓展。在法租界，人口集聚愈来愈多，并逐渐向越界筑路地区扩散。一方面，由公董局主导的市政建设日新月异；另一方面，随着城市的拓展，也带来了不少问题，"界外道路，间有由法人修筑者，其路灯、电杆、自来水、煤气灯各种经费，均由法公董局担任，因此华法警察，权限不清，不免困难"[1]。（图4-2）

首先，要观察公董局这一机构。公董局作为法租界的市政机关，是法租界的管理者。初称大法国筹防公局，成立于1862年5月，原先只有董事会和总办，1864年设立市政总理处、公共工程处、警务处三大机关。

公董局的董事会，最初是由法国驻沪总领事委任的，后来改为选任制。1866年7月公董局组织法颁布后，改由地主会议选举的4名法籍、4名外籍董事组成，任期两年，每年改选其半。公董局董事会的主要职能是议决收支预算、捐税增减及公用事业拓展，并可任免公董局各职能部门的职员。法领事对议决案有否决权，并可将其解散，实为领事一人所操纵。1926年1月19日，第五十七届董事会增加两名华籍董事。1927年初公布新的组织法，改由领事委任的临时行政委员会代行其职，人数十几人不等。从此，法租界选任的董事会便告中断。对于公董局董事会这种体制，有人评论道"公董局董事会不过是代表民意的机关，所有界内一切行政权警务权以及公务员的任免权都是属于法总领事的"[2]。

---

1 《记载：上海推广法租界》，《学生》1914年第2期。
2 香谷：《法租界的市政组织》，《上海法租界纳税华人会会报》1936年第2期。

公董局董事会分设：工务、财务、教育、医生救济、交通、园艺、地产、厘正房捐、医院管理等9个委员会，厘正房捐委员会是1936年新设[1]。（图4-3）

公董局的内部组织，最初分为：市政总理处、公共工程处、警务处、医务处。1934年12月21日，法公董局董事会认为界内市政日繁，为使各机关的序列和各阶级的工作有优良效能计，便决定次年改组局内各机关，组织便比以前来得严密和复杂了。

法租界市政组织列表，第一为总表[2]：

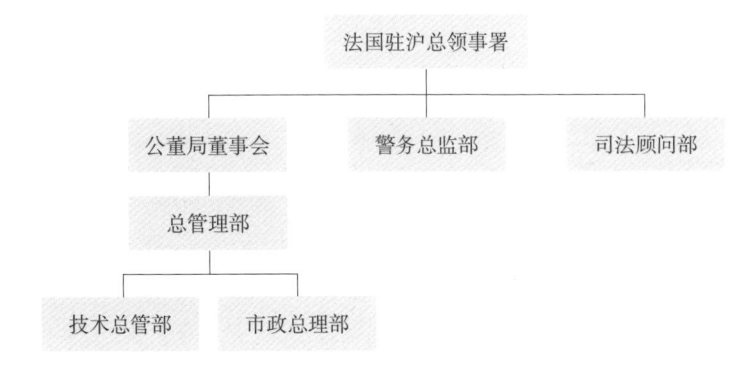

TRAVAUX DE REVÊTEMENT EN SHEET ASPHALT (Avenue Foch)

图4-2，法租界的一条马路正用柏油铺设路面

```
                    法国驻沪总领事署
                          │
        ┌─────────────────┼─────────────────┐
   公董局董事会        警务总监部          司法顾问部
        │
     总管理部
        │
   ┌────┴────┐
 技术总管部  市政总理部
```

第二，为公董局总管理部组织表：

（甲）市政总理部：

1　香谷：《法租界的市政组织》，《上海法租界纳税华人会会报》1936年第2期。
2　香谷：《法租界的市政组织》，《上海法租界纳税华人会会报》1936年第2期。

图4-3，法租界公董局的一份通告

（一）市政秘书处：(子) 管理秘书科：一、文牍课：A. 收件股；B. 转件股；C. 复件股。二、投标课。三、印刷所。四、公墓课。五、保险课。六、档案课。七、庶务课。(丑) 董事会及各委员会秘书科。

（二）财务处：(子) 预算科：一、会计课：A. 一般会计股；B. 各个会计股；C. 储蓄股；D. 监督用途股。二、捐务课：A. 税计股；B. 收捐股。三、收支课：A. 收支监察股；B. 押柜股；C. 征收地产股。四、统计课：A. 损益决算股。(丑) 金库科：一、公债课。二、划款课。三、局立银行。

（三）讼事处：法规科。

（四）土地处：一、征收地产课。二、局产保管课。三、地册经管课。

（五）分类营业及劳工检查处：(子) 分类营业科：一、书记课。二、调查课。三、视察课。四、劳工检查科。(丑) 人事课：A. 任免股，B. 存记股，C. 调用股。

（六）医疗处：局立医院。

（七）卫生救济处：(子) 救济科：一、施医。二、免费驻院。三、津贴及免捐。(丑) 卫生科：一、清洁科。A. 检察股；B. 防疫股；C. 消毒股。二、注射课。三、化验所。四、宰牲场及菜场。五、墓地课。六、医药监察课。七、统计课。

（八）教育处：(子) 小学教育：一、华童小学。二、法国小学。(丑) 中学教育：一、中法学校。二、法国公学。(寅) 私立学校检查与监察。

（乙）技术总管部：

一般技术研究课：A. 专利事业监视股。B. 专门委员会秘书股。

（一）无线电台信号台及天文台：一、无线电台。二、信号台。三、天文台。

（二）消防队。

（三）种植培养处。

（四）公共工程处。(子) 管理科：一、书记课：A. 文件股；B. 执照股；C. 会计股。二、丈量课。三、堆栈课。(丑) 设计科：一、机械课。二、水电课。三、路务课。四、建屋课。(寅) 电政科：一、电政课：A. 公用电光股；B. 局用电灯股。二、自来水及煤气。三、机械课：A. 一般机械股；B. 汽车机械；C. 滚路械股；D. 制造股。四、运输课：

A. 汽车间；B. 马棚。（卯）路政科：一、养路课。二、辟路课。三、清道课。（辰）营造科：一、修造课。二、建筑课（注）司法顾问部与总管理部是平行机关。[1]（图4—4）

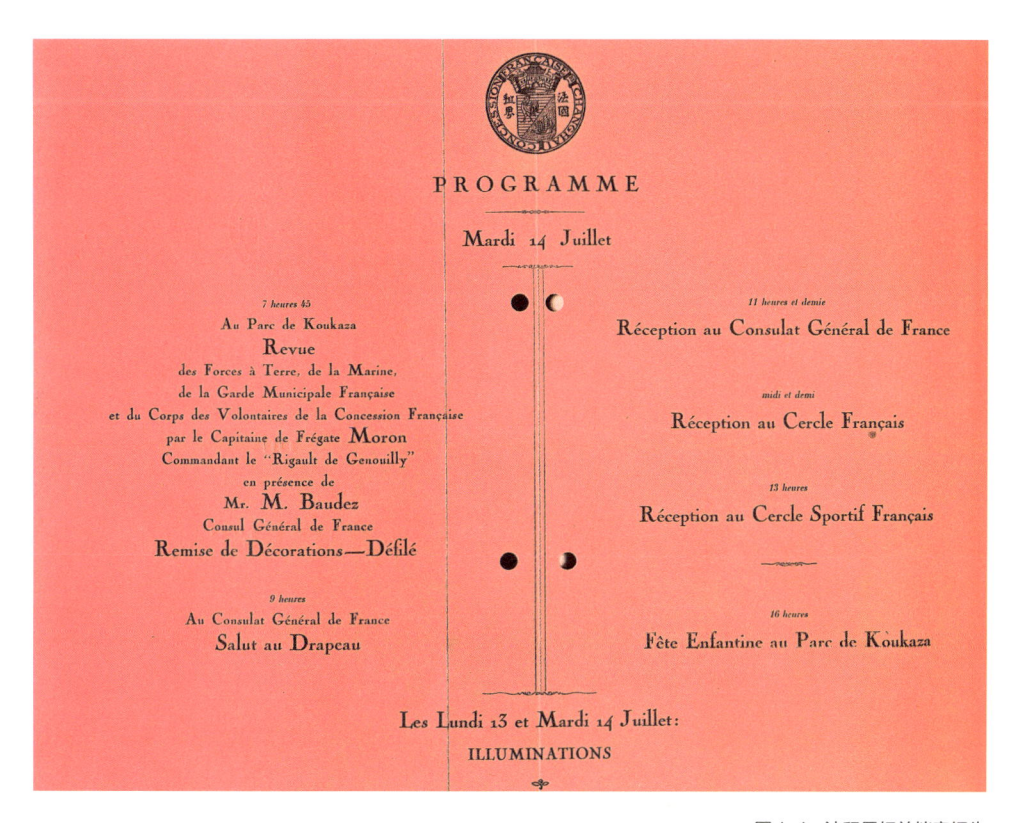

图4-4，法租界相关档案报告

第三为警务总监部组织表[2]：

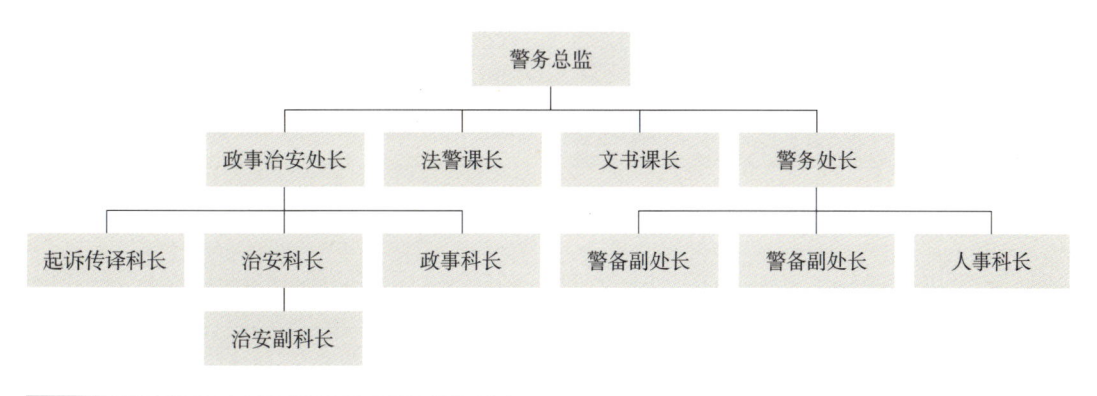

---

1 香谷：《法租界的市政组织》，《上海法租界纳税华人会会报》1936年第2期。
2 香谷：《法租界的市政组织》，《上海法租界纳税华人会会报》1936年第2期。

其次，围绕市政管理来考察法租界的运行体系。公董局十分注重打浦桥地区的公共工程建设。1926年9月，由于河道淤塞，为了解决这一问题，法公董局决议开挖日晖港，"打浦桥到潘家木桥一段靠北河道，因淤塞水浅，每遇落潮之时，舟楫不能往来，业已雇定大号驳船一只，装置机器捞泥机，停募在该局之下落垃圾码头一带，先行从事开挖"[1]。由于法租界有良好的市政管理机制，使得该区居住条件日益提升，兴建了大批住宅，包括洋房与石库门建筑。1927年3月3日《申报》曾刊登打浦桥地区的房屋招租广告：

> 兹有坐落法租界金神父路南首（打浦桥）法政大学对面新新里新建市房七十余幢，租金每月十六元，石库门二十余幢，每月租金十六元，广式房一百八十余幢，每月租金十四元。不收小租、开门费。该处交通便利，法租界廿一路公共汽车直达门前，搭电车至卢家湾近在咫尺。且里内将自建小菜场，种种便利非常，欲租者请向该里管门人领看可也。此布。[2]

小菜场、商店商铺、公共交通、物业管理等诸多生活配套配置逐渐完善，打浦桥地区的人口也逐渐集聚，市面日趋繁盛。（图4-5）

公共娱乐场所的管理，也是市政管理的一部分。1931年3月17日，法公董局修正了公共场所管理章程，规定"凡公共娱乐场所，如酒排间、菜馆、咖啡店、旅社、跳舞场、酒店等营业时间，至迟至次晨二时为止，即须闭门休业。其开市时间，至早须在上午六时以后"[3]。打浦桥的市面兴盛一时。（图4-6）

图4-5，《打浦桥商民请移置泥土》，《申报》1929年8月28日，第14版，文中涉及这一带的市政管理

---

1 《法公董局开挖日晖港》，《申报》1926年4月27日，第15版。
2 《便宜房屋招租》，《申报》1927年3月3日，第12版。
3 《法公董局管理公共场所章程》，《上海法公董局公报》1931年第4期。

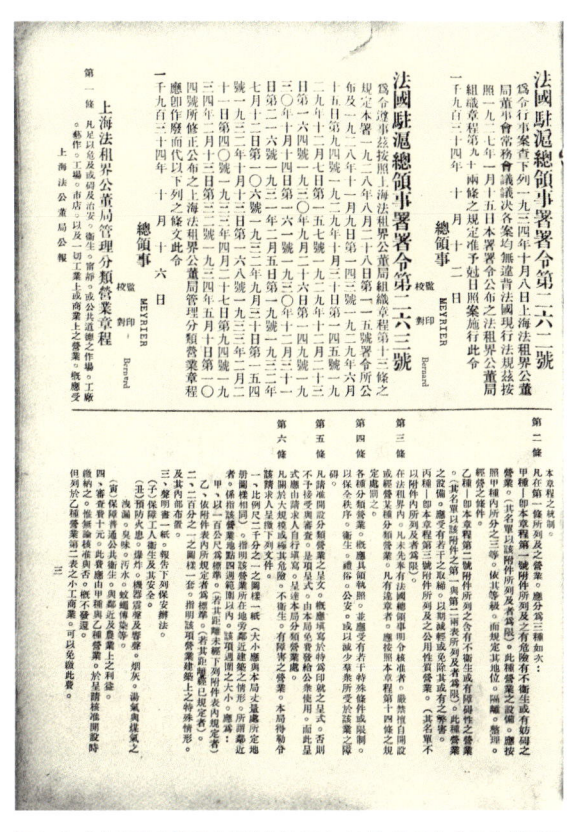

图4-6,《上海法公董局公报》(1934年10月18日)收录公董局的管理分类营业章程

二、华界的市政管理

与租界相比,华界在市政管理的制度化方面经历了很长时期,且起步亦晚,很大程度上也是为(公共租界)工部局和(法租界)公董局所带来的市政建设成果所刺激,驱动华界地区主动学习租界的市政管理方法与经验。

1905年,上海地方自治运动兴起,上海绅商郭怀珠、李平书、叶佳棠等人在地方政府的支持下,成立了"上海城厢内外总工程局"等市政机关,意图改变华界市政的落后面貌。

1898年马路工程善后局颁布《沪南新筑马路善后章程》24条,其主要内容如车辆捐照、行车点灯、定时倾倒垃圾、开挖水沟须保局核准等,均系仿照租界章程。因为租界订有马路违反章程,对违反有关规则者进行处罚,马路工程善后局颁布了《简明罚款章程》6条,并招捕设置中国巡捕房,以便巡查执行。据民国初年《上海县续志》记载,清光绪、宣统年间华界相继筑成30余条马路，其中就有斜桥南路、肇周路等。

1927年3月北伐军进占上海，并于当年7月成立上海特别市，上海华界市政归于一统，打浦桥地区属于沪南区管辖。（图4-7）

图4-7，上海特别市区域图（沪南区）

上海特别市政府统治下的华界市政，分为财政、教育、社会、公安、公用、土地、卫生、工务等局，具体职责分工如下：

> 关于市内之征收捐税、房产价值之估计、公产之管理等类事项，由财政局治理之。
> 关于学校行政及教育制度之改革等类事项，由教育局治理之。
> 关于公共卫生及监督医药业并公私立医院、医校、防疫等类事项，由卫生局治理之。
> 关于治安、户籍、消防、侦缉等类事项，由公安局治理之。
> 关于公共建筑，或规划道路、审核营造等类事项，由工务局治理之。
> 关于全市土地之登记及评估地价、征收土地等类事项，由土地局治理之。
> 关于自来水、电气一切公用事业之监督，由公用局治理之。
> 关于农工商业及劳动之行政、公益、慈善等类事项，由社会局治理之。
> 此外未划入市政府区域内之一切行政，现仍归上海县政府管辖。[1]

打浦桥同时也是沪南工业带的重要组成部分，"沪南区之大小各业工厂，总计一千二百余家，地点均在斜桥、陆家浜、沪军营、高昌庙、日晖港、卢家湾、鲁班路、斜徐路、平荫桥、打浦桥、大木桥、小木桥、龙华及南黄浦江边一带"[2]。因此这里集聚了大批的工业人口，产生了大量的居住需求。也就在这一时期，肇嘉浜沿岸出现了大量船户、棚户，居住问题日益突出。（图4-8）

1935年，上海特别市政府完成了全市棚户调查，并商议救济办法，呈报市政府后并拟兴建平民住所。同时，高度注意防火救险，安排市公安局会同老西门分局、西区东区救火会人员出发勘察各工厂消防设备，"注意房屋建筑，工场及炉锅布置地址，随时督促厂方改革消防上设备。并特别注意，含有引火性或爆炸性工厂，使工场与之隔离，多装药沫灭火机，俾获工人生命上安全也"[3]。

在城市化过程中，卫生也成为该地区管理需要面临的一个重要且迫切的问题。生

---

[1] 陈炎林：《上海地产大全》，华丰印刷铸字所1933年版，第50—51页。
[2] 《全市棚户调查完竣，两局会议救济办法，呈报市府后即兴建平民住所，工厂消防设备沪南区已查竣》，《申报》1935年8月12日，第11版。
[3] 《全市棚户调查完竣，两局会议救济办法，呈报市府后即兴建平民住所，工厂消防设备沪南区已查竣》，《申报》1935年8月12日，第11版。

图4-8，1927年纪录片《上海纪事》中肇嘉浜上的船户

活在肇嘉浜上船居的船户和棚户区的居民，卫生状况十分堪忧。打浦桥华界地区，隶属于上海市沪南区，根据卫生局的调查，其"为上海市直辖区中人口最密之区，计有五十六万余人。虽亦设有公私医疗处所，其系免费而办理认真者，殊所罕观，实于中产阶级以下市民之治疗上，为一急待救济之要务"[1]。上海卫生局曾于1933年8月，呈准上海特别市政府，"拨发开办费四千八百元，自九月下半月份起，月拨经常费一千元，即于沪南区蓬莱路租赁民房，于九月二十日起开始诊病，每日就诊人数，在三百号以上"[2]。（图4-9、图4-10）

沪南区卫生事务所成立以后，为节省经费计，即将诊疗所归并于卫生事务所内，新址在南市西林路方斜路口，"地点适中，房屋宽大，并添置药品材料，扩充器械设备。来所求诊者，每日至多五百余人，较前益见发达。诊疗所除诊疗外，又兼施各种预防接种

---

1 《卫生事业消息汇志》，《中华医学杂志（上海）》1934年第2期，第287页。
2 《卫生事业消息汇志》，《中华医学杂志（上海）》1934年第2期，第287页。

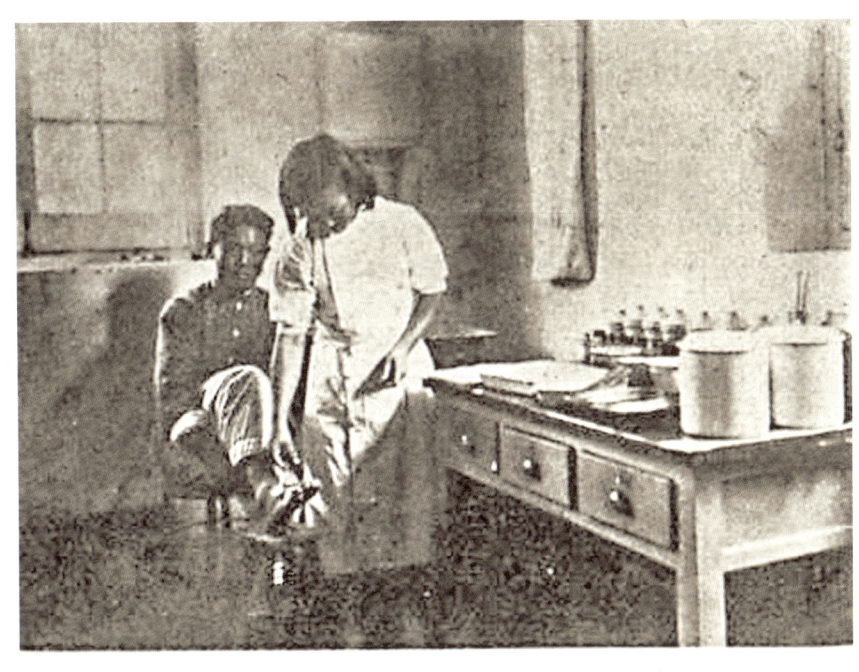

图4-9，沪南区卫生事务所内景，选自《卫生月刊》1935年第4期（1）

沪南區衛生事務所診療室

图4-10，沪南区卫生事务所内景，选自《卫生月刊》1935年第4期（2）

沪南區衛生事務所牙醫室

第四章　近代化进程中的打浦桥

图4-11，上海特别市卫生局沪南区清道夫集体照，选自《卫生月刊》1929年第12期

及体格检查等工作"[1]。（图4-11）迁址极大促进了沪南区卫生工作的开展，加之卫生局的努力，成立一年的上海市卫生局沪南区卫生事务所有了一些工作成果。表4-1，为1934年的诊疗人数。

救火也是一个街区的重点工作。打浦桥地区，人口杂居，草棚甚多，火警频发。《申报》曾有关于1928年12月30日夜打浦桥地区火警的记载："昨夜九时三十分左右，金神父路打浦桥附近一带草棚，突告火警。因该处地属华界，自来水力不足，特由大自鸣钟救火会驱车前往，协同施救。直灌至十一时十分，方始熄灭，计焚去草屋猪棚一百余间，焚毙猪棚甚多，幸未伤人。当火势方炽时，均扶老携幼，哭声震天，观者无不酸鼻。"[2]（图4-12、图4-13）

1929年11月19日，沪南日晖桥、打浦桥一带发生大火，由于这一带草屋鳞次栉比，有数百间之多，均为该处的苦力居民所搭造。一告火警，霎时火势所及，立成灰烬。南市各区救火会，均闻警赶救，奈均系草料，灌救匪易，未及半小时，竟毁去一百三十余

---

[1] 胡广生：《上海市卫生局沪南区卫生事务所附设诊疗所一年来之工作》，《卫生月刊》1935年第2期，第73页。
[2] 《昨夜打浦桥大火》，《申报》1928年12月31日，第15版。

表4-1　1934年诊疗人数表

月　份	开诊次数	门诊人数	急诊人数	新病人总数	旧病人总数	每月病人总数
1月	44	5 522	25	1 303	4 244	5 547
2月	42	5 059	10	1 008	4 058	5 066
3月	45	4 812	8	1 067	3 753	4 820
4月	46	5 175	5	1 225	3 952	5 177
5月	49	7 136	12	1 824	5 324	7 148
6月	47	7 707	15	1 911	5 811	7 722
7月	45	8 095	16	2 183	5 928	8 111
8月	47	10 220	14	2 511	7 723	10 234
9月	45	10 068	15	2 210	7 873	10 083
10月	50	9 795	18	2 226	7 587	9 813
11月	46	8 792	11	1 911	6 862	8 803
12月	47	9 026	20	1 754	7 272	9 026
全年总数	553	91 307	169	21 138	69 417	91 550

资料来源：据《上海市卫生局沪南区卫生事务所附设诊疗所一年来之工作》中数据整理制表，《卫生月刊》1935年第2期，第73页。

编写者注：表中数据为原始资料，经编写者根据1月—12月数据相加统计，"全年总数"一栏从左至右的数据依次为：553、91 407、168、21 133、70 387、91 520。

图4-12，沪南区救火联合会西区的消防车辆，选自《警察月刊》1936年第1期（1）

图4-13，沪南区救火联合会西区的消防车辆，选自《警察月刊》1936年第1期（2）

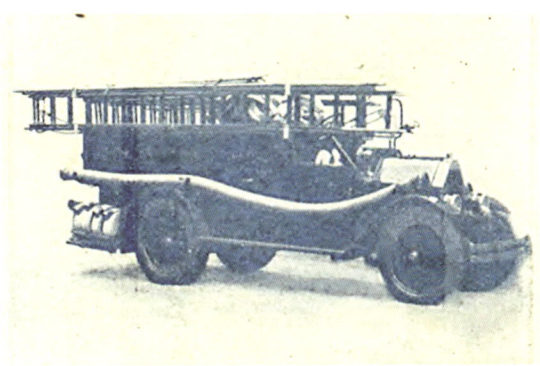

间。随由二区总署日晖桥分驻所巡官高子强，将火首阜宁人陆金城拘逮，移送二区总署。经王区长略讯一过，当即申解第三科讯办。[1]（图4-14）

与此同时，华界当局也积极开展交通整治。由于特殊的地理位置，打浦桥成为重要的节点地区，也是道路规划的重要区域。1929年，《申报》刊登了沪南区西部道路系统新规划：

> 沪南区东北部即国货路以北制造局路以东之道路系统，前经工务局计划完竣，呈准公布。现该区西部道路系统，亦经规划就绪，不日公布，兹摄要说明各路之意义如下：
>
> （甲）南北路线。（一）鲁班路，自斜桥以西为华法交界之地，中隔肇嘉浜，两岸道路，各不相俦，仅鲁班路可藉鲁班桥与法租界之吕班路相接，北通霞飞路。南端原迄龙华路为止，现延长至浦滨，堪为沪南区内南北干道之一，规定宽度为十五公尺。（二）天钥桥路，自鲁班路以西、过日晖港，已入于居住区域，交通不甚繁密。唯查天钥桥路，适联络徐家汇及龙华二镇南北两端，尚可延长，为本市西南部通入法租界之快捷方式，其地位较为重要，故规定宽度为十七公尺半。
>
> （乙）东西路线。（一）康衢路，原有康衢路，仅自日晖港起至制造局路止，宽度亦只四十尺，其向东延长迄南车站之一段，可通国货路，并改定宽度为十七公尺半，均经呈准市府在案。兹复向西过康衢桥，利用龙华路，至东庙桥，再另辟新路，延长经斜土路之一段，与中山南路连接统名曰康衢路，将来往来南车站之客货、可由此直达各区，实为全市干道之一，规定宽度一律为十七公尺半。（二）斜土路，斜土路向为沪南干道，其路线弯曲，不能适合于道路系统，仅自制造局路至谨记路之一段，尚可利用，并向东西延长，使与国货路及天钥桥相连通。在谨记路以西之斜土路，除一小部分并入康衢路外，余均放弃。至路面之宽度，原为五十尺，现改定为十七公尺半，以期与两端之干道相适应。（三）新肇嘉浜路，肇嘉浜年久失修淤塞

图4-14，《昨夜打浦桥大火》，《申报》1928年12月31日，第15版

---

1 《毁去草屋一百三十余间》，《申报》1929年11月20日，第16版。

不堪，且藏垢纳污，尤足为疫疠之阶。自陆家浜填平筑路处，肇嘉浜可改由日晖港入浦。故日晖港至斜桥之一段，亦以填筑道路为宜，连同原有两岸之斜徐路及徐家汇路，合计路宽，为五十公尺。将来该中部，可栽植树木花草，为本市园林道路之创。除上述各主要道路外，又有沿沙筑路，以联贯水陆运输者，如日晖港及肇嘉浜沿岸等。有延长旧路线者，如瞿真路及枫林路等。有因道路间隔过广增辟新路者，日晖港及大木桥路之间，即其例也。龙华港附近，则因有设置木业区域之议，故新开之道路较多，使与内部有充分之联络，并自北票基地起，沿浦向南筑一三十公尺宽之道路，使运输得有相当之便利，以促进木业之发展。此外大都就旧有道路加以整理，不复赘述。[1]

1935年1月，上海市政当局决定在环城、西门至龙华、西门至高昌庙三线的基础上，再增开二线，定名为四路及五路。第四路公共汽车路线，定为自打浦桥起，经制造局路、湖南会馆、陆家浜路，转入里马路，至东门路为终站。第五路自南市湖南会馆起，经斜桥、西门，经肇嘉浜路穿城过，而达东门路。"届时沪西居民欲赴沪南者，可不经过租界，而可直达云。"[2]

下水管道系统是城市的地下动脉，随着市政建设的展开，打浦桥也逐步形成了自己的地下管网，以利排水。因用明沟排水，若排泄不畅，则污秽之物淤塞，蚊虫滋生，产生公共卫生问题。1935年，上海特别市工务局在调查时就发现"本市沪南西区各路沟渠，除陆家浜路及蒲肇路等处，已先后排筑总沟外，其日晖港以东各路，素赖明沟出水，每当夏秋之交，低洼处所污水停潴，不易宣泄，直接影响市民公共卫生，间接实足以为害路面"[3]。于是，工务局呈准市政府在"斜土路（自制造局路至小木桥路）、制造局路（自斜桥至龙华路）、打浦路（自斜土路至斜徐路）、局门路（自斜徐路至斜土路）等处，排设总沟"。工竣之后，既整饬了市容，同时也使沿路民房受其利。此后，工务局还周知沿街民众，"因无总沟设备致苦出水无法解决者，均可向中华路市工务局道路工程管理处声请照章贴费接沟，裨益公众卫生，实非浅鲜也"[4]。打浦桥地区的公共设施也有了一些改善。

---

1 《沪南区西部道路系统新规划》，《申报》1929年12月26日，第14版。
2 《华界增辟汽车路线》，《申报》1935年1月25日，第12版。
3 《市工务局排筑沪南西区沟渠》，《申报》1935年4月6日，第11版。
4 《市工务局排筑沪南西区沟渠》，《申报》1935年4月6日，第11版。

三、华洋共管治安

打浦桥、斜桥、卢家湾地区，位于肇嘉浜沿岸，北部毗邻租界，东部靠近上海县城，为近郊地区。近代时局跌宕，战争接踵而至，"沪西斜桥卢家湾一带，北则毗连租界，南则皆农户之家，迭次战争，致散兵流氓，群集于此，地方苦之"[1]。因此，治安问题一直困扰区内各界。（图4-15）

随着打浦桥地区近代化进程的推进，提高相应的治安管理水平也成为当务之急。起先，该处并无固定巡捕或警察负责管控。20世纪初，打浦桥地区分属法租界和华界，租界的繁华，店铺林立，而华界工厂众多，管理无序，人口混杂，不法之徒在此集聚，寻机闹事，严重扰乱社会秩序，危及民众安全。1917年6月19日《申报》有一则报道："西门外打浦桥南华界毛家宅附近久成丝厂，昨午放工各女工相率回家，行至新桥塊，忽来匪徒阿金等三名，上前将三女工拦住，攫取耳上金圈五只，飞步奔跑。该女工等大声喊捕，适法捕房安南巡捕巡查到此，将阿金一名追获，余均逸去。抄其身畔并无赃物，该捕将阿金解送捕房，诘得事出内地，着送该管警区讯办。"[2]可见这一带的治安形势不容小觑。（图4-16）

随着法租界拓展，新西区打浦桥一带商业发展逐步兴盛，为了加强打浦桥一带的治安，公董局在此地派巡捕站岗梭巡，以便商铺安心营业：

> 本埠法租界新西区打浦桥一带，近年市面发展，商店林立，但无巡捕站岗及往来梭巡，致地痞敲诈流氓拆梢等情，时有所闻。该区商界同昌祥等，特函请新西区商联会，转请法捕房派捕站岗保护，以维商业。该会据函后，当即转函法总巡，请为查照俯允。昨日该会接奉法总巡费沃礼函复云：径复者，准六月十五日来函，以打浦桥新新里口一带，近来市面发达，请饬该管捕房派捕站岗梭巡等因，准此。业经饬由该管捕房，自本日起，抽派巡捕站岗，并不时梭巡外，又令打浦桥警所越捕，时至路口查察，相应函复即希查照为荷，此至法租界新西区十二路商界联合会。费沃礼谨启。该会据函后、当即函复同

图4-15，《桥堍派兵扼守》，《申报》1916年4月7日，第10版

---

1 《斜桥卢家湾筹组保卫团》，《申报》1925年10月28日，第11版。
2 《拦攫女工金圈》，《申报》1917年6月19日，第11版。

昌祥等号安心营业云。[1]

在加强社会治安管理方面，民间社团组织也是一支不可忽视的力量。1929年7月28日，法租界新西区十二路商界举行联合会，讨论预防盗警方法，讲到开会宗旨："略谓本月以来，本会会员先后发生被盗，计金神父路谢新记、霞飞路瑞兴、巨泼来斯路张新大等四五起，时间均是下午八时三十分钟左右，而各起盗案迄今均未破获。本会前于盗劫前，因金神父路打浦桥新新里等一带，市面林立，而无巡捕站岗梭巡，故即致函费沃礼总巡，请为多派华越捕站岗梭巡，以维治安，业蒙照准，不料仍发生盗警。前日金神父路九十五号瞿振华所开公大杂粮号，又被盗劫，如此群盗如毛，我商界难以安枕，故今天召集诸位请各抒卓见，讨论盗警预防方法云。"[2] 经讨论后，议决预警方法：

图4-16，《新建桥梁派兵站防》，《申报》1918年1月7日，第10版

（1）资本充足之商号，即日起装置警铃。
（2）函请法捕房在金神父路等十二路市面繁盛之区，入夜加派武装中西越各捕，严密梭巡，并在最要处多设岗位。
（3）通告各会员装置铁栅。[3]

在华界的打浦桥地区，同样也是工厂林立，工人众多。法租界由法警察负责，华界地区，则由上海市地方政府负责，具体由淞沪保卫团负责。

治安缉盗是非常危险的。如1928年11月25日《申报》就记载了淞沪保卫团第一团第二队团员陈宝濂在南市斜桥路打浦桥捕匪遇害：

南市斜徐路打浦桥一带，地处偏僻，居民虽非稀少，然以工厂栉比，每放工散值之时，荒路僻境，时生拦途行劫之案。其地之久成丝厂，有鉴及斯，乃连合第二第三第四三厂，商请淞沪保卫团，于每日夕阳西下，工人离厂时，酌派武装团员，前往巡查值岗，以维治安，而由厂方日纳补助费若干，以资办公。因之斜桥局门路

---

[1] 《打浦桥派捕站岗梭巡》，《申报》1929年6月19日，第14版。
[2] 《新西区十二路商联会紧急会议》，《申报》1929年7月28日，第16版。
[3] 《新西区十二路商联会紧急会议》，《申报》1929年7月28日，第16版。

之保卫团第二队,即于傍晚六时许,遣派团员,持械前往驻值。自实行以来,附近宵小匿迹,居户称便,唯游手好闲者流,无从施其技俩,不免衔恨,于是昨日傍晚,乃发生击毙保卫团员之惨剧。[1]

陈宝濂去世时,年仅24岁,父母双全,并无兄弟子女,遗下寡妻,殊堪悯恻。[2]后抓捕嫌疑人吕文年、刘震源两名。

1929年1月11日,《申报》又刊登了另一起抢劫案:

昨夜(十七)七时许,沪南丽园路第六十九号门牌(即打浦桥路增大染坊主陈光林店内),突来盗匪八人,二盗把风,六盗闯入,各持手枪当被劫去绸皮衣服九件、金钮扣一付。盗等得赃开枪四响而逸,流弹击中路人夏老九右膀及腰部,伤势颇得。嗣由该处岗警及保卫团等闻警到来,盗已远逸,将受伤者送往上海医院救治。经查得夏系清江人,年四十余岁,住又袋角麦根路顺兴里三号,业皮匠云。[3]

在明显增强巡逻警力之后,对盗匪形成了震慑,盗匪的嚣张气焰也逐渐被遏制。1929年8月16日的《申报》就报道了一起抢劫被抓获的行为:

昨晚八时许南市打浦桥朱家宅四号周仁甫家,侵入六盗,一盗执枪,吓禁声张,将屋内所有人等一齐驱入一室。各盗分头行劫,翻箱倒箧,搜索殆遍。约历半小时始各携赃而逸,计被劫去银元大洋三十六元,双毫五十角,铜元十千,连同衣饰,约共损失二百余元。当盗等夺门逃逸时,该处附近保卫团第十一支队闻警,赶往兜捕。在中途拘获嫌疑四人,随即解送团部。据供一名陈万福,东台人。一名刘如贤,阜宁人。一名周起祥,东台人。一名沈振祥,阜宁人。均拉黄包车为业,并未行劫,现仍暂押团部,候饬传事主认明再核。[4]

随着城市的进步,社会的发展,打浦桥地区的卫生、交通、公共安全、消防各项事业也不断向前推进,在公董局、上海特别市沪南区的管理下,所在区域的近代化进程明显推进,同时也逐渐融入大上海城市的发展之中。

---

1 《打浦桥畔之枪杀案》,《申报》1928年11月25日,第15版。
2 《保卫团捕匪遇害续志》,《申报》1928年11月26日,第15版。
3 《丽园路昨晚盗劫伤人》,《申报》1929年1月11日,第16版。
4 《盗劫汇志》,《申报》1929年8月16日,第16版。

第二节　沪南工业带中的那些工厂与作坊

工业是一个城市发展的重要动力,"都市之产生原为工业化之影响,在各国未经工业化之前,无今日之都市"[1]。上海是中国工业最早的发源地,也是全国工业中心。近代上海工厂企业,来源多样,既有外国来华商人创办的工厂,也有因洋务运动而兴起的企业,还有实业救国思潮推动下成长起来的民族工业企业。沪南打浦桥一带,处于华洋之间,工业发展也经历了一个过程。

近代上海工业的集聚,既得益于通商口岸赋予的独特地位,以及租界带来的制度庇护,也得益于自身的地理优势与便利的交通条件,此正如美国学者罗兹·墨菲所论述的那样,上海市内的工业制造与水道密切配合,仿佛用以标清它之所以存在的基本理由。[2] 他认为上海的主要工业区,以杨树浦为最大,此外还有苏州河沿岸工业制造带,法租界住宅区南部工业区,靠近肇嘉浜。其中,打浦桥地区,便位于著名的法租界南部工业区。

一、沪南工业带的形成

清康熙年间,沿城厢的斜桥一带出现"前店后场式"的商办工场。后来斜桥一带出现了一些皮坊,使用土法制革。

结合近代上海工业的发展,大致经历了这样的阶段:甲午战争之前,上海已有洋人办的工业和洋务派办的官僚企业,但无论是数量还是规模上都十分有限。甲午战败后,签订的《马关条约》第六款明确规定:"日本臣民得在中国通商口岸城邑,任便从事各项工艺制造,又得将各项机器任便装运进口,只交所订进口税。"[3] 根据片面最惠国待遇条款,欧美各国也取得了在华投资设厂的权利。外资工业遂在上海迅速发展,首先便是投资设厂。据统计,从1895年到1911年,外国资本主义在中国设立的资本在10万元以上的企业共91家,开办资本为4 855.4万元,其中上海为41家,2 909.3万元,厂数占45.1%,开办资本占42.8%。[4] 上海在全国外资企业中举足轻重。在外国资本开始大量涌入上海的刺激之下,中国民族工业的初步发展也相对地集中于上海。

1　刘大钧:《上海工业化研究》,商务印书馆1940年版,第1页。
2　[美]罗兹·墨菲著,上海社会科学院历史研究所编译:《上海——现代中国的钥匙》,上海人民出版社1986年版,第227页。
3　王铁崖:《中外旧约章汇编》第1卷,生活·读书·新知三联书店1957年版,第107页。
4　陈正书:《试论上海近代工业中心的形成》,载唐振常、沈恒春编:《上海史研究(二编)》,学林出版社1988年版,第215页。

打浦桥：上海一个街区的成长

中外工业企业的迅速发展，推动上海形成了多个工业区：在公共租界东区、北区及华界引翔乡，沿杨树浦岸狭长地带，形成了上海最早的杨树浦工业区；闸北工业区则以上海初步兴起的民族工业为主；沪西工业区与闸北有相似之处，集中了小型民族工厂如大隆铁厂、立大面粉厂等；而沪南工业区大致位于南市东起老白渡街，沿外马路、里马路（即中山南路）向西，然后接龙华路、斜土路向西，直到局门路，是一个沿江、狭长的工业区。

再回到打浦桥地区。在它的南部，出现了著名的江南制造总局。清同治六年（1867年），江南制造总局迁高昌庙，中国第一台车床、第一艘兵轮、第一炉钢、第一艘万吨级运输轮都产自该局及其衍生的江南造船厂。（图4-17）其规模、设备，一时执中国之牛耳。打浦桥地区毗邻江南制造局，受其带动，加之肇嘉浜具有的运输功能和日晖港产生的辐射效应，使肇嘉浜沿岸逐渐成为沪上工业带。1912年，上海县城拆除城墙，修筑环城马路，消除了华界和法租界的交通阻碍，更有利于促进该区的发展。（图4-18、图4-19）

由于打浦桥地区长期分属不同的行政机构管辖，因此在历史上没有关于该区完整工厂的统计资料，但也能从部分资料中寻找到其中的发展脉络。

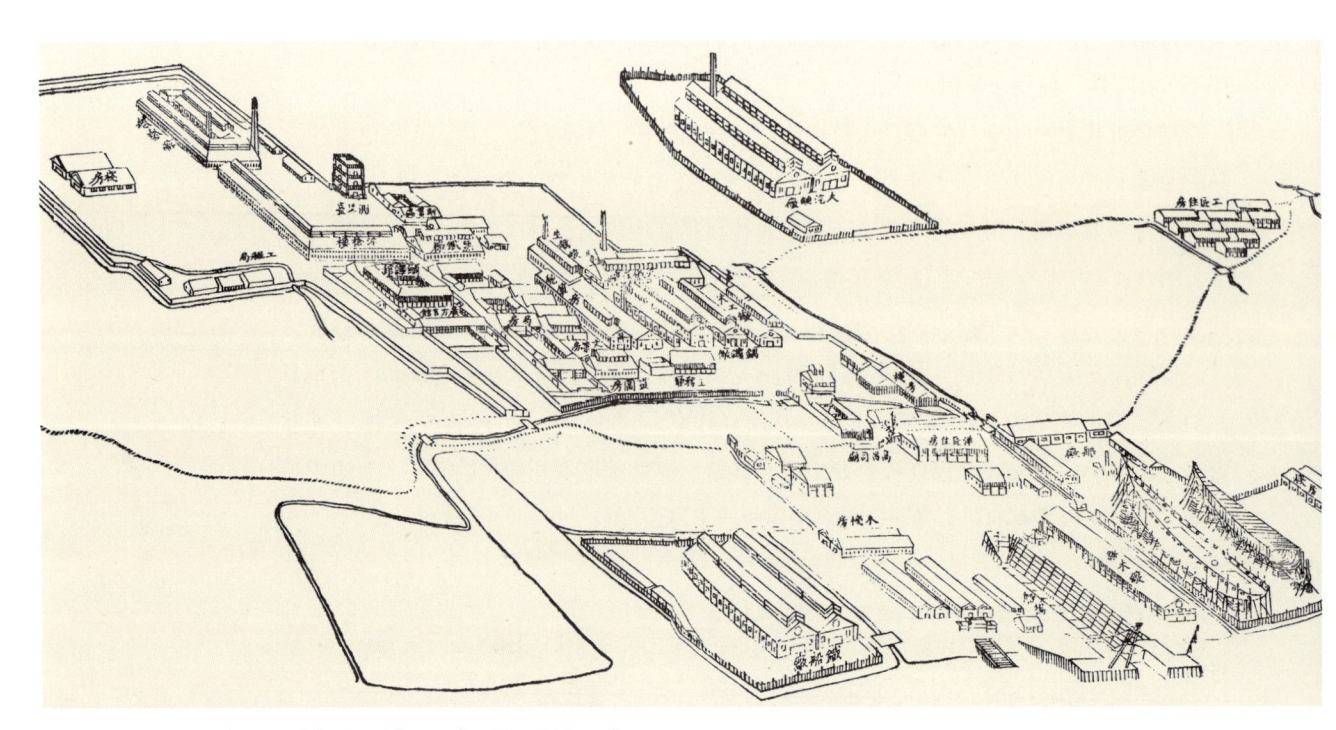

图4-17，清同治十年（1871年）《上海县志》所附《江南机器制造局图》

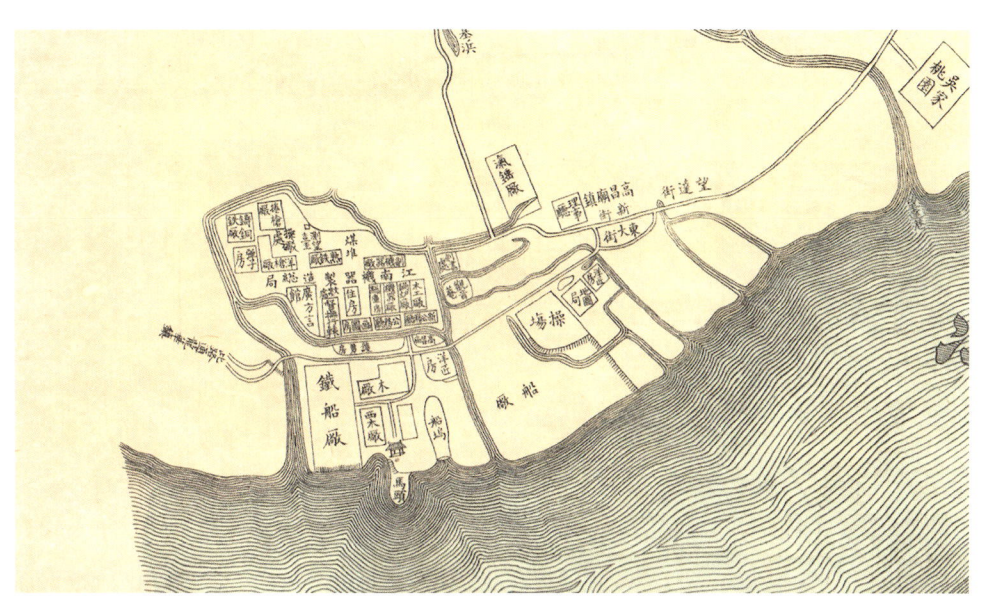

图4-18，江南造船厂及其周边，选自1884年《上海县城厢租界全图》

图4-19，江南制造局炼钢厂

第四章 近代化进程中的打浦桥

打浦桥地区的汽车修理业十分著名。1910年，法租界公董局公共工程处在薛华立路（今建国中路）吕班路口建立工场，1920年扩建为机修厂，专修公董局汽车、工程车、压路机、垃圾车等。20世纪30年代末，有职工200余人，在汽车维修和零配件加工方面，其设备和技术均居法租界首位。根据1917年《上海法国新租界分图》中可见，在卢家湾地区，在徐家汇路上，介于吕班路和贝勒路中间，法租界电车厂、久成丝厂已经见诸地图。

20世纪的二三十年代沪南工业发展迅速，有关这一带的工厂状况，可参见1928年上海特别市政府社会局绘制《上海特别市工厂分布图》中所示的打浦桥地区工厂分布。（图4-20、图4-21）

1932年"一·二八事变"，对上海的工商业打击严重。上海市社会局鉴于战后工商业衰落，特举办工厂现状调查，自4月2日至8日，调查沪南地区，数据如下：

（甲）工厂总数，298家。一、复工厂数194家。二、停工厂数97家。三、未停工厂数7家。

（乙）原有工人数，12 325人。计男工7 627人，女工4 086人，童工612人。

图4-20，《上海特别市工厂分布图》（1928年）

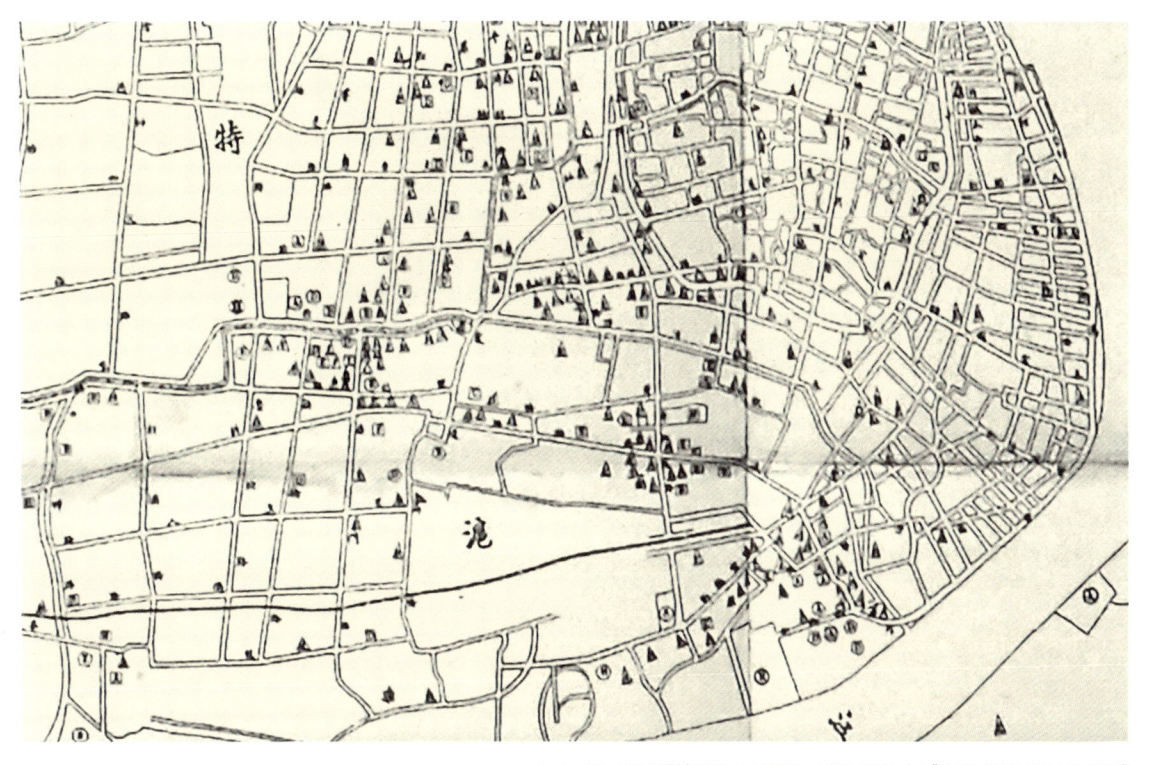

图4-21，打浦桥地区的工厂状况，选自1928年《上海特别市工厂分布图》

（丙）现有工人数8 181人。计男工5 041人，女工2 746人，童工394人。

（丁）失业工人数4 141人。计男工2 586人，女工1 340人，童工218人。[1]

由于沪南地区属于华界，并不受租界保护，战争对该区工厂产生了不小的冲击，但所幸不久就得到了恢复。

20世纪二三十年代是上海发展的黄金时期。打浦桥地区的工业也快速发展，沪南工业带也声名鹊起。依据沪南区的统计数字，截至1934年，该工业带有江南造船所、美亚织绸厂、信谊化学制药厂、天厨味精厂等大小工厂529家，佛手牌味精、金钱牌搪瓷器、马头爱美术颜料、民生墨水、大无畏电池、爱华葛等民族工业产品名闻遐迩。[2]（图4-22、图4-23）

抗日战争胜利以后，国民党上海市政府进一步加强对工厂的管控，制订了《上海市

---

1 《沪南工厂战后现状》，《工商半月刊》1932年第7期。
2 上海市卢湾区志编纂委员会编：《卢湾区志》，上海社会科学院出版社1998年版，第170页。

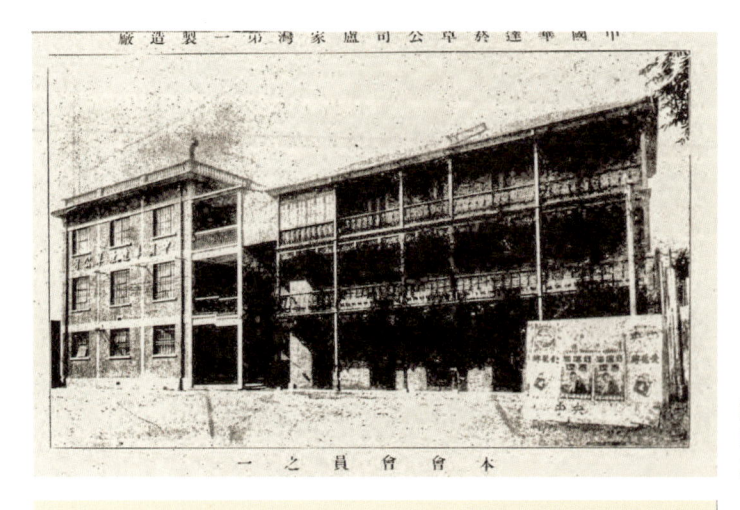

图4-22，中国华达烟草公司卢家湾第一制造厂，选自《卷烟月刊》1928年第1期

图4-23，打浦桥大同纸制容器厂股份有限公司刊登的广告

工厂设厂地址规则》[1],其中详细规定了上海市一些区域设厂的具体规则。随着中国共产党领导的人民解放战争的顺利推进,国民党政府在战场上一败涂地,经济上大肆掠夺民族工业,通货膨胀加速了其统治力量的崩溃。上海解放后,沪南地区包括打浦桥一带的诸多工厂,在解放战争中保存下来并进入新中国建设时期,成为共和国工业力量中的重要一域。

二、民族企业的分布

该区最著名的公司为法商电车电灯公司,前文的章节已有所介绍。由于近代上海租界地区的工厂大都集中于公共租界的苏州河沿岸及杨树浦地区,而华界工厂则主要在黄浦江、苏州河沿岸等区域集聚,其中在打浦桥一带也涌现了不少企业,在中国工业史上占据重要地位。

上文1917年"上海法国新租界分图"中所示的久成丝厂,是该区域较早设厂、较为著名的企业。打浦桥地区纺织工业起步较早,1903年,由莫觞清、王笙甫和杨孚生等合伙,在徐家汇路白来尼蒙马浪路(今马当路)开设久成丝厂,有缫丝车240部,生产玫瑰牌和金刚钻牌生丝。1920年,莫觞清又创办美亚织绸厂,聘蔡声白任总经理,设总厂于白来尼蒙马浪路。开办初仅有织机12台。1922年采用电力织机制造绸绉,年产20万匹。1928年,推出新产品爱华葛打进并占领南洋市场。美亚织绸厂陆续增设天伦美记绸厂、美孚织绸厂、美成丝织公司、美生织绸厂、美利织绸厂、铸亚铁工厂、南新绸厂、美亚纹制厂、美兴绸庄、美隆绸庄、美伦绸缎布匹局、久纶织物公司、美亚经纬公司、美艺染炼整理厂等。1933年统一改组为美亚织绸股份有限公司。时有从业人员4 000余人,织机1 033台,年营业额600万元。抗日战争期间,部分工厂迁往重庆、汉口等地。抗战胜利后,在沪复业。[2]此外,陆续在该区域或毗邻区域建立的纺织厂,20世纪20年代有光华机器染织厂、元通布厂、莹荫针织厂、统益袜厂等。30年代有裕兴袜厂、大丰电机织造厂、飞轮制线厂、天益染织厂、勤工染织厂、大来棉织厂、丽明机织印染公司、无锡中华织造厂、宁波恒丰机器染织厂等。40年代又有生产原子蓝布的震丰染织厂,生产邮船牌毛巾、被单的太平洋织造厂和力生自动织机织造厂等。1949年,在原卢湾区辖境(现卢湾区已并入黄浦区)有纺织厂466家,职工18 211人。(图4-24、图4-25)

---

1 《上海市工厂设厂地址规则》,《上海市政府公报》1948年第10期。
2 上海市卢湾区志编纂委员会编:《卢湾区志》,上海社会科学院出版社1998年版,第170页。

图4-24，天厨味精厂厂房

图4-25，早年南洋漂染厂刊登的广告

　　1923年8月，吴蕴初与张逸云合资创办天厨味精厂，为国内第一家调味品制造厂，初设于唐家湾蓝维霭路（今肇周路），后在新桥路（今蒙自路）设粗制工场，菜市路（今顺昌路）设精制工场。1925年"五卅运动"爆发后，在抵制日货的浪潮中，该厂生产的佛手牌味精击败日货，名声大振，产品风靡全国及南洋。1929年，天厨味精厂发起成立中华工业化学研究所，以"研究化学上切要问题使中华实业得充分发展为宗旨"。[1]

　　位于法租界卢家湾吕班桥南块鲁班路的上海光华机器染厂，也是一著名企业，被誉为"中国实业界之明星，机器染厂界之巨擘"[2]。该厂全系华商创办，目的是为了挽回利权，发展中国的实业，特在卢家湾吕班桥南块自置地基，建造厂屋。该厂在宣传广告中称：

　　　　选办德国精染机器，经理德国裕兴老厂著名颜料，发行各种丝光纱线，花色齐全，无美不备，精染各种丝光纱线、中外粗细布疋、线毯、毛巾、毛冷电光绒线，凡有染品均可。特请德国染学专门技师监督、教授，出品精美，鲜明夺目，落水漂晒，永不褪色，可称本厂独一无二之特点。纯用化学法配染颜色，新鲜花样、奇异

---

1 《中华工业化学研究所章程》，《化学工业（上海）》1929年第1期。
2 《上海光华机器染厂》，《申报》1922年10月16日，第18版。

牌号，光华名副其实。现在出品伊始，为推广销路起见，定价低廉，迥非舶来品可比。如蒙各界惠顾，批发价目格外克己，外埠通信随时奉覆，藉表欢迎。[1]

为了推销国货，1935年9月，中华国货协社为推销社员工厂出品救济生产过剩，特发起举办沪南区国货运动大会，并建设临时商场，以继扩大宣传国货出品，定于9月20日开幕。[2]该会有效扩大了沪南区国货的影响力，促进了本地企业的发展。

上海作为近代中国的报业中心，企业登报打广告用于宣传企业的思维观念较为普及，该区许多企业采用此种办法。此外，工厂招租、工人招聘、企业转让、设备转让等即时信息，也大都通过报纸为媒介传递信息。如《申报》报道该区大通合记药棉纱布厂（九星商标）的广告，宣称"产药棉纱布，主要用于外科和产科等，厂址在金神父路打浦桥兴隆街"[3]。此外，还有上文提及的光华机器染厂的广告。

企业厂房招租广告是众多广告的一种，也从侧面证明此区域工厂众多。1928年4月25日《申报》刊登了法租界卢家湾西首打浦桥口的新式厂房招租广告：

> 法界卢家湾西首打浦桥口现有新造厂房，计沿马路洋式门面三间，内有楼宇，工场进深五丈，横阔四丈二尺，上有汽楼及阁楼，四间光线充足，最合高等工业之用，月租元八十两正，如合意者请向隔壁。[4]

在1929年11月7日《申报》刊登的招租广告中，对房屋可以的用途进行说明，以利招租：

> 坐落法租界打浦桥西，有街房及石库门廿余幢及新式厂房十余座，最合香烟织造厂及学校之需，有意者请驾临康悌路萨坡赛路美新厂接洽。[5]

1933年4月4日，法租界卢家湾西打浦桥路口：

---

1 《织布洋袜毛巾厂家注意》，《申报》1923年3月24日，第13版。
2 《中华国货协社举办沪南区国展会》，《国货月刊》1935年第10期。
3 《大通合记药棉纱布厂》，《申报》1928年12月26日，第11版。
4 《新式厂屋召（招）租》，《申报》1928年4月25日，第8版。
5 《新屋召（招）租》，《申报》1929年11月7日，第19版。

沿马路工业坊，新建水泥钢骨二层楼厂房，双进四大间，工程坚固，式样新颖，开间极为宽阔，安设马达机器均甚妥宜，且交通便利，颇合开办各种工厂之用。如欲租者请惠临该处弄内源记公司经租处领看接洽可也。[1]

当然，也少不了招聘广告，如1932年7月7日《申报》这样记载：

　　本厂兹欲添聘纹工数名，如对于浆印花样确有经验者，请于上午十时起亲自携带新式花样四张，驾临法租界金神父路底打浦桥西徐家汇路邨六十二号接洽，薪金从丰，如不能兼职者论张计算亦可。[2]

在《申报》上刊登广告也是该区不少厂的宣传经营之道。1934年，位于法租界打浦桥西锦同邨5号的中国锁厂在申报上刊登广告，宣称"钟牌门锁，坚固耐用，保用五年，免费装置，各五金号均有出售"[3]。也有一定的成效，有利于扩大企业影响。

还有不少工厂企业的推盘声明，如1924年斜桥制造局路华伦纸版厂决定推盘，特登报声明。[4]1930年，在打浦桥开设的开华美袜厂"因无意经营，情愿将华美店基、牌号、生财货，特全部推盘于董秉泉就营业。自推之后，任凭改号、加记。嗣后营业盈亏，人欠欠人，均归受盘人自理，与推盘人无涉。再以前设有图章担保等情，自推盘之后，改作无效"[5]。这反映了企业的经营状况。

对于工厂来说，防火是重中之重，特别是人口混杂、房屋质量简陋的华界地区。1935年，上海市公安局"鉴于年来各工厂对于消防设备，艰于资力，悉因陋就简，致工人生命，毫无保障。且于地方治安，关系亦大，爰将全市分闸北、沪南、浦东等三区，分别进行检查"[6]。沪南区大小各业工厂，共计一千五百余家，全部勘察完毕，并对妨碍消防的棚舍，勒令拆除。在检查中，"尤注意有引火性爆炸性之各工厂命令多装灭火弹，并由局方随时派员前往监督进行，以防厂家之不力"[7]。采取了一定的防护措施。（图4-26）

---

1 《新建厂房召（招）租》，《申报》1933年4月4日，第22版。
2 《聘请浆印纹工》，《申报》1932年7月7日，第20版。
3 《中国锁厂》，《申报》1934年12月24日，第6版。
4 《推盘声明》，《申报》1924年4月9日，第5版。
5 《推盘声明》，《申报》1930年5月5日，第12版。
6 《上海市公安局检查工厂消防·沪南区已全部完竣》，《警高月刊》1935年第4期。
7 《上海市公安局检查工厂消防·沪南区已全部完竣》，《警高月刊》1935年第4期。

在这一带的城市近代化过程中,工业的发展始终处于突出的地位,工业结构的演进发展也彰显了自己的特点,一方面总体水平居于全国之上,另一方面,结构自身的内部发展又呈现种种不协调、不合理的现象,具有比较明显的双重性特征。[1] 作为上海民族工业的重要组成部分,打浦桥一带的工业企业表现出一些薄弱点,如整个工业结构较为畸形,容易受到外资的冲击,等等。但对于一个地区工业发展来说,社会的稳定至关重要。与上海其他区域一样,打浦桥一带的工业化进程,在20世纪30年代初面临的最大危机就是战争的逼近。

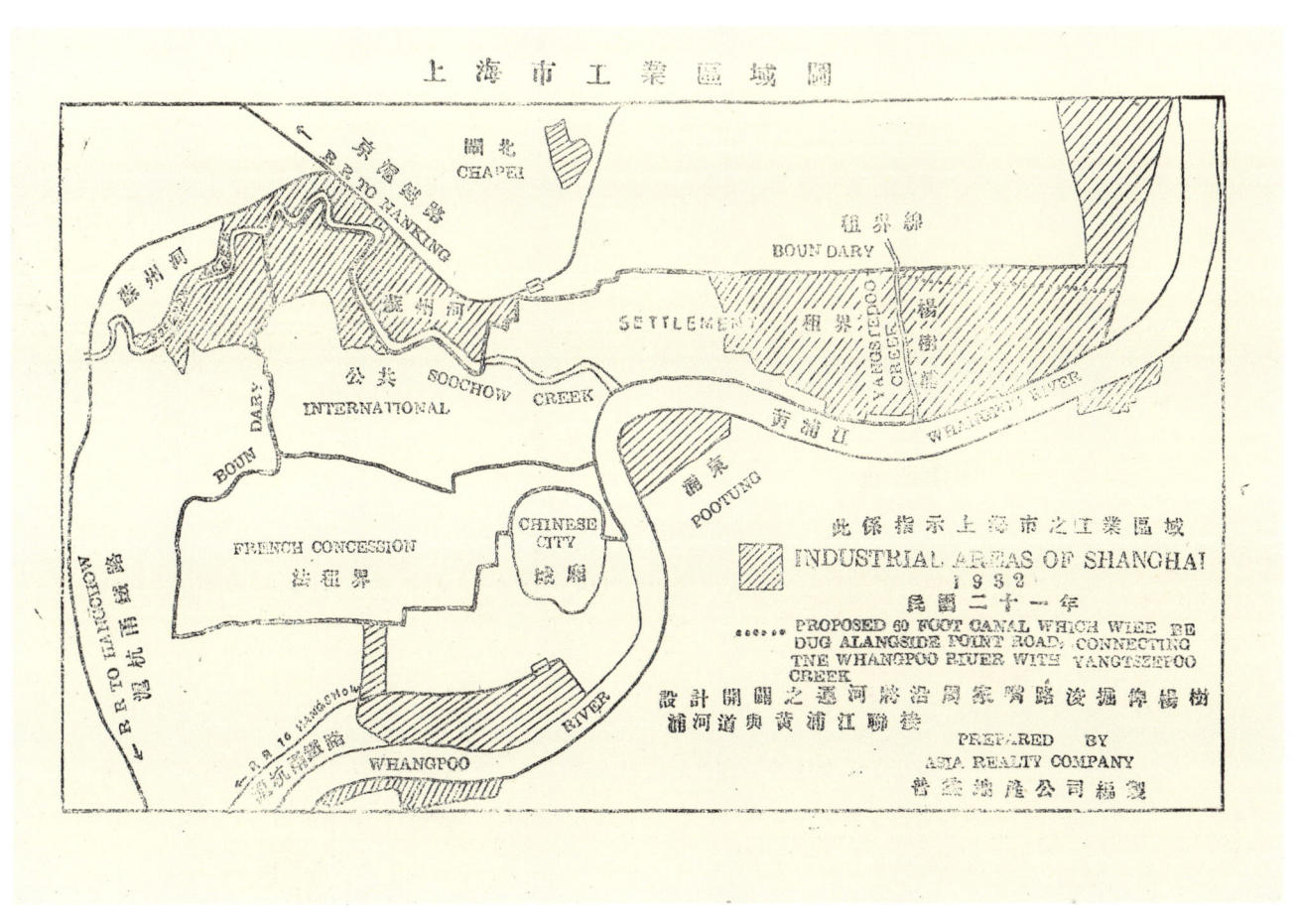

图4-26,《上海市工业区域图》,选自《上海地产月刊》1932年第54期

---

[1] 张仲礼主编:《近代上海城市研究》,上海人民出版社1990年版,第422页。

第三节　动荡时局中的打浦桥

战争，会带来社会的失序与财富的毁灭。1937年，日本发动全面侵略战争，整个上海遭遇空前灾难，战火飞溅，生灵涂炭。处于华洋之间的打浦桥地区，更因其特殊的地缘条件，难民云集，困苦不堪。作为沪南工业带的重要组成部分，这一带的工厂设备与工业产品，也迅速成为日寇打击中国工业实力，掠夺物资的对象。战后，《申报》记者于1940年参观南市后，撰写了一篇报道，其中这样记载：

> 南市在战前，居屋鳞次栉比，市廛相当繁盛。自国军西撤后，除北区一部分，由饶神父筹设难民区，作为安全地带，其房屋杂物，组保完整外，余则居民逃避一空，杂物搜劫殆尽，败屋颓垣，触目皆是，抚今视昔，大有不胜沧桑之感。[1]

该记者称该地区"败屋颓垣，凄凉一片，虎狼当道，遍地荆棘"，这是战后南市地区的整体景象，可谓凄凉萧瑟。战争的打击降临到每一个经历者，任何人都不能幸免。自"八一三"淞沪抗战直至1945年，打浦桥地区经历了剧烈的社会动荡。

一、南市血战

1937年"八一三"淞沪抗战爆发，中国先后投入近百万兵力"保卫大上海"。位于华界南部地区的打浦桥，也是中国军队防守南北两市的重要区域之一，且因为中日正面战场一直在沪北，南市防守兵力并不充足。在日军金山登陆之后，南市成为直面日军的重要战场：

> 后来金山嘴海岸，意外地被敌人上了陆，直驱而达，连占张堰松隐等镇，于是浦东受到重大的后背威胁，显然也站立不住了。这时候，军事最高当局乃又下令减以两师的兵力，死守南市。实际上南市范围虽大，有两师兵力和保安队，警察大队，已尽够"死守"；并决定由八十八师和三十六师驻防南市；但最后忽然又改变方针，仅调驻守浦东的第五十五师的张彬旅部六营兵力，移守南市，而保安队大部分在新

---

[1]《不堪回首之南市》，《申报》1940年4月29日，第11版。

龙华已没有后路可以开来，于是仅由五十五师的六营兵，和少数的保安队，约四千人的警察大队，和少数的别动队，合计仅约一万人的兵力，受命"固守"南市。到这时候，放弃南市，仅仅是迟早问题，而决不是可以"死守"得住的了。然而我们还得作最后的挣扎！[1]（图4-27）

日军向北一路推进，南市陷入"四面楚歌"的包围中，中国军队进行顽强的抵抗，付出重大伤亡后，终于力不能支，撤退。《申报》报道了南市地区陷落的过程：

图4-27，抗日战争期间沪南地区的防御

> 九日起，孤城的南市，已开始攻守。我军即在日晖港的东面防御，日晖港上的桥标，自然已被我军炸毁，以阻敌人的前进。那时，敌人刚从苏州河沿岸移师过来，阵地器械还没有布置完成，所以那天的炮火，并不怎样厉害。
> 十日全天，炮火继续不断，可并不十分凶猛，但飞机轰炸甚烈，多处起火延烧。曾的确被我军击落重轰炸机两架。
> 到了十日夜里，十一日的早晨，敌人便开始总攻，在徐家汇龙华及枫林桥一带，都有炮位，更在苏州河附近设置重炮，越租界轰击南市，同时日晖港西洋敌军亦开始出击，炮火通宵未停。到十一日早上，敌人炮火愈烈，我军隔河应战，沉着抵抗。在十六铺方面，敌人开来两艘浅水兵舰，泊于浦江封锁线附近，另用小汽艇载着士兵越过封锁线，袭我后方。同时浦东敌军也开炮轰击，目的在牵制我沿浦的兵队。
> 我们自日晖港至黄浦江畔，再沿浦迄东到陆家浜路直到制造局路一带，归五十五师防守。自陆家浜路一直到城厢十六铺一带，统归警察大队负责。旅长张彬的司令部设于徽宁会馆，警察局长蔡劲军则在蓬莱路方面督师。共有轻重机关枪七八十挺，高射炮七八尊，野战炮三门。

---

1 《大上海的沦陷》，《申报》1937年11月14日，第8版。

敌人的炮声密如机关枪，五六架飞机在上空川流不息地轰炸，我们沿日晖港的重要防御物，尽被毁坏，接着敌人便施放浓密的烟幕，历两小时而不散。到下午一时半，敌人部队便由平阴桥方面（里日晖港）架桥渡河，这时的炮声机关枪声和步枪声，密集得分辨不出，在日晖港沿岸的我军，渐渐的抵挡不住了。电话线立刻都被毁断，敌人便长驱而进。那时蔡劲军局长欲再和张彬旅长通电话，已不能接通。张旅长的司令部（徽宁会馆）不久也就被敌人占领。

军队抵挡不住，电话割断，全军已失去指挥能力，一时陷于混战状态中。敌人铁甲车四辆，亦已很迅速地渡过日晖港，直冲斜桥方面而来，敌焰更形嚣张，蔡局长遂飞调沿浦警察大队一部分，赶往陆家浜路一线，联合局门路制造局路一带兵队，固守抵抗。而警察大队第五中队长钟扬，扼守局门路徽宁路方面抗战，虽实力悬殊，仍奋勇抵御，就在这时，钟队长完成他最后的使命，为国捐躯了！

到了下午四时许，陆家浜路的中央据点，已被敌人的铁甲车冲破。同时陆家浜路沿浦的一角，约军警三百余人，立刻被包围起来。而十六铺方面敌人的小汽艇纷纷越过封锁线，深入里黄浦，沿岸我警军虽用机关枪密集扫射，毙敌无算。究以浦东方面敌人发炮过密，敌人便在浓烈的炮火掩护下企图登岸，卒被成功。于是我军阵地愈缩愈小。制造局路方面敌人的铁甲车势欲向方斜路绕租界边区冲来，经我军集结火力击退。当时在大吉得林阴路大林路一带的难民，约有四五万之众，结果在枪林弹雨之中，进退不得，死伤遍地，惨不忍观！激战至夜十一时许，张旅长蔡局长遂奉令率领部下，忍痛作有秩序的退却。但是还有一部分队伍，不愿退去，誓必与阵地共亡。被围于陆家浜路沿浦一角的孤军，因命令不能达到，始终抵抗到底，不屈不挠！十二日全天，沿浦以及城区中各高大建筑物中的我忠烈战士，仍不绝和敌人作最后的厮杀。

这是八一三以来整整第三个月的最后一天！

我们忠毅节烈、殉国战士的幽魂，和上海二三百万民众的热血，永远凝结着大上海！（十一月十三日）[1]

（图4-28、图4-29）

1937年11月12日，国民政府军事委员会政训处发表《告上海同胞书》，宣布战略撤退，其中有这样的记载：

---

[1]《大上海的沦陷》，《申报》1937年11月14日，第8版。

图4-28，日本军舰驶入黄浦江，后轰炸南市一带（1）

图4-29，日本军舰驶入黄浦江，后轰炸南市一带（2）

亲爱的上海同胞们，我军因为战略上关系，暂时从上海附近向后撤退。我们一方面用全力巩固第二阵地，必定在最短期内积极进取，来收复我们淞沪。我军这一次的撤退是战略上有计划的撤退，绝不是战争的失败，而且真正的抗日战争，实际上从这时候才开始，这是同胞们所已确实认识而能格外寓勉的。我们军队和上海同胞别了，回想到三个月的抗战，我上海同胞不避危险，不分昼夜的和前线努力协助，前线一切需要，都能如响斯应，战区附近，牺牲非常惨烈，而军民合作抗敌的精神，愈久愈坚。这种义勇和热情，是我全体官兵所刻骨铭心，终生不忘的。

我军虽然暂时撤退，我们一刻不能忘记我们的同胞，在我军撤退上海的时候，敌人对各位同胞，必然施用种种的压迫和引诱，这在我们是十分的悲痛，非常的挂念。但我们相信爱国的上海同胞，现在虽然处境很艰难，意志一定是坚决的，我们竭诚盼望上海同胞们始终抱着牺牲抵抗的精神，互相扶助，互相勉励，个个人当作自己是战场的兵士一样，誓死反抗敌人到底。上海同胞们一定不会忘却三个月中间军民死伤的惨烈，而继续发扬先烈的精神，上海是我们民族精神所集中发扬的中心，上海的同胞们，要立志作国家精神上的长城。

同胞们，我们军队和各位暂时小别了，我们满腔怀念着各位同胞的痛苦和牺牲，对于同胞们所已表现的爱国精神，不是言语所能表达我们的感激于万一。我们永远纪念着同胞的鼓励，一定要再接再厉，奋斗到底。我们虽然离开了上海，但我军在嘉定、南翔的阵地上，仍然望得见上海。我们殉国将士的灵魂，也仍寄托在上海，我们热烈抗战全国一致的一颗心，也始终离不开上海的同胞。我们和各位同胞的精神，相互永远的联系着，我们结成一条心，合成一个力，抗战一定胜利，复兴一定成功。我们军队一定在最短期内收复淞沪，来报答我们同胞，我们决不辜负上海同胞的热望。

军事委员会政训处[1]

打浦桥一带，地处法租界、华界之间，大量难民从这里涌向租界。（图4-30）

日军占领后，囿于兵力限制，南市地区并未有大量日军驻扎，仅仅有所谓的宪兵队，"日军为应付各处流动战，整个南市，殊鲜踪迹，即有少数，亦皆驻防于外日晖港丰林桥龙华一带，仅设宪兵队部于蓬莱路前上海市警察局内，并在民国路，新开河，'即前无线电报局'露香园路口，南阳桥，斜桥等五处，设立'宪兵派出所'。又另设所谓'宪佐

---

[1]《军委会告上海同胞书》，《申报》1937年11月12日，第3版。

图4-30，日军进攻上海，出现大量难民，中国难民纷纷通过白来尼蒙马浪路（今马当路）大门进入法租界

队'，其中队员，悉中伪警中选充，附于宪兵队内，助理宪兵任务"[1]。（图4-31）

打浦桥地区，大量由伪警来维持治安，伪警与不法之徒沆瀣一气，蛇鼠一窝，搞得社会乌烟瘴气，局面十分不堪。当时人这样评论：

> 所谓"军警"者，貌似□非，白昼虚应故事，掩人耳目，入夜销声匿迹，不见踪影，既不站岗，亦不巡逻，因此宵小蜂起，窃盗横行。甚至□警察搜查为名，公然闯入人家，翻箱倒箧，搜抄财物之事，时有所闻，于是整个治安毫无保障。虽开放南市，任人居住，希图迁避市民，安返家园，徒成一种梦想。且有多数房产业主，遍贴通告，限令房客缴付房租，而房客亦以市面未臻恢复，实在无力缴付，咸抱观望态度。[2]

---

[1]《不堪回首之南市》，《申报》1940年4月29日，第11版。
[2]《不堪回首之南市》，《申报》1940年4月29日，第11版。

图4-31，日军占领南市

二、打浦桥工业处境维艰

上海是近代中国的工业中心，公共租界、法租界和华界有大量的工厂存在，前文已经讲到打浦桥地区位于上海著名的沪南工业带。抗日战争爆发后，国民政府即组织在沪工厂西迁或内迁，也有部分工厂迁移租界，然或因机器笨重，或因筹备不及，其未曾迁出者仍占有相当数目，因战争受损十分严重。据1939年5月4日的统计报告上海的工业实情，因战时之影响而受有损失者之各业，计分15类：

（1）纺纱业：原有中国纱厂三十家，全部被毁者或部分被毁者共二十三家。其余七家仍继续开工。

（2）染坊：原有染坊共十九所。争端起后，全部毁于炮火。

（3）针织厂：原有针织厂计五十家。被毁者计十五家，其余开工否未详。

（4）缫丝厂：除在租界内所设立之四家以外，其余在华界者全部被毁。

（5）丝织厂：战前总数为四百家，毁于炮火者占四分之三左右。

（6）化学工厂：六大化学工厂全部被毁。

（7）肥皂厂：六大肥皂厂全部被毁。

（8）造纸厂：全部被毁者计有五家。部分被毁者共十五家，未毁者四家。

（9）印刷所：大印刷所两家受有重大损失，小印刷所全部被毁者约在二百家左右。

（10）卷烟厂：原有工厂十八家。毁于炮火者计八家。

（11）面粉厂：战后有十五家被毁，其余不详。

（12）木工厂：原有工厂计二十二家。全部被毁者无，惟皆受重大损失。

（13）机器厂：全部被毁者达一百家以上。

（14）橡胶厂：三十五家橡胶厂中仅有六家幸免，现正继续工作中。

（15）玻璃厂：二十六家玻璃厂中有一半被毁。[1]

淞沪会战期间，开设上海市及其近郊华商各工厂之损害数量，其数字殊堪惊人。据金融界之约略统计报告："总额达一万万五千五百余万元之巨，其中八千五百余万元，为淞沪作战时，三个月中所损失之器物之价值，其余七千余万元，则为二十六年十一月间国军撤退后被占去四十余家工厂之资本总值"[2]。

经淞沪抗战一役，沪市工业短时期难复旧观，当时社会各界人士对生产恢复普遍抱有悲观情绪，称"目前本市工业情形，因种种恶劣之逼迫，其情形殊为黯淡。生产数量，已普遍趋于衰落途径。战后虽逞一时畸形繁荣，然欲求恢复战前旧观，则恐一二十年尚难达到目的。战前在租界以外，有外国人自办之水电厂一，自来水厂二，电力厂五。此八所公用事业之工厂，六所位于南市闸北及浦东，资本总额达二千余万元。国军西撤以后，此八厂亦告沦陷。另有五家联络上海与内地之长途汽车公司，亦被占去，其资本总额亦有一百数十万元之巨"[3]。

中国军队西撤后，除租界以外的上海地区由日军占领，并成立伪上海市政府，然而伪市政府并未稳定社会局势。租界地区则受英美法等国保护，日本此时并未与其交战，因此租界暂获安全保障，上海迎来了短时期的畸形繁荣，特别是部分位于法租界内的沪

---

1 周钊良：《最近上海工业概况》，《选萃》1939年第2期。
2 《沪战以来上海工厂业之损失数量》，《银行周报》1939年第43期。
3 《沪战以来上海工厂业之损失数量》，《银行周报》1939年第43期。

南工业带。据1938年《申报》报道：

> 本市华界南市、闸北、吴淞、江湾、浦东等区各业工厂，其一部分工厂之机器、生财、原料，均于沪战未发生前，先已安然迁入租界区内，重行开工。其大部分工厂，则罹战祸影响而毁灭所幸存者，于国军撤退后，设法迁出。租界当局为维护各业厂商之生产，藉可减少失业，故租界方面，指定戈登路、小沙渡路、康脑脱路、薛华立路、福履理路等一带，为工厂区域，由各厂各行建屋或租赁民房，重行恢复工作。自今春迄今，沪上各业畸形发展，是以工厂亦纷纷设立，大有雨后春笋之概，以致原有指定之工厂区域有限，不敷应用且房屋租赁困难。特由国货厂商团体，函请租界当局，迅予宽放设立工厂区域，或另再指定地段办理，据悉此项办法，当局正在考虑中云。[1]

但日军对未受租界保护的南市地区内华资工厂残酷掠夺，如华商电力公司引擎机件，悉被华中水电株式会社所占用，自来水水源，亦仍取给于半淞园路内地自来水厂，设"水道管理处"于和平路新华银行旧扯。闻两项收入，每月约在六万元左右，区区之数，尚不足应敷开支，可见居户萧条，市廛冷落。[2]

战争引起人口流动、迁移，特别是上海租界由于其安全保障，持续吸引人口涌入，界内一房难求，物价飞涨，"沪市物价昂涨，影响所及，多数市民，均已难维其最低限度之生活，乃此时若干房产业主，犹欲向房客提出加租，继续施行压榨"[3]。法租界打浦桥地区的里弄住宅，是华人重要的聚集区，但中国建业地产公司的加租决定，引起了华人的一致抗争：

> 中国建业地产公司，借口外汇紧缩，于最近通告所属各里弄，如吕班路万宜坊、巴黎新邨、亚尔培路步高里、金神父路花园坊、西门路仁吉里、福履理路建业里、贾西义路西林里、甘世东路兴顺里，及白尔部路、蒲石路、打浦桥等处，数千幢房屋租户，自九月一日起，加租三成。一般房客，以此决加租，已属战后第二次，际此非常时期，孤岛居民，普通生活，已感困难，若仍一再加租，实属捉襟见肘，无力负担。故全体租户，一致坚决拒绝，并联名函请该公司取消前议。但悉该

---

1 《国货厂商请求，放宽工厂区域》，《申报》1938年10月27日，第10版。
2 《不堪回首之南市》，《申报》1940年4月29日，第11版。
3 《此时犹欲加租，不啻加速市面崩溃》，《申报》1939年8月21日，第11版。

公司方面，对数千租户之请求不予同情，仍将实行增租。故全体租户，愤慨异常，决联合一致作合理抗争，除推派代表，向法租界纳税华人会请求援助调解外，并聘请中法籍律师任法律顾问，必要时则诉请法院处理。[1]

这一时期，汪伪政府也为维持社会稳定采取了一些举措，如伪上海市政府成立伪"斜桥警察分局"，以金殿扬为"局长"，设办公地点于制造局路丽园路口洋房内。[2]1944年4月，伪卢家湾警察分局为整饬交通秩序，减少交通事故起见，特举行交通安全周，于重要交通路口，增派辅助交通岗，并由该局拟定交通规律，通知人民遵照：

遵守交通规律，注重交通道德，服从交通警察指挥，行人走便道，行人穿过马路时要注意车辆，高速度车辆走马路中心（汽车电车等），低速度车辆走马路两旁（三轮军黄包车脚踏车等），夜间行车要燃灯以免发生危险，弯曲小巷不得驰骤车马，车辆灯光要有防空设备，禁止车辆随地停留，应停于安全地区，后车超越前车须由右方越过，行道道上禁止车辆停留或行驶等十三条，望市民一体遵守，以期交通安全。[3]

1944年11月16日，卢家湾保甲分会成立，并在震旦大礼堂举行成立仪式。[4]这些举措一定程度上促进了社会秩序的恢复。（图4-32、图4-33）

图4-32，震旦大学校门

---

1 《此时犹欲加租，不啻加速市面崩溃》，《申报》1939年8月21日，第11版。
2 《不堪回首之南市》，《申报》1940年4月29日，第11版。
3 《卢家湾分局举行交通安全周拟定交通规律十三条》，《申报》1944年4月18日，第3版。
4 《卢家湾保甲分会昨正式成立》，《申报》1944年11月17日，第2版。

图4-33，震旦大学礼堂

三、法租界的"收回"

在法租界"收回"之前，曾有法会审公廨等的"收回"。1929年4月，南京国民政府继成功收回关税自主权后，又发布了"废除领事裁判的宣言"。12月，南京国民政府发布特令："自1930年1月1日起，凡侨居中国之外国人民，现时享有领事裁判权者，应一律遵守中国中央政府及地方政府依法颁布之法令规章。"至1929年底，《收回会审公廨暂行章程》的三年有效期已结束。1931年7月28日，《关于上海法租界内设置中国法院之协议》在南京签订，主要内容包含废止会审公廨，设立地方法院及高等法院分院各一所等条款。7月31日，法租界会审公廨及监狱由中国政府派员接收。1931年8月1日，中国政府在法租界设立上海市第二特区地方法院及江苏省高等法院第三分院。从此，"法租界会审公廨"这一机构似乎成为历史名词，"然而，仔细研读《关于上海法租界内设置中国法院之协议》文本，就会发现还存在着诸多遗留问题"[1]。上海法租界的整体收回，又经历了一个过程。（图4-34、图4-35、图4-36）

---

[1] 参见马学强、钱军主编：《近代上海城市的特殊记忆：法租界会审公廨与警务处旧址》，上海人民出版社2015年版，第111页。

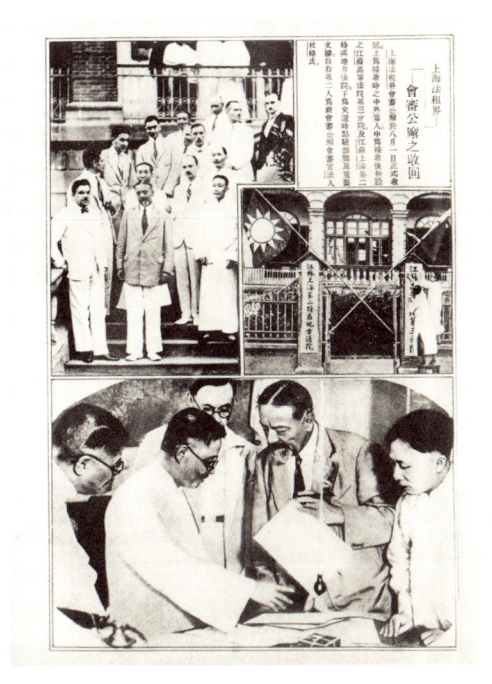

图4-34，《上海法租界会审公廨之收回》一组图片，选自《东方杂志》第28卷第18号

图4-35，《收回上海法租界会审公廨协定全文》（节选），选自《东方杂志》第28卷第18号（1）

1943年1月，日本宣布"退还租界、撤废治外法权"。法国维希政府于1943年2月23日发表声明，撤销在华治外法权，交还东交民巷使馆区、上海法国专管租界等行政管理权。由此，汪伪政府委派夏奇峰、吴凯声、吴颂皋等5人组成接收法国专管租界委员会，准备在4月1日接收。但法国维希政府除了与汪伪政府讨论放弃东交民巷使馆区、鼓浪屿公共租界权益外，并不提及交还专管租界问题。

4月28日，法租界法籍巡捕打死一名中国学徒。日伪借机向法方施加压力：日本驻汪伪大使馆情报部长广田发表谈话，声称对死者表示"绝大的同情"。汪伪国民党上海市党部通电请求提早收回法租

图4-36，《收回上海法租界会审公廨协定全文》（节选），选自《东方杂志》第28卷第18号（2）

界；日伪上海市政府向法国领事提出强烈抗议；汪伪司法部长罗君强专程到上海办理此案。法方被迫将凶犯判处20年苦役。

6月23日，刚从日本返回南京的日本驻汪伪大使谷正之表示，日本内阁决定继续推行对华新政策，最先要着手解决的是交还上海租界问题。在此精神指导下，6月30日，谷正之与褚民谊签订收回上海公共租界协议时商定，上海法租界与公共租界将同时收回。在签字仪式上汪伪立法院长兼上海市长陈公博宣称，法租界不同时收回，上海市政不能统一，治安也不能确立，要挟法国从速谈判。法方曾企图继续拖延。日方则以在公共租界实施特别警戒的办法，向法方示威。法方担心法租界有被武力接收的可能，法侨也有被圈禁的危险。1943年7月9日，法国大使被迫与褚民谊和谷正之在原则上确定了交还上海法租界。但法方表示，希望交还法租界后的一切人事及制度暂不变更，尊重法侨居住及营业自由。汪伪除了满足法籍人员人事上的几个要求外，表示法方不能过问法租界将来组织及管理等问题。

1943年7月22日，法国维希政府代表夏颂、马杰礼与汪伪代表夏奇峰签订《交还上海法国专管租界实施细目条款》及《附属了解事项》，定于在交还公共租界的前两天正式交还法租界。同日，汪伪最高国防会议决定，特派陈公博为"接收"上海法租界委员，24日，决定派伪审计部长兼接收法租界委员会首席委员夏奇峰监视上海法租界"接收"事宜。26日，陈公博致函法国驻上海总领事马杰礼，并附送《接收法租界办法》。29日公董局发布最后一号公报，宣布该局所属机构即日起停止办公。30日上午，在原公董局礼堂举行"接收"仪式。汪伪立法院长兼上海市长陈公博、伪外交部长褚民谊、审计部长夏奇峰和法国驻上海总领事兼公董局总董马杰礼等出席。汪伪宣布将法租界改为上海特别市第八区，嵩山路捕房改为上海特别市第三警察局，陈公博兼任第八区区长和第三警察局局长。

汪伪政权"收回"上海租界并不为国际社会承认。抗日战争胜利后，1945年11月24日，国民政府外交部正式公布《接收租界及北平使馆办法》。其中规定，上海公共租界收回，根据中国与英、美、比、挪威、加拿大、瑞典、荷兰等国分别订立的平等新约来办理；上海法租界收回，根据法国维希政府1943年2月23日放弃其在中国的不平等特权的声明，及中国于1943年5月19日取消法国通过不平等条约取得的一切特权的声明来办理。这一办法公布后，上海市政当局正式接收了公共租界和法租界，不设立外人享有特权的特别管理区，将原租界所在地区直接并入上海市政府辖区。

1946年2月28日，以戴高乐为首的法国临时政府与中国政府订立《关于法国放弃在华治外法权及其有关特权条约》，追认中国政府对上海法租界的收回。打浦桥法租界地区也从法理上正式、完全回归到中国政府手中。

第五章 20世纪50年代打浦桥变迁

随着中国人民解放军解放上海战役的打响，国民党军队节节败退。1949年5月24日，解放军由梵王渡、徐家汇、龙华、高昌庙等攻入市区，抵达肇嘉浜两岸。5月25日凌晨1时，解放军攻占上海苏州河以南的市区，包括打浦桥一带得到解放。

解放伊始，敌特分子的活动在打浦桥地区还十分猖獗，附近就曾出现一批冒名"中国人民解放军"的不法分子企图"接管"中正南二路（今瑞金二路）112号励志社，后被人民保安队抓获。斜桥的一批地痞流氓，也趁乱抢劫，后全部被捕获。6月3日，卢家湾、嵩山两区接管委员会成立，宣布废除旧保甲制度。同月，最高人民法院华东分院成立，院址即在建国中路20号。1949年10月1日，中华人民共和国成立，一个新政权诞生了。（图5-1，图5-2、图5-3、图5-4）

新社会，新气象，打浦桥街区面临着重大变革。

图5-1，上海市军事管制委员会命令，涉及卢家湾区（1949年5月30日）

图5-2，上海市人民委员会文件，关于行政区划的调整（1956年3月）(1)

图5-3，上海市人民委员会文件，关于行政区划的调整（1956年3月）(2)

图5-4，上海市人民委员会文件，关于行政区划的调整（1956年3月）(3)

第一节 街区的调整与"二六"轰炸

随着各级人民政府的成立,打浦桥一带街区的行政区划也经历了一些调整。自1914年起,徐家汇路以北片划入法租界。1928年,徐家汇路以南片隶属沪南区。抗战时期,北片一度属第八区、第一区,南片属南市区、第七区。1945年12月属第六区(芦家湾区)。上海解放后,曾设第一、第二办事处。1953年2月为第四办事处。1956年3月分属鲁班路办事处、泰康路办事处、打浦路办事处。同年7月分属鲁班路办事处、泰康路办事处。(图5-5)1958年1月分属鲁班路办事处、打浦路办事处,同年12月合并。1960年4月改为鲁班打浦桥街道办事处,6月改为今名。[1]

图5-5,上海市卢湾区打浦路办事处斜土路第四居委会全体干部合影(1956年3月)

---

[1] 上海市卢湾区志编纂委员会编:《卢湾区志》,上海社会科学院出版社1998年版,第85页。

20世纪50年代，发生了许多值得书写的事件。对打浦桥地区带来较大影响的包括大轰炸事件、肇嘉浜水上棚户区改造，等等。

从1949年至20世纪50年代初，从大陆退败的国民党势力采取种种办法破坏新中国的建设，曾多次轰炸上海。1950年1月25日，国民党B24型飞机12架轰炸江南造船所，中弹21枚，江南造船所与周围居民损失甚重，江南所26艘舰船被炸伤、炸毁，周围有400余间房屋被毁，370余人伤亡。2月6日，又轰炸江南造船所和法电，致局门路一带400多户住房被毁，700余人死伤。这就是震惊海内外的"二六轰炸"事件。[1]（图5-6）

在1998年版《卢湾区志》中收录了一份特殊的碑文，这就是《卢湾区各界人民立二六轰炸被难同胞纪念碑文》，该碑立于徐家汇路卢家弄口。[2]（图5-7、图5-8）

卢湾区各界人民立二六轰炸被难同胞纪念碑文的正面碑文为：

纪念二六轰炸被难同胞

抗美援朝　保家卫国

上海市卢湾区各界人民代表会议协商委员会

背面碑文

二六轰炸被难同胞纪念碑

一九五〇年二月六日，美蒋飞机滥炸我徐家汇路斜徐路一带，死伤居民三百余人，毁屋八十一间，这是美帝国主义与蒋匪在封锁我上海人民遭受失败后的

图5-6，《解放日报》关于"二六轰炸"的报道

图5-7，纪念二六轰炸被难同胞纪念碑（1）

1　1950年2月6日中午，台湾国民党空军出动14架B24、B25轰炸机组成混合机群，4批轮番轰炸杨树浦发电厂、闸北水电公司、沪南水电公司等设施。在几次轰炸中，共计投掷炸弹60余枚，炸死军民588人，炸伤军民870人，被毁厂房、民房约1 200间，致使市区大范围停电，80%的工厂被迫停产。造成震惊中外的二六轰炸事件。

2　上海市卢湾区志编纂委员会编：《卢湾区志》，上海社会科学院出版社1998年版，第85页。

图5-8，纪念二六轰炸被难同胞纪念碑（2）

又一次灭绝人性的兽行。今天二六轰炸已一周年，美帝国主义在侵略朝鲜的战争遭受重大失败后，正在妄图重新武装日本，复活日本的军国主义，使之充当美帝国主义侵略我国及侵略亚洲的爪牙。

我卢湾区各界人民追悼死难同胞，愤怒控诉美帝国主义与蒋匪的滔天罪行，并决定进一步开展抗美援朝，反对美国武装日本及镇压反革命的伟大群众运动，粉碎美帝国主义的侵略阴谋，保卫人民的胜利与争取远东及世界的持久和平，为死者复仇并此立碑纪念。

上海市卢湾区各界人民追悼二六轰炸被难同胞大会　敬立

公元一九五一年二月十八日

这是一段值得铭记的历史，也成为打浦桥特殊的街区记忆。

第二节　改造前的肇嘉浜

上海解放后，百废待兴，人民政府在资金有限的情况下，从改善民生着手，首先对徐家汇路以南棚户密集地区开辟防火通道，接通电线、自来水，陆续使居民用上电灯，并通过公共给水站让居民用上清洁的自来水。此后，又对部分地区的危棚简屋予以拆建改造。与此同时，一些公共项目也相继启动，其中最重要的是肇嘉浜水上棚户区改造，此对打浦桥一带社会经济发展产生深远影响。

这还要从肇嘉浜的"前世"说起。历史上的肇嘉浜是上海县境内的一条主河道，又是上海县城联系松江府城的重要水道，其兴衰变迁，从一个独特的视角折射上海城市历史的演变。关于明清时期的肇嘉浜，在第一章中已有所论述。近代以来，肇嘉浜如何从清水河变成臭水浜，这也有一个过程。

一、从清水河到臭水浜

上海开埠后，肇嘉浜沿岸地带逐渐步入工业化、城市化，随着人口的集聚，肇嘉浜的功能与环境逐渐发生变化。

肇嘉浜在徐家汇一带的变化，早在徐家汇天主堂建造就开始了。清同治二年（1863年），徐家汇天主堂扩充堂基，"将东昇桥迤南至天文台之肇嘉浜填断，改道东偏，别开新河，故东昇桥至水门汀桥，徐家汇市仍称老肇嘉浜，今天文台围墙内小池，亦旧肇嘉浜之遗迹也"[1]。（图5-9）此后，肇嘉浜沿岸陆续开设工厂，贝当路（今衡山路）一带陆续建造了大批住宅，大量的工厂废水、生活污水、垃圾倾

图5-9，早年的徐家汇一带

---

[1] 民国《上海县续志》卷四，"支水"。

倒排放，导致肇嘉浜的河水变黑、发臭。与此同时，法租界当局在肇嘉浜北岸辟筑徐家汇路，河道逐渐淤浅。

庞杂的生产生活垃圾所带来的污染，是肇嘉浜河水发生变化的一个重要原因。清末在沪华人已对肇嘉浜有很多描述，如李维清在《上海乡土志》中对比华界、租界后写道："租界马路四通，城内道途狭隘。租界异常清洁，车不扬尘，居之者几为乐土。城内虽有清洁局，然城河之水秽气触鼻，僻静之区坑厕接踵，较之租界几有天壤之异"[1]。城河之水，主要指肇嘉浜东段河道。

1862年，随日本"千岁丸号"来上海考察的成员纳富介次郎对上海河道的不洁景况，感触颇深，他说"当地人把死猫烂狗、死马死猪死羊之类以及所有的脏东西都扔入江中，这些都漂浮到岸边……再加上数万条船舶上的屎尿使江水变得更脏"[2]。

20世纪初，华人中的一些有识之士有感于华界道路、河道交通与卫生问题，提出了参照租界，填埋河浜，拓宽马路，其重要举措是成立上海城厢内外总工程局，专门负责县城内的填浜筑路事宜。光绪年间，"自凝和桥迤北，迄小桥迤南，迄薛家桥，光绪三十二年（1906年）总工程局填筑马路，名凝和桥。又自亭桥迤北折东，并填筑马路，曰亭桥路、净土路"[3]。又有肇嘉路，"填肇嘉浜放阔，东起中华路，西至民国路，横贯中区"[4]。清晰记载乃填肇嘉浜放阔而建。肇周路，填周泾之方浜南一段，"肇嘉浜之斜桥北一段筑成"，光绪三十三年（1907年）动工，宣统元年（1909年）完工。[5] 之后，上海县城西门外至斜桥之间肇嘉浜河段亦被填埋筑路。填筑马路，对这一带生态环境带来重大影响。

1913年12月15日，上海市议事会召开冬季议会，由董事会交议县知照从速开浚西门外卢家湾一段之肇嘉浜案，其讲到：

> 肇嘉浜为水运要道，西乡舟楫赖以交通，自斜桥迤西达三叉口段，水不及经。每逢冬令潮汐，更不易至。民船停口势成束手。就交通论，宜疏浚者，一也。该浜与法人所占徐家汇大路毗连，而西在在接壤外人整理路工尽夜不遑，而邑人对于重要水利，任其淤塞，情势见绌，即法电公司开浚之商请，难杜法工局越俎之隐谋，

---

1 ［清］李维清：《上海乡土志》，上海著易堂1907年印制，第4—5页。
2 冯天瑜：《"千岁丸"上海行》，武汉大学出版社2006年版，第91—92页。
3 民国《上海县续志》卷二，"街巷"。
4 民国《上海县志》卷十一，"道路"。
5 民国《上海县续志》卷二，"街巷"。

及今开浚权自我操，就交涉论，宜速浚者二也。水线所经市场必盛，斜日路绕浜并行，规画之初拟与法人隔岸相竞。若该浜阻塞，则该路亦难藉以振兴。况两岸地势较高，北岸更被法人宁饬，绒树口驶口车岸崖险峻。若该浜淤塞愈久，则开浚愈难，而所费愈巨。就规画论，宜速浚者三也。纵今日市政经费甚形窘迫，而道路工程方在本省本厅似无余力及，但移缓就急，办事似可从权，而为小失大利害。须先熟审况，就上述第一说言，似可根据前案呈请县知事拨款襄办。就第二说言，开浚法电公司机船两便，所利者大，亦当商请捐助成数，以平利义之衡，一面将工程图账，切实审查，从速办理，一举之后效及数年，庶于内治外交两有济乎。[1]

随着县城内河浜先后被填埋，从县城城墙至黄浦江之间的河段，至1915年也被填埋筑路。（图5-10）

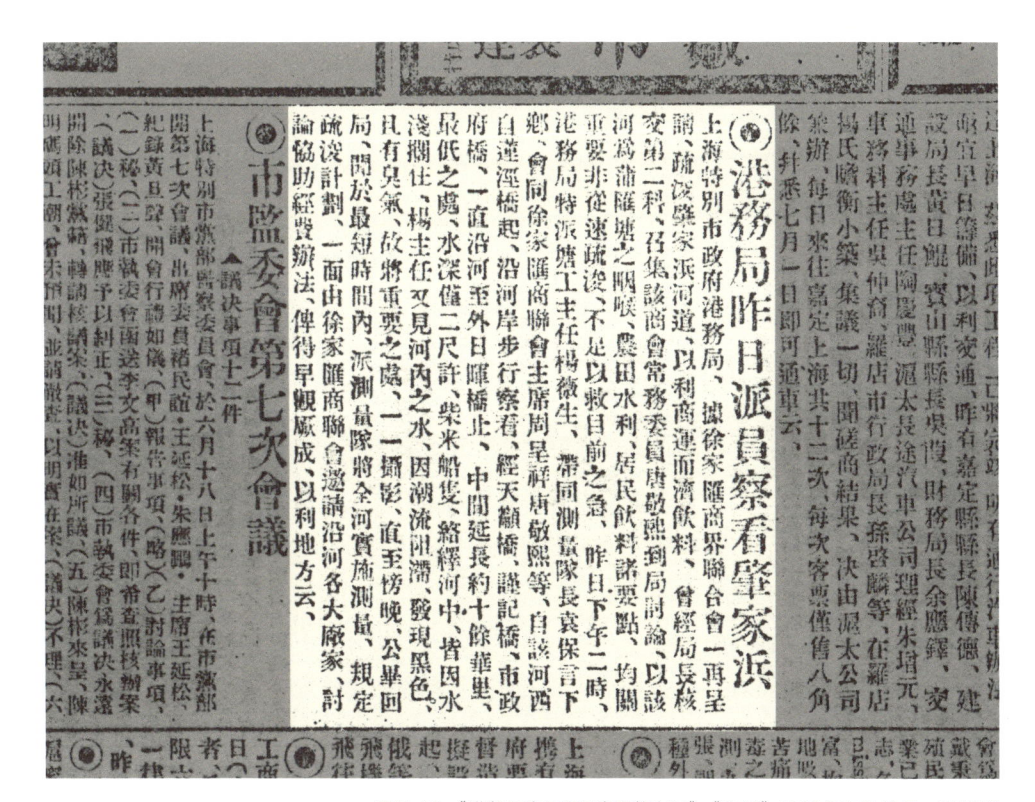

图5-10，《港务局昨日派员察看肇家浜》，《申报》1929年6月19日，第13版

---

1 《浚河填河之必要》，《申报》1913年12月15日，第10版。

肇嘉浜上段又称蒲肇河，是上海的内河水道之一。到了20世纪30年代，蒲肇河河身淤塞，船运不便，1932年，马相伯向市政府呈请疏浚以利水行。上海特别市政府即令饬"工务局拟具计划，并令财政局筹拨经费，以利进行"。[1]根据公安局调查蒲肇河淤塞原因，一是由于江北艒艒船停泊过多，日常倾弃废物，致河道河水益形阻塞污浊；另一方面由于打浦桥以西北岸一带，河面时有土车载土堆积，且有数处，已填筑成岸。虽然该河北岸属法租界范围，但是河道主权则完全属我。因此市府行令公安局"将该处江北艒艒船一律驱逐，不准永久停泊，并禁止该处土车载土填积，以保主权。"[2]

近代以来，中国传统社会结构发生重大改变，许多贫苦百姓背井离乡，来到上海谋生。到上海后，无处栖身，其中一些民众来到肇嘉浜附近落脚谋生，于是在浜两岸搭起了不少"滚地龙"，形成了肇嘉浜最早的棚户。"滚地龙"，是近代上海棚户居民的普通"住房"，人们曾这样形容它，"破草棚，三尺高，走进走出要弯腰"[3]。在肇嘉浜棚户区，还有比"滚地龙"更不如的"水旁地室"，因为许多贫苦人家连支撑"滚地龙"的竹竿、芦席都买不起，只好在浜岸挖成一个"L"型的地洞，再在靠浜的洞口，弄点泥垒高些，作为"堤坝"，防止浜水漫进洞里，朝天的那个洞口，则弄个草顶遮住，挡风挡雨。这种"住宅"的生活，只能"爬进爬出"，如果遇到暴雨，则有"灭顶之灾"。而肇嘉浜两岸竟有上百户人家蜷缩在这种洞穴里。[4]

也有不少渔民生活在"艒艒船"上，它是一种芦席做篷的小木船。旧时，许多渔民划此种船逃荒到上海，因无处落脚，就在这种摇晃不定的小木船上生活度日。天长日久，船只破损漏水，只能拖上岸，久而久之成为旱船，渔民仍以此为家。旱船年久失修，水从顶上和船底进水，下雨天要舀多次水，如果再碰上潮水漫上岸，整个屋子就泡在水里了。许多肇嘉浜人民就生活在这样的"水牢"里。《申报》对此有大量记载。

著名电影艺术家蔡楚生拍摄的电影《王老五》中的女主角蓝苹，就是生活在肇嘉浜上船家的女儿，《申报》1937年3月14日曾报道蔡楚生访问船户取材：

> 沿着上海打浦桥一带，污水河的岸边，随处都有竹篷小船在沙滩上搁着。这种破陋狭小的船里，每一只就住着一户人家。他们在被蔑视与污辱的中间，坚强地生活着，生活却往往比那摩天楼里的"高等华人"更有意义。"王老五"的女主角蓝

---

1 《市府疏浚蒲肇河》，《申报》1932年11月11日，第15版。
2 《市府疏浚蒲肇河》，《申报》1932年11月11日，第15版。
3 《肇嘉浜的变迁》编写组：《肇嘉浜的变迁》，上海人民出版社1976年版，第5页。
4 《肇嘉浜的变迁》编写组：《肇嘉浜的变迁》，上海人民出版社1976年版，第5页。

苹,就是这"船家"里面的一个少女。

蔡楚生在动手编制"王老五"以前,曾经请人介绍了,到这种船里去访问调查过无数次,在污秽破滥的小船里钻进钻出。这剧本之值得注意,不可言喻。[1]

在肇嘉浜两岸,大量的是搭在浜岸水面上的"水上阁楼"。"水上阁楼"阴暗、潮湿、破烂、拥挤。它一边筑在浜岸上,另一边凌空架在水面上,用几根毛竹或木头插入浜底做支柱。地板是搁在支架上的几块破旧木板,从缝隙往下看,黝黑的浜水散发着扑鼻的臭味。(图5-11)

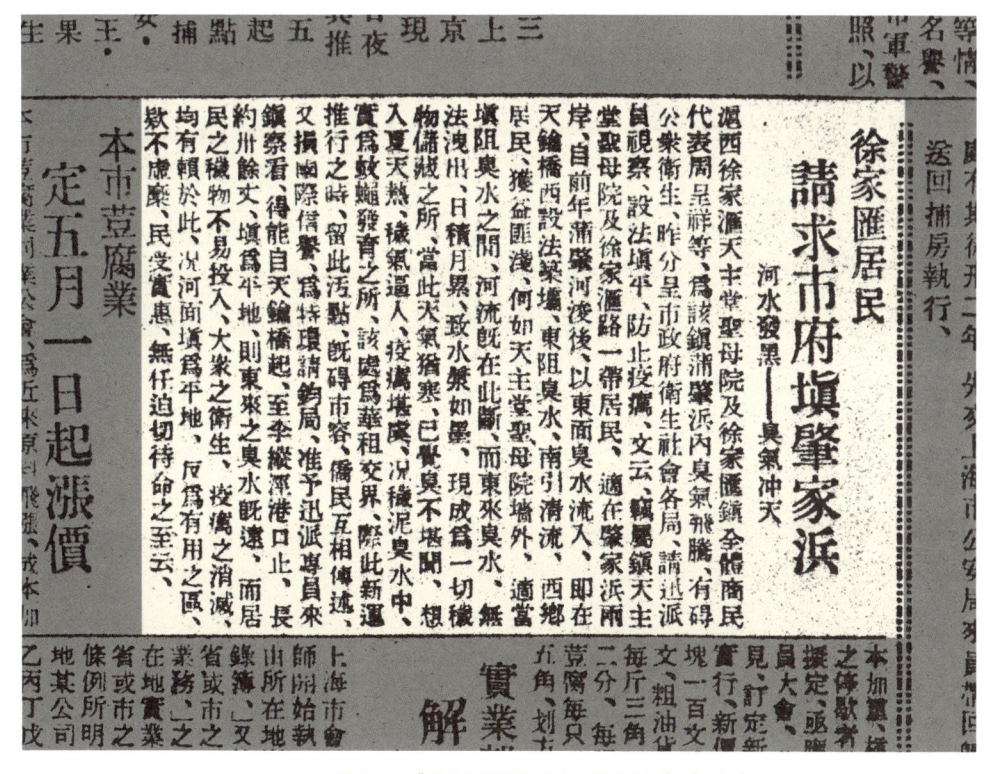

图5-11,《徐家汇居民请求市府填肇家浜》,《申报》1936年4月23日,第11版

1937年抗日战争全面爆发,大量周边省市难民涌入肇嘉浜两岸,搭棚落脚谋生。随着上海沦陷,闸北、南市等区域的穷苦难民又蜂拥至此,肇嘉浜两岸出现了许多"滚地龙",用竹片芦席简单搭建的栖身之所,大量难民聚居于此,一批船民将小木船拖上岸,

---

[1]《蔡楚生访问船户》,《申报》1937年3月14日,第23版。

图5-12，肇嘉浜水上棚户区：曾经是上海最大棚户区之一

再用芦席作篷，形成水上棚户集中地。（图5-12）

"八一三"事变后，国民政府为修公路，截断了陆家浜一带的河道，肇嘉浜改为从打浦桥处折入日晖港出黄浦江。此后，日本侵略军又在徐家汇一带断浜截流，修筑战略公路，肇嘉浜与泗泾、七宝不复相通，一条活水河，成了断头死河，黑臭问题愈发严重。后来有人回忆："（肇嘉浜）在平潮时稠得像胶汁、黑得像柏油。水面上覆盖着残叶浮渣，漂荡着猫、狗和婴儿的尸体，臭不可闻。涨潮时，污秽的浜水漫上岸来，破烂不堪的棚户区一片汪洋。支撑水上阁楼的毛竹腐烂下陷，大风一吹，全屋塌入浜中，压伤淹死老人孩子的事时有发生。"[1]

抗日战争胜利后，国民政府也对河流淤塞地区进行过疏浚。1946年，《申报》曾报道："现沪西区之河浜，已完成百分之九十七，仅余打浦桥附近一段，正用挖泥机船开挖，

---

[1] 叶辛：《掉入肇嘉浜的人生循环》，《解放日报》2015年12月7日，第11版。

图5-13，附近的日晖港，选自《京沪周刊》1947年第11期

两旬内即可完成。"¹ 但总的说来成效不大。（图5-13）

"自来水、穷人血，河浜水、断命汤，肇嘉浜是条阎王浜，穷苦人何时见阳光。"² 这是上海1949年前居住、生活在此的穷苦百姓对肇嘉浜的描述。在抗日战争时期，大量难民涌入上海，其中打浦桥地区是重要的聚居区，而能供浜畔居民饮水的仅有2个自来水龙头，流氓恶霸把持抬价，逼得买不起自来水的穷苦人民只得舀污秽的浜水饮用。蚊蝇滋生，瘟疫流行，一两天内一家一户相继死去几口人的情况常有发生。据当时一家慈善机构的资料不完全统计，每逢盛夏酷暑，肇嘉浜边一天平均能收到10具尸体，最多的一天竟收到40多具。尽管居住条件如此恶劣，但为避战乱，逃亡到棚户区的居民依然有增无减。至1947年，两岸有棚户2 000余户，居民约8 000人，成了近代上海最大的水畔棚户区。³（图5-14）

图5-14，《申报》1946年12月8日，第5版，关于肇嘉浜沿岸棚户问题，"不致即行拆除"

---

1 《本市防潦工程，正积极分区实施中》，《申报》1946年9月12日，第5版。
2 《肇嘉浜的变迁》编写组：《肇嘉浜的变迁》，上海人民出版社1976年版，第19页。
3 上海市徐汇区志编纂委员会编：《徐汇区志》，上海社会科学院出版社1997年版，第1073页。

二、早期肇嘉浜东段道路的修筑

肇嘉浜东段以及沿岸，很早就有了道路的修筑。

20世纪初以来，肇嘉浜东段陆续填浜筑成今白渡路、复兴东路、万生桥路、肇周路，部分并入今徐家汇路。

随着打浦桥地区的发展，人口集聚，交通拥堵，填浜筑路、拆桥修路等措施也逐步进行。（图5-15、图5-16）早在1914年，法租界便已经开始对该地区马路进行规划，《申报》记载：

> 法租界卢家湾至徐家汇一带地方，近来市面日兴，人烟茂密。该处原有马路窄狭，交通不甚便利。兹由公董局议定放宽马路以利交通，所有占用马路两旁民地，准照局定价格发给。现已着各该图地保传知各业户，携带单串到局具领地价矣。[1]

图5-15，《放宽卢家湾至徐家汇马路之议定》，《申报》1914年5月1日，第10版

1925年，上海市当局讨论填筑斜桥以西至局门桥一段的肇嘉浜。

> 查肇嘉浜迤东本与陆家浜衔接，陆家浜填浜排沟筑路前经决定在案。该浜自斜桥迤西至局门桥止，计一百二十丈，为预防两岸侵占起见，拟即填筑。但法界既经筑成水门汀驳岸，其驳岸以外，似难占出。至南首沿浜各户筑驳侵占该浜，将化为乌有。但本市人民，凡有营造筑驳定章，须先赴工程处具报，由处履勘，然后给照动工。如有侵占之处，尽可吊销执照，勒令停止，按址收进侵占一层，可无庸虑。如为局门桥修造关系，可暂就该桥原址，先填若干丈，下设瓦筒，以便行人，一面将最紧要

图5-16，《筑路工程告竣》，《申报》1915年4月3日，第10版

---

[1] 《放宽卢家湾至徐家汇马路之议定》，《申报》1914年5月1日，第10版。

之斜桥迤东至迦陵桥止，从速规划，填筑完工后再将斜桥迤西继续办理。因斜桥之东本有市房，两岸均华界，填筑之后发达较易，应认为最要斜桥至西，两岸均无房屋，且本系法界，应认为次要。至工程处开估价额，核算填泥排沟筑路之费，每丈须六百三十余元，未免过巨。查薛家浜绵长三百余丈，较此次肇嘉浜约增二倍。据姚前局长云，费用只有七万数千余元，相差太多，应由董事会交工程行政委员会核实估计。[1]

虽然上海市地方当局和法租界公董局采取了部分措施来建设打浦桥地区的基础设施，但进展并不大。1936年12月1日，《申报》刊登陈天锡所撰写的《卢家湾桥》文章，详细描述这一带被填筑后的景象：

> 卢家湾桥，是在南市斜徐路的中间，在五六年前，尚能见到木架的桥梁，近年来被当局填没，已无桥的痕迹，致行人都只知有卢家湾，而不知有卢家湾桥了。
>
> 在没有填没以前，卢家湾桥下，是一条污秽不堪的臭泥浜，每当夏天，这浜里日积月累的废物，被强烈的日光暴晒，直熏得人头晕目眩，故行人对此，都视为畏途。
>
> 本来该处在十数年前是很荒芜的，后来附近空地，大多由地主建筑房屋，居民因之日见增加，于是便成为热闹的平民区域了。居民既多，对道无利的废浜，常然有填平的必要，所以市政当局乃命工务局设法填平。工务局就利用垃圾等废物，按日依决堆集，现已填至卢家湾桥西，料想不久以后，连打浦桥，大木桥，枫林桥等处废浜，齐将填平，而筑成一条垃圾马路了。
>
> 卢家湾桥一带，以前的交通，都靠着法商十路和六路电车，因之华商电车公司就有建筑路线直达徐家湾的计划，以便利权不外溢。但废浜一时未能填平，故至今尚未实现。后市公用局主办的公共汽车，开辟路线，始夺去一部分的生意。
>
> 现在这已填平的地方，在政府当局未发表作何用途时，当然又给那些失业贫穷的人们好机会了。起初还是些倒老爷们置放粪车，和那测字先生设摊代人写信而已。后来近方的贫民见此填平之地，大可设摊营业。乃向当地士痞地棍接洽，请他们保护，所有一切费用，由贫民每日按摊缴纳。自此风一开，果然那些走江湖的人们，闻风而来设摊的，日有数起。

---

[1]《议决填筑斜桥迤西至局门桥一段肇嘉浜案》，《上海市公报》1925年第8期。

从卢家湾桥至斜桥一段,只见人头簇簇,映入眼帘的,尽是些摊基,那种热闹的情形,不亚于城隍庙。其中最多的:是旧货摊,其次是拆字摊,杂耍摊,点心摊,膏药摊,医杂病摊,鞋子摊,卖武术等等,举凡走江湖的杂摊,莫不应有尽有。

有一时,这许多摊头,曾遭市公安局派警取缔,后来不知怎样,没有几天,这些摊基仍复发现,谅已有人向当局疏通所致。总之,卢家湾桥,现在虽被人们所遗忘,然而靠填平卢家湾桥而得到噉饭处所的贫民,倒应该去纪念这卢家湾桥的。[1]
(图5-17)

抗日战争爆发后,该地区又成为重要的难民区。此外,由于肇嘉浜土山湾一段于敌伪时期筑堤淤塞,水臭异常,被称呼为臭水浜。于是国民党上海市政府计划由工务局以全市之垃圾填积成马路,沟通浦东浦二路。1947年,上海市工务局发布公告(第108号),

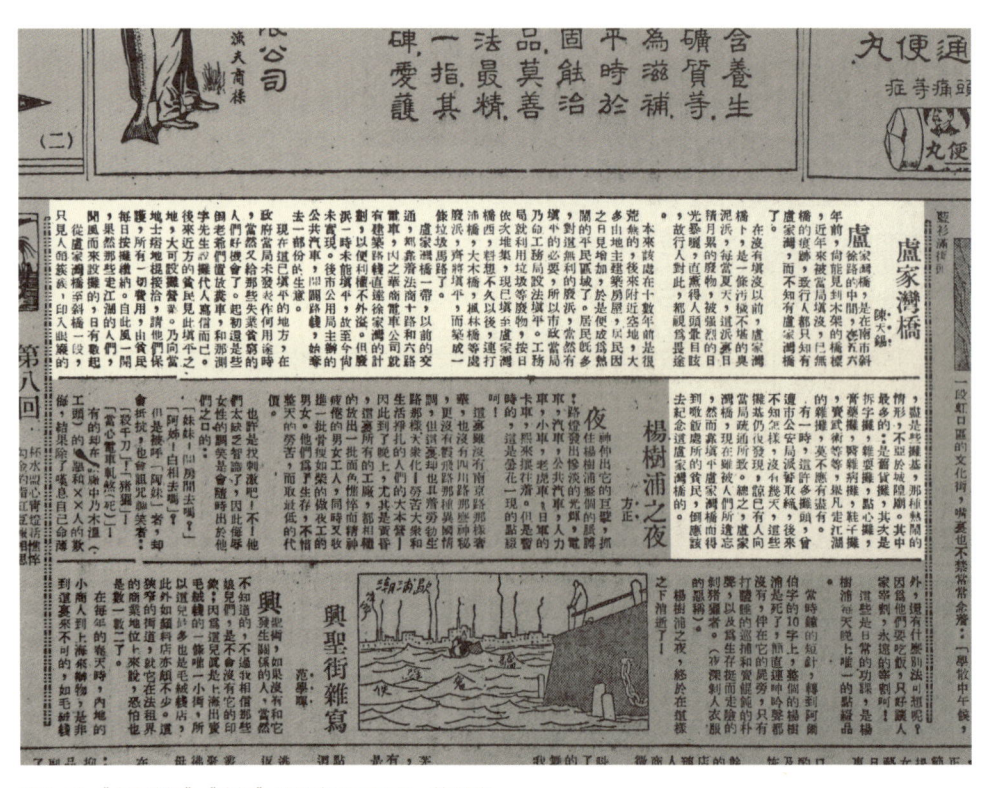

图5-17,《卢家湾桥》,《申报》1936年12月1日,第18版

---

1 《卢家湾桥》,《申报》1936年12月1日,第18版。

图5-18,《申报》1946年2月14日,第4版,记载徐家汇路、西藏南路,制造局路一带道路桥梁的整修

称:"查本局拆除打浦桥填筑路基工程业经开始动工,所有该处交通自即日起暂行禁止,以策安全。合亟公告周知。"[1](图5-18)

肇嘉浜东段填平后,筑于肇嘉浜上的打浦桥,已失去交通上之需要,反而成为障碍,使往来于日晖港及市区间之车辆及无轨电车、公共汽车掉头不便。故拆去桥梁,加铺弹街路面。1948年1月,位于肇嘉浜上的打浦桥拆除工程竣工。[2]打浦桥的"桥"成为历史。

---

1 《上海市工务局公告(第108号)》,《上海市政府公报》1947年第12期。
2 《打浦桥拆竣成历史名词》,《建设评论》1948年第5期。

第三节　肇嘉浜路：填浜筑路变通途

肇嘉浜水上棚户区的改造，与北京的龙须沟一样，当年都轰动一时，体现了新中国城市的巨大变迁和民众对新生活的向往。而重要的，就是将肇嘉浜从一条河变成一条道路。今天的肇嘉浜路，已成为上海市区的一条重要交通要道。从"浜"变"路"，其间蕴含着丰富的内涵。

中华人民共和国成立后，人民政府为了改变上海的面貌，成立了市政建设委员会，制订了为生产服务、为劳动人民服务的市政建设方针。为改变肇嘉浜的面貌，保证人民的生活，人民政府调拨了大量资金，广泛发动群众，填平臭水沟，清除垃圾、积枢，铺筑道路和下水道，装置自来水和电灯设备，建造公共厕所与垃圾箱，添排输水干管，增设消防龙头等，大大改善了肇嘉浜地区的生活条件，提高了卫生水平和安全状况。由一篇调查报告写道："解放后不久，光一个居委会的公共水龙头，就有八个之多，居民家庭内安装的自来水龙头，更无法统计，水费也由解放前的二角五分一担，减为一分钱打两担半。过去那种穷人饮水难的日子，一去不复返了。"[1]

早在1949年7月，上海市长陈毅和工务局长赵祖康等视察肇嘉浜，肇嘉浜飘着垃圾的黑水、浜边的烂房子，深深触动了这位中华人民共和国成立后的首任上海市长。1951年，陈毅在上海市二届二次人代会上指出："城市建设为生产服务，为劳动人民服务，并且首先为工人服务。"会后，陈毅在市政府多次召集工务局领导研究改变旧上海贫困、肮脏、落后的面貌，希望搞一个上海市建设的总体规划。抗战胜利后，时任国民党市政局局长的赵祖康也起草过一份规划，但由于国民党发动内战，根本无心实施。这次他和市政局副局长徐以枋专程从北京请来苏联著名城建专家莫辛，着手制订了新的上海发展蓝图，其中决定填没肇嘉浜，建成通车干道和街心花园。同时，工务局也成立了城建规划小组，以局党委书记兼副局长徐鸣挂帅，率领高津浦、高河图等人赴实地考察。很快，规划小组制订了《城市建设五年计划》。

1954年，上海市政府开始改造肇嘉浜。工程规模相当巨大，是第一个五年计划期间上海市的重点建设之一，主要包括：第一，填平三公里长的臭水浜，埋设长达五千多米的巨型污水干管，其中通向日晖港的一部分管道，宽2.4米，高3.8米，连汽车都可以开

---

[1]《肇嘉浜的变迁》编写组：《肇嘉浜的变迁》，上海人民出版社1976年版，第19页。

图5-19，1954年上海市人民政府关于改造肇嘉浜工程的相关文件（节选）(1)

图5-20，1954年上海市人民政府关于改造肇嘉浜工程的相关文件（节选）(2)

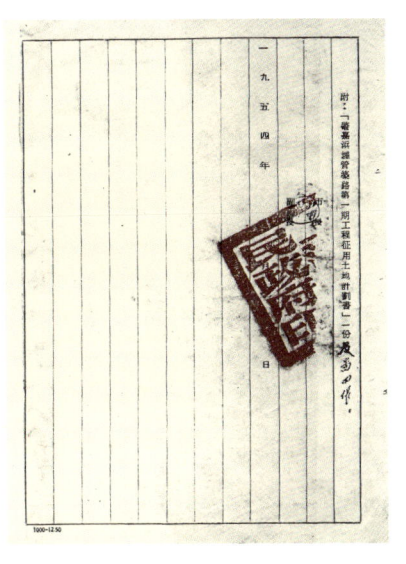

图5-21，1954年上海市人民政府关于改造肇嘉浜工程的相关文件（节选）(3)

进开出；第二，在日晖港造一座巨大的唧站，其排水能力可达每秒15立方米，以加速沪南地区污水的排泄；第二，修建东西向双行车道和街心花园；此外还包括日晖东路的污水管，开平码头处的中途唧站，直通黄浦江中心的入江管道等工程。[1]（图5-19、图5-20、图5-21）

肇嘉浜埋管筑路工程是分期进行的，第一期治理范围为自徐家汇至枫林桥一段，第二期自枫林桥向东至打浦桥段。由于打浦桥段在国民政府时期已经填平，如此肇嘉浜全线将填平筑路，肇嘉浜成为历史。1954年6月5日，上海市人民政府工务局报告：

一、查本市肇嘉浜位于市区南部，全长三公里，现已不通航运。两岸地区一切污水，全部泄入该浜内，致终年臭气四溢，成为培养病菌的温床，严重威胁居民的健康。市工务局为改善该浜两岸环境卫生，及提高该浜出口河道日晖港及黄浦江的河水质量，并加强沪南与市区其他部分的交通联系起见，拟分期予以填没，铺筑路面。第一期先将该浜自徐家汇至枫林桥一段，于本年第三季度开工。在该段工程中应行征用之土地及应拆之地上建筑物（计七百六十五户）业经工务局会同徐汇、常熟两区政府分别了解，拟定补偿安置计算就绪。

---

1 《肇嘉浜的变迁》编写组：《肇嘉浜的变迁》，上海人民出版社1976年版，第36页。

二、兹遵照中央人民政府政务院关于国家建设征用土地办法之规定，编具《肇嘉浜埋管筑路工程征用土地计划书》报请、鉴核，迅赐批示，以利工作进行。

三、至第二期工程自枫林桥向东至打浦桥止一段，原拟在一九五五年度施工填浜埋管，现奉上级指示应增加本年度工作量，爰拟提前在本年内开工，以期于明年度内将全路填浜埋管工程办理完竣，其所需迁移房屋及征用土地，□□继续□□，我局正会同有关方面继续进行了解中。除俟了解完毕补编征地计划书报请鉴核外，并先□明。[1]（图5-22）

图5-22，上海市人民政府工务局《肇嘉浜埋管筑路工程征用土地计划书》

该报告提交华东行政委员会审批，同时附《肇嘉浜埋管筑路工程征用土地计划书》第一期工程，原文如下：

《肇嘉浜埋管筑路工程征用土地计划书》第一期工程

一、工程计划说明

肇嘉浜位于本市市区的西南部，西起华山路东至瑞金二路，全长约三公里，为旧法租界及沪南地区合流沟管宣泄之所。所有两岸地区的一切污水，河浜两岸工厂的产生的工业废水，及沿浜棚户的污水垃圾，全部泄入浜内。因之浜的沾污，情况严重，臭气四溢，是大量病菌培养的温床，也联带沾污出口河道——日晖港及黄浦江。肇嘉浜东西已经不通航运，分隔浜南浜北二个地区，且浜上桥梁稀少，不能适应当前交通需要。所以这一工程计划，主要目的是为了解决肇嘉浜的严重沾污，改善环境卫生，提高日晖港及黄浦江的河水质量，增加绿化地带，改善市民生活条件及加强沪南和市区其他部分的交通联系，藉以促进沪南区的经济建设的发展。

二、用地属境和位置

该浜位于本市市区的西南部，西自华山路起向东至谨记桥一段，属于徐汇区人民政府辖境，由谨记桥再向东至枫林桥一段属常熟区人民政府辖境。（附图）

---

1 《肇嘉浜埋管筑路工程征用土地计划书》，上海市档案馆藏，档号：B1-2-1588。

三、用地面积和设计的户数人口数

因埋管筑路除原有公浜土地，须征用私人土地约合22市亩，兹将涉及的户数人口数列表分析如下：

类　　别	户数（户）	人口数（人）
商　店	107	619
手工业作场	9	49
住　家	646	2 598
工　厂	3	
共　计	765	3 266

四、地上附着物说明

因填浜埋管拓宽筑路，需要拆除之地上附着物（主要是房屋），经调查后，分类列表如下：

地上附着物类别	全拆间数（间）	部分拆除间数（间）	面积（平方公尺）	附　注
一层草棚	445		6 556	
二层草棚	8		111	
一层瓦棚	145		2 163	
二层瓦棚	66		923	
二层立帖瓦楼房	6		96	
砖木平房	12	2	407	部分拆除之建筑系工厂房屋，并不妨碍生产
部分水泥结构平房	32	3	1 047	同上
部分水泥结构二层楼房	7	3	318	同上
玻璃屋棚	1		40	

（续表）

地上附着物类别	全拆间数（间）	部分拆除间数（间）	面积（平方公尺）	附 注
围墙			170公尺	
竹笆			400	
给水站（棚户区公共给水）			1只	
垃圾箱（水泥砖砌）			2	

五、补偿安置计划

（甲）补偿部分

建筑物迁移补偿估计，以拆除面积×建筑物造价×折旧成分，得出。征地费用每亩酌列300万元核计。全部征地及建筑物迁移补偿费用预计，共计人民币贰拾陆亿陆千捌佰捌拾万元，实际核发数字，尚需结合每户经济情况，由区府工务局及建筑物所有人协商决定。

（乙）安置部分

住户：本工程有碍的被拆迁户，绝大多数为旧有无照棚户，生活情况，一般较为困难。拆迁后普通居民除指定龙华区漕溪路曾氏墓园附近新辟市民新邨区迁建地外，并给予补偿费用，俾能搭建简屋居住。

商居作场：除依照甲项补偿费外，以自行设法找其他地点，继续营业为原则。如自愿在漕溪路新辟市民新邨内迁建营业者，可优先支配新邨沿过道基地建造房屋。

工厂：仅有大众化橡胶厂及五洲肥皂厂，拆除部分厂房，皆可在各厂口基地上重建。

凡迁移部分房屋，并不严重影响使用人之经营或居住者，除时业主作适当的补偿，俾将房屋修正外，对使用人不作任何补偿。

凡拆迁户属烈军属，应注优照顾，并可酌予提高补偿费以符优抚原则。

六、组织动员问题

本填浜埋管拓宽道路工程，涉及住户646户，商店107户，作坊9户，工厂3户，范围较大，工商户较多，动员工作必须慎密布置，宜使工商、住户，应各得其所，能继续安居乐业。因之这一动员工作和组织"肇嘉浜埋管道路工程工作小组"进行之。小组成员包括下列各单位：（以区委为领导，具体工作以区府为主）区人民政府、区协商会、公安分局、房地局、区工商联、区法院，上总办事处，工务局。

本计划书经批准后，即由小组进行全面动员，具体工作分二段进行（一）枫林桥至谨记桥。（二）谨记桥至华山路，预计二段于动员后三个月内全部完成。

住户之动员工作，请各里弄组织协助，工商户之动员资方由区工商联协助。劳方由上总办事处及店员大会协助，尽量依靠各群众组织及人民团体了解各被拆户之经济及困难实况，以作出公平合理之补贴与安置。

七、地方政府意见

常熟及徐汇区人民政府，对本计划表示同意。[1]（图5-23、图5-24、图5-25）

图5-23，上海市人民政府工务局《肇嘉浜埋管筑路工程征用土地计划书》内容（节选）（1）

图5-24，上海市人民政府工务局《肇嘉浜埋管筑路工程征用土地计划书》内容（节选）（2）

---

1 《肇嘉浜埋管筑路工程征用土地计划书》，上海市档案馆藏，档号：B1-2-1588。

1954年7月2日华东行政委员会同意进行肇嘉浜埋管筑路第一期工程，认为："为了改善该浜两岸的环境卫生，提高日晖港和黄浦江的水质并加强沪南与市区的交通联系起见，本委会同意进行此项工程。原计划书内对住户的补偿和安置部分，一般与过去华阳路区拆迁办法大致相同，可以同意。"华东行政委员会并对拆迁过程提出要求注重保障困难人民的利益，"唯拆迁计划中棚户占绝大多数，对迁建有困难的劳动人民，除按规定标准给予补偿外，并应考虑补助其实际所需的拆工、运费、新建人工及材料拆损等项，不使其因迁建而增加负担。对因拆迁而使生产、生活遭受影响者，尽量协助解决困难或予一定照顾。希在实际执行中吸收以往经验审慎办理"[1]。（图5-26、图5-27）

7月5日，上海市人民政府奉华东行政委员会命令，同意工务局进行该项工程。为使社会各界周知肇嘉浜填浜埋管筑路工程征用土地及迁移地上附着物，8月7日，上海市政府发布通告，登《解放日报》一天，并缮十一张，分贴各路口：

图5-25，上海市人民政府工务局《肇嘉浜埋管筑路工程征用土地计划书》内容（节选）（3）

上海市人民政府通告

兹为改善肇嘉浜一带环境卫生和交通，决定先将该浜自华山路至枫林桥止一段埋管填没，开筑道路。此项工程为本市重要市政建设之一，现开工在即，所有在该项工程范围内之土地及地上附着物，应按照一九五三年十二月五日中央人民政府政务院公布之《关于国家建设征用土地办法》规定予以征用，除地上附着物另由主管机关通知拆迁外，特此通告。[2]

10月15日，上海市人民政府建设委员会向上海市政府提交报告，因为肇嘉浜埋管筑路工

---

1 华东行政委员会（函）（54）东办财字第859号，上海市档案馆藏，档号：B1-2-1588。
2 《上海市人民政府（通告）稿》，上海市档案馆藏，档号：B1-2-1588。

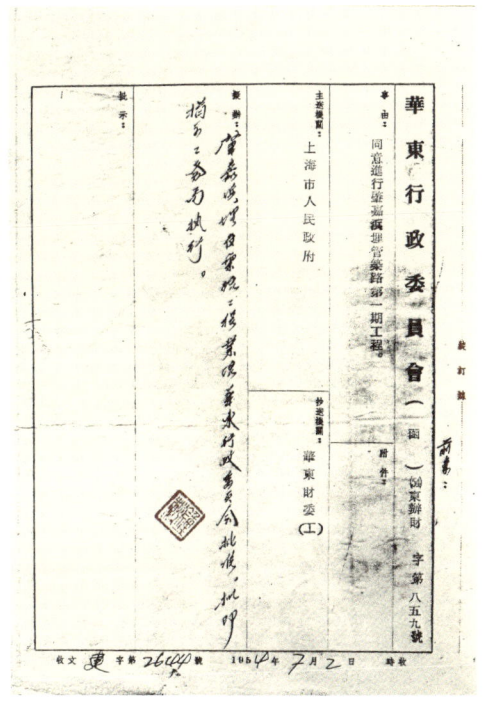

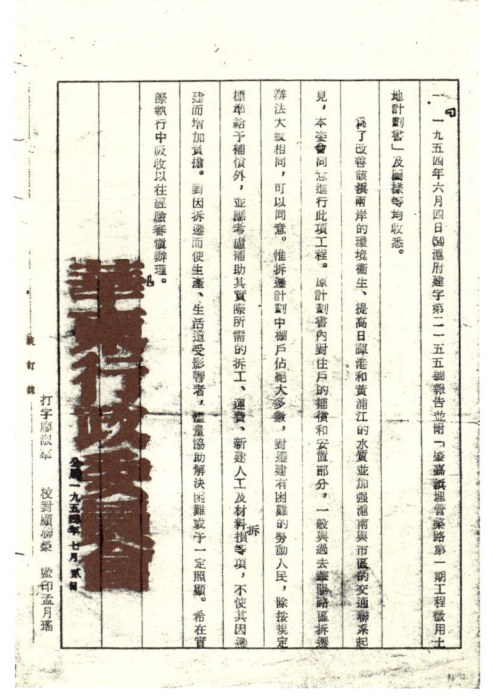

图 5-26，华东行政委员会同意进行肇嘉浜埋管筑路第一期工程的文件（1）

图 5-27，华东行政委员会同意进行肇嘉浜埋管筑路第一期工程的文件（2）

程第一期华山路至枫林桥一段的征地迁移工作，已经接近完成，并请开展第二期枫林桥至日晖港一段征地迁移工作。（图 5-28、图 5-29）

经过工务局会同常熟、卢湾两区府调查该段内应征用之土地及应拆迁之建筑物，经核该段工程中应拆迁之建筑物，涉及住户八四五家、商店七六家、手工业作场一七户、工厂五户，共九四三户三七六二人，其征地拆迁处理办法，与第一期计划相似，拟请市府予以批准，指示该局并抄致有关单位遵照执行。[1] 报告随附《肇嘉浜埋管筑路工程第二期（自枫林桥至日晖港段）征用土地计划书》[2]，全文如下：（图 5-30）

肇嘉浜埋管筑路工程第二期（自枫林桥至日晖港段）征用土地计划书

肇嘉浜填浜埋管筑路工程目的，已先后于计划任务书初步设计及第一期征用土地计划书内说明，兹不再叙述外，本年度鉴于第一期自华山路至枫林桥段征地工

---

[1] 1954 年 10 月 15 日《上海市人民政府市政建设委员会报告》，上海市档案馆藏，档号：B1-2-1588。
[2] 《肇嘉浜埋管筑路工程第二期（自枫林桥至日晖港段）征用土地计划书》，上海市档案馆藏，档号：B1-2-1588。

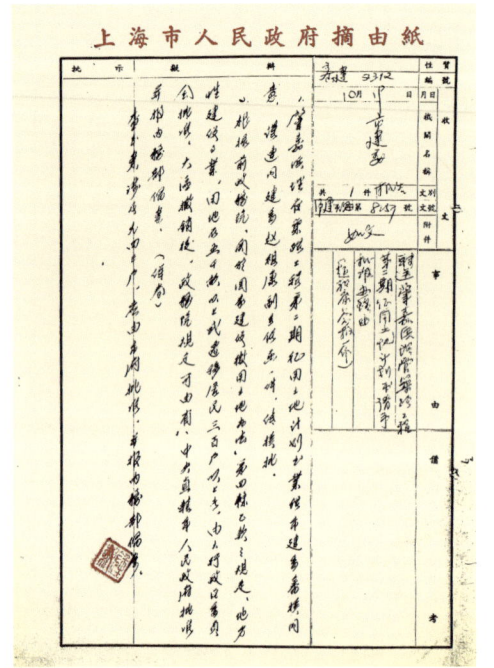

图5-28，上海市人民政府关于"肇嘉浜埋管筑路工程第二期"的文件

图5-29，赵祖康关于实施"肇嘉浜埋管筑路工程第二期"的信函

图5-30，《肇嘉浜埋管筑路工程第二期（自枫林桥至日晖港段）征用土地计划书》

作办毕后，□续办理自枫林桥至日晖港段第二期征地工作，为五五年度创设施工条件，兹将计划各点，说明于后。

一、用以属境和位置

该浜位于本市市区的西南部，第二段西自枫林桥起，北岸向东至陕西南路，南岸向东至日晖港一段，属常熟区人民政府辖境。北岸自陕西南路向东至瑞金二路目前一段，属卢湾区人民政府辖境。（附肇嘉浜埋管工程图及征地分段位置图各一份）

二、用地面积和涉及的户数人口数

因埋管筑路除使用原有公浜土地外，尚须征用私人土地约合10市亩，兹将本计划迁移工作涉及的户数及人口数列表分析如下：

区　　别	房屋使用种类	户数（户）	人口数（人）
常熟区	商　　店	58	280
	手工业作场	9	64
	住　　家	763	2 914
	工　　厂	5	12
	小　　计	835	3 270
卢湾区	商　　店	18	97
	手工业作场	8	49
	住　　家	82	346
	小　　计	108	492
合　　　计		943	3 762

三、地上附着物说明

因埋浜埋管筑路需要拆除之地上附着物（主要是房屋）经调查后分类列表如此：

地上附着物类别	全部拆除间数（间）	部分拆除间数（间）	面积（平方公尺）
砖木楼房	3		66
砖木矮楼房	3	2	122

（续表）

地上附着物类别	全部拆除间数（间）	部分拆除间数（间）	面积（平方公尺）
三层立体楼房	1	1	3
部分水泥结构平房	1	1	66
砖木过街楼		1	13
砖木平房	4	3	314
立体平房	7	3	300
二层瓦棚	9		226
一层瓦棚	113	1	2 237
二层草棚	28	1	538
一层草棚	417	10	7 471
席棚	7		63
钢筋混凝土碉堡	1		16
拆除各项房屋合计	594	23	11 435
竹笆			267公尺
砖木门档	1		
给水站	1		
垃圾箱（水泥砖砌）	5		
消防龙头	2		

四、补偿安置计划

甲、补偿原则

建筑物迁移补偿费估计，以拆除面积×建筑物单位面积造价×折旧成分而得出。征地补偿费每亩酌列300万元，全部征地及建筑物迁移补偿费用预计共计人民币壹拾伍亿四千玖佰捌拾伍万元。实际核发数字，尚需结合各户经济情况，由区府工务局及建筑物所有人，协商决定。

乙、具体补偿安置办法

1、住户：本工程被拆迁户，绝大多数为旧有无照棚户，生活情况，一般较为困难，需要照顾。普通住户，除指定龙华区漕溪路曾氏墓园附近及蓬莱区新肇周路新辟市民新邨区迁建地外，并给予适当的补偿费用，俾能搭建简单房屋居住。

2、商店作场受用业小型家庭工厂，除给予适当补偿费外，以自行设法找寻其他地点继续营业为原则。如自愿在漕溪路市民新邨内迁建营业者，可优先支配新邨沿通道基地上建造房屋。

3、工厂全部迁移者有小型工厂三户，（一）永昶机械厂（二）星霞手工业织造厂（三）茂通电气材料厂，因直接妨碍生产，必须予以充分的照顾。除给予适当的补偿费外，如有特殊困难的应□补偿工人停工时期的伙食费用，星霞厂、茂通厂动员其自行设法找寻其他厂房继续生产（永昶厂可在厂内基地上建造房屋）。

拆除部分厂房者，有大东南烟厂，鼎新堆栈，华茂机器厂，皆可在各厂栈内基地上重建，被迁建筑物，多数是有□房敞棚汽车间等，对生产并无影响，其余尚有振中五金厂一户，只照界收进半公尺左右。

丙、应迁移之房屋与基地属于同一业主者，基地一概不予补偿。如分属二人者，视基地所有人生活情况，酌情补偿或无偿征用。

凡迁移部分房屋并不严重影响使用人之经营或居住，除对业主作适当的补贴俾将房屋修缮外，对使用人不作任何补偿。

丁、凡拆迁户为烈军属应由房地局拨给公共房屋，以供迁移使用，如不愿居住时，得改发补偿费，比普通户酌予提高，以符优抚原则。

五、处理办法

工程涉及住户845户，商店76户，手工业作场17户，工厂5户，范围较大工商户，动员工作，必须慎密布置，宜使工商住户，各得其所，能继续安居乐业，所制定之动员工作必须组织"肇嘉浜埋管筑路工程征地迁移工作组"进行之。工作组成员概括下列各单位，区人民政府、区协商会、区公安局、房地局、区工商联、区法院、上总办事处。盖以区委为领导，具体工作以区府为主。

本计划书经批准后，即由工作组拟具动员计划，送往区委同意后，即行分配工作，进行全面动员，具体工作，分二级进行（一）枫林桥以东至大木桥（二）由大木桥至日晖港，预计二段动员后三个月内，至本年底以前全部完成。

动员住户工作，邀各里弄组织协助。工商户之动员，资方由区工商联协助，劳力由上总办事处及店员工会协助,并尽量依靠各群众组织及人民团体,了解各被拆迁户之经济即困难实况,以作出公平合理之补贴与安置。

六、地方政府意见

常熟区府及卢湾区府对本计划书表示同意。[1]

1954年10月23日,上海市人民政府同意工务局提交的肇嘉浜埋管筑路工程第二期征地计划,并向工务局、房地产管理局、卢湾区人民政府、常熟区人民政府发布指示:

> 市政建设委员会一九五四年十月十五日沪建规(54)字第八二五七号文报送工务局所拟肇嘉浜埋管筑路工程第二期自枫林桥至日晖港一段征用土地计划书,业经本府审核同意。希即会同各有关单位组织征地工作组根据征地计划书附图所示范围,进行征地工作。征地范围内棚户占绝大多数,对迁建有困难的劳动人民,除按规定标准给予补偿外,并应考虑补助其实际所需的拆工、运费、新建人工及材料拆损等项,不得使其因迁建而增加负担。对因拆迁而使生产、生活遭受影响者,尽量协助解决困难或予一定照顾。希在实际执行中吸收以往经验妥慎办理。[2](图5-31)

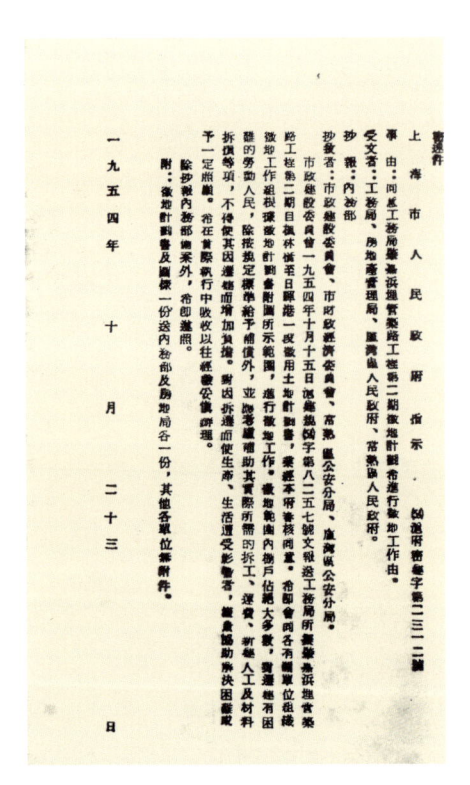

图5-31,《上海市人民政府指示》,1954年10月23日

随着肇嘉浜征地、拆迁的完成,肇嘉浜工程如火如荼地展开。肇嘉浜的修筑,吸引了许多义务劳动者前来参加、帮助。1956年6月,肇嘉浜工程指挥部回复德润中学的一份公函中有这样几句话:

> 关于你校同学拟参加肇嘉浜土方工程义务劳动一事,我们极表欢迎。因前有许多单位来函要求参加,已由我队安排好日程在先。目前每天约有一千余人参加义务劳动。你校参加工程需安排在七月中旬以后……[3]

---

1 《肇嘉浜埋管筑路工程第二期(自枫林桥至日晖港段)征用土地计划书》,上海市档案馆藏,档号:B1-2-1588。
2 《上海市人民政府指示》,上海市档案馆藏,档号:B1-2-1588。
3 《肇嘉浜的变迁》编写组:《肇嘉浜的变迁》,上海人民出版社1976年版,第38页。

在义务劳动的大军中,有许多原先生活在肇嘉浜上的居民,尽管已经搬到了新邨,但仍赶上好几里路来参加义务劳动。参加建设的城建工人,也拿出拼搏精神,加班加点,奋斗在建设的工地上。各班组之间还进行劳动竞赛,打桩工、挖泥工、钢筋工、混凝土工等,都不断突破定额,刷新纪录:

> 一号坝打钢板桩的七十六班,开始每天只能打二十多块,以后提高到三十八块,超过定额百分之三十;
>
> 在浇混凝土沟管时,木工们解决了"漏浆"问题,并在拆移模壳中做了一系列改进——原先拆一只木壳需要二三十个人工,改进后只要六个人工就可以完成了;
>
> 工人们建议的"倒走钢架法",既可节约三万多元的资金,又省工时,加快了拆卸钢板桩的速度。[1]

"热汗化宏图,浜上展新颜"。1956年底,肇嘉浜工程胜利完工,一条美丽的林荫大道,展现在人们面前。(图5-32)

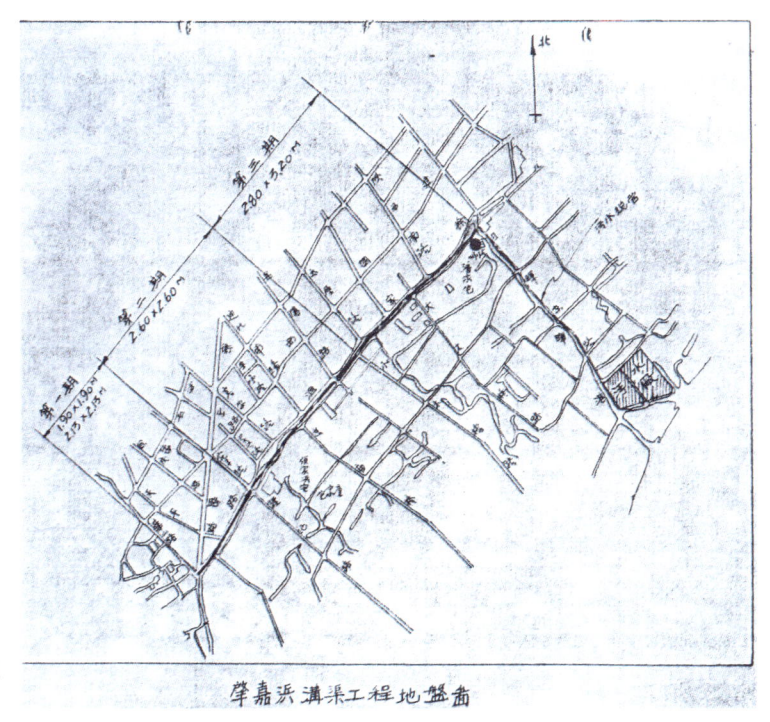

图5-32,肇嘉浜沟渠工程地盘图

---

1 《肇嘉浜的变迁》编写组:《肇嘉浜的变迁》,上海人民出版社1976年版,第39页。

1956年12月26日，新的肇嘉浜路，东起斜徐路，经打浦桥、日晖东路、大木桥、枫林桥等十几个路口，一直向西延伸到徐家汇，与漕溪北路、华山路、衡山路衔接，全长3 000米，宽60米。经过绿化施工，肇嘉浜路两旁绿树成荫，郁郁葱葱，大道中央的街心花园里，百花吐艳，万紫千红。[1]（图5-33）

1956年12月29日，作为上海工人亲手兴建的第一条林荫大道，肇嘉浜被正式命名为"肇嘉浜路"，安上了第一批路牌。至1957年，肇嘉浜全线填平，两侧的徐家汇路和斜徐

图5-33，完工后的肇嘉浜路

---

1 《肇嘉浜的变迁》编写组：《肇嘉浜的变迁》，上海人民出版社1976年版，第52页。

路合并，成为上海市南部地区东西向交通大动脉。

从"浜"变"路"，一字之差，凸显的是一个时代巨变。往日，满目所及，是一片垃圾遍野、两岸棚户不绝的破败景象。如今，在全新的肇嘉浜路上，枫林桥十字路口的中心开辟了一个花坛，围绕着花坛的竹栏杆，被漆成了翠绿色。1957年元旦起，23路公共汽车开始从肇嘉浜路上通行。

1974年，在瑞典斯德哥尔摩举行的国际城建交流会上，中国代表介绍了改造肇嘉浜的施工过程。当各国代表看到肇嘉浜今昔对比的照片时，大为惊讶："中国工人靠两只手，居然造出如此漂亮的大道，简直不可思议，不可思议！"[1] 1999年，上海市政府又投资3亿多元，重新改造肇嘉浜大道。（图5-34、图5-35）

图5-34，肇嘉浜路与徐家汇路交汇，从斯格威铂尔曼酒店顶层拍摄（2017年9月29日）

1　秦维宪：《肇家浜的变迁》，全岳春编：《〈新民晚报·上海珍档〉选萃》，上海辞书出版社2007年版，第10页。

打浦桥：上海一个街区的成长

图5-35，打浦桥街景（摄于2019年8月12日）

第六章 城市更新中的打浦桥街区

一百多年前，肇嘉浜两岸，河流纵横，古树葱郁，周边篱落村墟，民居错落，一派典型的江南水乡风光。

一百年来，打浦桥从一座桥名，到一条路名，再作为一个街道名，背后凸显的是这一地区的工业化、城市化进程，同时伴随着深刻的社会经济变迁，从江南乡野演变为上海这座大都市中的一个重要街区。

如今的打浦桥街区，地缘优势日益显现，位于淮海路商业圈与世博会园区之间，辖区内有卢浦大桥出入口，地铁9号线、13号线与南北高架贯通东西南北，构成了地下、地面、地上纵横交错的立体交通网络。文化资源丰富，拥有几大创意产业园区，"田子坊"是上海市唯一集创意产业园区、3A级旅游景区、居民居住区"三位一体"的区域，闻名海内外；"智造局"作为上海市首个服务外包产业园，声名鹊起。街区内还有各类文化体育设施，体育馆、文化馆、工人俱乐部、青少年活动中心、白玉兰剧场，汇聚于此。近年来，街区社会经济发展迅速，日月光中心广场实现商场与城市轨道交通紧密有效衔接，广东发展银行等10余家金融和证券机构集聚徐家汇路沿线，和记、顺风等40多家餐饮店先后入驻，19栋商务楼宇、43个现代化商品房住宅区，陆续开发建成。[1]打浦桥通过功能提升、形态开发和结构优化多种途径，重点发展商业商务、休闲服务、现代居住，把本区域打造成为上海中心城区内一个交通便捷、配套完善的宜居宜业的现代都市商住区。（图6-1）

打浦桥，作为近现代上海街区演变的一个样本，有不少值得探讨的内容。

---

[1] 相关数据与信息，打浦桥街道2019年3月提供。

图6-1，打浦桥街景图（局部），日月光广场及周围，从斯格威铂尔曼酒店顶层拍摄（2017年9月29日）

第一节 区域商业中心的初步形成

自1949年5月上海解放以来，打浦桥街区的市容市貌、经济结构、社会生活方式均发生重大变化。为了深入探讨打浦桥街区的变迁，课题组在查阅相关档案资料的同时，也系统梳理了来自《人民日报》《光明日报》《解放日报》《文汇报》等主流报刊的记载。不同时期的报道，侧重点不同，如解放初期较多反映肇嘉浜沿岸与打浦桥一带，从棚户简屋到生活条件的改善，人民当家做主；后来的报道主要体现在共产党领导下取得的社会主义建设成就，社会经济结构变化，以及各行各业的发展等。

这里，摘引《人民日报》刊登的部分内容，先看五六十年代的一些报道，有一篇题为《越关心群众生活，群众的干劲越大：上海卢湾区各级党委书记深入基层办好集体福利事业》中写道："打浦桥街道党委副书记陆鸿章在比较差的肇嘉浜路里弄委员会第一食堂劳动中，发现这个食堂的工作人员缺少搞好工作的办法，经营管理制度也不够健全……"[1]（图6-2）1961年一篇《上海、西安、成都喜迎五一》中提到："'五一'国际劳动

图6-2，《越关心群众生活，群众的干劲越大》，《人民日报》1960年12月28日，第4版

---

[1] 《越关心群众生活，群众的干劲越大：上海卢湾区各级党委书记深入基层办好集体福利事业》，《人民日报》1960年12月28日，第4版。

第六章 城市更新中的打浦桥街区

节前夕，上海各工厂、商店、学校、机关、里弄纷纷进行大扫除，干干净净地迎接节日的到来。这几天，许多工厂大搞环境卫生。有的工厂还进一步加强了食堂卫生工作，把食堂的工具和食具又一次彻底地洗涤和消毒，严格执行生菜熟菜分开，并实行现烧现吃的办法。各条主要街道和里弄都进行了整洁工作。……徐汇区斜土路一带的工厂、里弄在打扫了室内卫生后，还帮助商店搞好大木桥一条街的地段保洁工作。"[1]这则报道尽管反映的是徐汇区斜土路一带，与此毗邻的卢湾区打浦桥街区情形也较为相似。这一时期的报道体现了上海解放后作为原来的华、洋杂居之地，肇嘉浜沿岸贫困居民生活水平的提高，以及市政设施的改善，市容的变化。

早在20世纪30年代，打浦桥已初具商业街区的规模。抗日战争爆发后，沪南区的商家纷纷迁入法租界，薛华立路（今建国中路）以南的金神父路（今瑞金二路）和贾西义路（今泰康路）上，商店紧挨，打浦桥俨然成为地区性的商业中心。

中华人民共和国成立后，人民政府把建设打浦桥纳入了上海市整体规划中。1956年肇嘉浜填筑为路后，进一步促进了该地区发展，徐家汇路、肇嘉浜路、斜徐路、瑞金二路、日晖东路，多条马路交汇，车来人往，人群摩肩接踵。据统计，到1956年，打浦桥地区已有商业网点60余家，其中五金交电7家、纺织品2家、服装鞋帽3家、中西药业2家、百货业22家、茶糖食品7家、土杂产品7家、饮食服务10家。[2]后经调整改造，规模逐渐扩大。

一个颇具活力的打浦桥商业中心初步形成。（图6-3）

历史上，打浦桥是旧式里弄、简房陋屋比较集中的区域，对这一街区的改造，经历了一个较长的过程。在人民共和国成立后的几十年来，打浦桥地区经过不断改造，面貌虽有所改观，但习惯上还是被人们称为"下只角"，棚户区、工厂区交集，人口混杂，无论是居住条件还是市政配套设施，亟待提高与完善。棚户区内，弄堂宽不足三步，简房陋屋密密的排列，门窗终日洞开也难进阳光，数十家企业犬牙交错，其中上海电解锰厂、上海碳酸碱厂等17家污染大户每年排放工业废水472万吨、工业粉尘34万吨、工业废气82 678万立方米，附近的日晖港则终年河水黑臭。[3]有一位家住淮海中路的打浦桥粮管所所长回忆：

---

1 《上海、西安、成都喜迎五一》，《人民日报》1961年4月30日，第2版。
2 上海市卢湾区志编纂委员会编：《卢湾区志》，上海社会科学院出版社1998年版，第130—131页。
3 徐建刚、严爱云、郭继主编：《上海改革开放30年图志》，上海人民出版社2008年版，第321—322页。

图6-3，新建的打浦桥头绿岛，选自《崛起中的打浦桥》，2002年刊印（打浦桥街道提供）

有一次，粮管所定购的卷面运到，我作为所长前往查看船运卸货，他们把卷面从船上搬到岸上，上下就靠一块跳板，老吓人。一船货大约有四五吨，黄酒从靖江一些地方运过来，有时会从浙江进货。卷面是从崇明过来的。船老大邀请我去船上看，我便战战兢兢地从跳板上走到船上，我当时大约40岁左右。旁边就是日晖东路，河水也不宽，又黑又臭。日晖港不大，岸边有稀稀疏疏的杨柳树，一派农村的景象。对这里最大的印象，就是粪码头，臭气熏天。远处能看到工厂冒黑烟，是徐汇区的化工厂。41路公交车从淮海路过来仅有3站路，到这里就是一片农村景象，打浦桥是41路的终点站。我去的时候是80年代末，距现在才二三十年，但用现在来对比，这种发展速度简直不能想象，这也印证了改革开放给中国、给上海带来的巨变。[1]

生活在这一带的居民，天天盼望着"旧貌换新颜"。（图6-4、图6-5）

1978年以前，在这一带实施的较大工程有打浦路越江隧道。该隧道位于打浦路处，为上海市第一条穿越黄浦江水底的公路隧道。1959年制订规划，由上海隧道局设计，后经国务院批准列为国家基本建设项目。1966年动工，1970年建成，1971年6月正式通车。隧道由浦西引导段、江中段及浦东引导段三部分构成，其中浦西引导段进出口在中山南一路打浦路口。隧道内为双车道路面。（图6-6）

---

1 《一位粮管所老干部在打浦桥工作、生活的回忆》，陈康瑜口述，李东鹏采访、整理，2019年3月8日。

图6-4，打浦桥一带居民尚在使用的给水站，选自《崛起中的打浦桥》，2002年刊印（打浦桥街道提供）

图6-5，改造前的日晖港，终年黑臭的平阴桥头，选自《崛起中的打浦桥》，2002年刊印（打浦桥街道提供）

图6-6，打浦路越江隧道平面图，上海市档案馆藏

第二节　在街区改造中崛起

街区是有生命的，自有其内在的肌理和成长发展的连续性，依循着街区的演变轨迹，我们去把握它的脉络，探寻它的肌理。作为近代形成的历史街区，随着时间的流逝，打浦桥一带的居民住宅、社区街道、基础设施也逐渐陈旧老化，有着较长历史的建筑再也无法保持原有的功能，街区本身需要更新。

也就在街区改造与更新中，打浦桥以一种全新的样态崛起。

自1978年实行改革开放以来，打浦桥街区改造的步伐逐渐加大，其范围、规模与方式都是前所未有的。一批污染严重的工厂陆续外迁，为这一区域的规划设计、开发建设腾出了不少空间。1978年8月，营业面积1 000多平方米的浦光百货商店开设，也为该地的商业、百货业发展带来了人气。1982年5月21日上海市市长办公会议决定迁走污染严重的上海活性炭厂、上海造漆厂、上海电解锰厂等。1987年9月，建设打浦桥环岛绿地。为了满足居民生活要求，开设了打浦桥头农副产品贸易市场。90年代初，以浦光百货商店为中心，环周有五昌土特产食品商场、同昌祥南货店、泰康药房、同仁堂参药店、华东绸布店、建国皮鞋店、华阳自选商场等。到1993年，打浦桥一带已分布13个行业43家商业网点，逐渐形成了一个门类齐全的地区性商业中心。[1]

一、启动日晖港治理工程

1992年，上海市人民政府决定对严重污染的日晖港进行治理。同年10月，日晖港治理工程启动，填没康衢桥南侧以北河道。打浦桥至康衢桥南侧的河道，铺设地下钢筋混凝土双涵箱污水排放道，上辟道路，并合原日晖东路和日晖西路。1994年12月23日竣工，25日通车。新路长1 100米，1996年5月22日，命名为瑞金南路。[2]（图6-7）

二、"斜三地块"：中心城区首块毛地批租

1992年初，在打浦桥斜徐路第三居委会所辖地块（简称"斜三基地"），成功进行一期地块毛地批租，这不仅拉开卢湾区大规模旧区改造的序幕，也开创了上海在市中心实

1　上海市地方志办公室编著：《上海名街志》，上海社会科学院出版社2004年版，第769页。
2　上海市卢湾区志编纂委员会编：《卢湾区志》，上海社会科学院出版社1998年版，第60页。

图6-7，肇嘉浜路、瑞金南路口街景（摄于2017年10月24日）

行以毛地批租形式成片改造旧城区的先例。在计划经济时代，市政建设的资金主要靠地方财政调拨，要想对打浦桥地区进行根本性改造，依靠政府财政资金来筹集，在当时的情况已经变得极为困难。当时的卢湾区政府决定改变思维，拓展旧区改造的方式，探索利用外资的新模式。（图6-8）

在"斜三"地块上建造起来的海华花园，位于打浦路38弄。原来这一带都为危棚简屋。（图6-9）1992年1月，由中国海外集团有限公司与卢湾区房屋建设开发总公司、华

第六章 城市更新中的打浦桥街区

海科技实业公司合资成立上海海华有限公司。斜三地块第一期19 790平方米批租给海华有限公司，成为上海中心城区首块毛地批租。[1]是年1月25日，时任上海市市长的黄菊视察斜三基地，并召开住宅建设现场会。这一举措对于上海旧区改造具有重要意义，从打浦桥斜三地块试点，走出了一条引进外资加速上海旧区改造的新路。1992年10月30日，

1　上海市卢湾区志编纂委员会编：《卢湾区志》，上海社会科学院出版社1998年版，第60页。

图6-8，1992年1月25日，"斜三地块"土地使用权有限期有偿转让签字仪式，选自《崛起中的打浦桥》，2002年刊印（打浦桥街道提供）

图6-9，斜三旧貌，选自《崛起中的打浦桥》，2002年刊印（打浦桥街道提供）

图6-10，海华花园开工典礼，选自《崛起中的打浦桥》，2002年刊印（打浦桥街道提供）

海华花园开工典礼举行。（图6-10）1995年5月，海华花园全面竣工，它作为打浦桥地区改造的第一个标志性建筑，也宣告打浦桥现代化商住园区开始兴建。对此，《解放日报》曾以《旧区改造的"试验田"——记上海旧区改造第一块批租地块"斜三基地"的诞生》予以报道：

> 如今，漫步在卢湾区打浦路上的海华花园，优美的环境、完善的设施让你找不到当初"棚户区"一丝一毫的痕迹。16年前，这里作为旧区改造首块土地批租"试验田"，开启了一条全新的旧区改造之路。
>
> 让我们把时间拉回到1992年1月25日。就在这一天，上海市土地管理局与上海海华房产有限公司签订了当年的第一号《土地使用权出让合同》，将位于卢湾区打浦桥街道斜徐路第一、第二、第三等3个居委会所在地块（简称斜三基地）中19 790平方米土地使用权有偿转让给该公司，建设海华花园。
>
> 本报于第二天在头版刊发了《上海浦西结合旧区改造第一块批租土地打浦桥斜三基地土地使用权出让》的消息，香港《大公报》、《文汇报》也分别以醒目的标题在报纸显要位置刊发了这一消息。斜三基地一度成为众人关注的焦点，世人瞩目。[1]

第六章 城市更新中的打浦桥街区

[1]《旧区改造的"试验田"——记上海旧区改造第一块批租地块"斜三基地"的诞生》，《解放日报》2008年11月25日，第2版。

建成后的海华花园,占地面积19 790平方米,建筑面积92 324平方米,其中住宅建筑面积75 651平方米。海华住宅楼雄伟别致,标高89.4米,为当时上海住宅楼宇第一高度。海华花园采用单体蝶式平面和底层架空设计,每间住房三面单边,户户朝南。楼体外墙,饰贴粉红色条形高级瓷砖,配以楼梯间宝蓝色玻璃幕墙。底层设置大堂,楼内大理石、花岗岩地坪,安装进口原装名牌电梯和电脑联网的消防、通信、监控、报警系统。布局优雅,群楼环抱中心花园,绿草如茵,鲜花锦簇,绿树掩映,假山喷泉水池点缀其间,高级彩色广场砖铺盖的道路环绕交叉。内设大型商场、超市、小吃店、面包房、酒吧、咖啡厅、美容院、桑拿浴室、花店、洗涤店、健身房、商务中心、票务中心、屋顶花园、幼儿园、网球场与邮局等,并建有停车场、地下车库,设施齐全。(图6-11)

海华花园建成后,先后获得上海市最佳高层住宅奖、上海市优质样板工程奖、上海小区白玉兰奖,其中3号楼获得1996年鲁班奖,4号楼获得1996年上海市优质建筑工程白玉兰奖。1995年被评为"上海新景观",代表上海出展北京,1996年代表中国出展土耳其。(图6-12)

图6-11,海华花园(摄于2009年3月6日)

图6-12，海华花园（摄于2017年10月24日）

三、大规模的街区改造与更新

伴随着政治制度的巨大变革，打浦桥在经济、社会等各个领域都发生了重大变化，对街区的建设、管理也有了新要求，需要采取一些新举措、新做法。在我国城市建设中，很长一段时期较多使用的是"旧城改造"这一方式。所谓旧城改造，是指局部或整体地、有步骤地改造和更新老城市的物质生活环境，以便根本改善其劳动、生活服务和休息等条件。近年来，则更多使用"城市更新"的概念与做法。城市更新，是指将城市中已经不适应现代城市社会生活的地区作必要的、有计划的改建活动，其方式可分为再开发、整治改善、保护等几种。从"改造"到"更新"，也体现了观念的变化。打浦桥的改造与更新也是在这样的背景与模式下进行的。具体涉及的内容包括：改造街区规划结构，在其行政界限范围内，实行用地分区和城市用地的规划分区；更新、调整街区布局；更新或完善街区内的道路系统；改善街区居住环境并组织大规模的公共服务设施建设，把旧街坊改造成完整、更加宜居的居住区。

打浦桥从位于上海中心城区一个街区的实际出发，积极探索街区改造与更新的新途径，既有针对街区"物质性衰退"的旧里街坊改造，又有提升产业结构、转换街区功能的整体性更新方式，由此使整个街区的功能不断得以增强，营商环境发生巨大变化，人民生活条件和环境得到了显著的改善，成为宜居宜商之地。

20世纪90年代以后，打浦桥一带市政建设突飞猛进，可以说，这是打浦桥历史上一次规模宏大、整体式空前复杂的街区更新运动。

南北高架路（打浦桥段）。南北高架路为贯穿上海市中心区的快速干道，南起中山南一路，北迄老沪太路，全长8.45公里（延伸段与北外环线相连）。南与鲁班路立交桥交汇，北与中山北路立交桥交汇，与内环线相连通；中与延安高架路相交。卢湾区段南起中山南一路，北至成都北路，长3.5公里。1993年9月，卢湾区段工程启动。1995年12月10日，南北高架建成通车。通过徐家汇路匝道，打浦桥地区可迅速通往各处。（图6-13）

图6-13，徐家汇路南北高架路交会处鸟瞰，从斯格威铂尔曼酒店顶层拍摄（摄于2017年9月29日）

徐家汇路拓宽工程。徐家汇路东起肇周路，与陆家浜路相接；西至瑞金南路，与肇嘉浜路相接，全长1 706米，是一条横贯东西的交通主干道。1994年11月17日，徐家汇路拓宽工程开工，1995年9月19日竣工。改建后的徐家汇路，路幅宽49—78米，其中车行道29—61米。打浦桥建有L型钢结构人行天桥一座，跨徐家汇路、瑞金二路。徐家汇路拓宽改建工程完成后，该路东与陆家浜路相连直达南浦大桥，西与肇嘉浜路接通直抵徐家汇商业中心，成为上海市区南部东西向交通的主要干道之一。（图6-14）

图6-14，徐家汇路街景（摄于2017年10月25日）

改造拓宽打浦路。1996年，卢湾区筹措1.3亿元改造拓宽打浦路，6月正式开工，年底即告竣工。新建的打浦路路幅增至23米，设置二快二慢四车道，两个港湾式停车站，地下设施包括供水、排水、煤气、电力、通信和交通信号等10余条地下管线。

徐家汇路下立交。徐家汇路下立交西起徐家汇路泰康路口，往东穿行徐家汇路重庆南路交叉口，至马当路口。为上海市"交通排堵报畅通"重点工程之一。由铁道部第一勘测设计院设计，腾达建设集团股份有限公司施工。2002年12月10日开工，2003年12月13日交付使用。地道分别由南北两条独立双车道组成。

轨道交通（地铁）建设。多条地铁在打浦桥汇聚，主要有：地铁9号线，设打浦桥、马当路等站。地铁9号线是上海轨道交通网络中重要的市域级骨干线路。一期工程（松江新城—宜山路）于2007年12月29日建成试运营，二期工程（宜山路站—世纪大道站）于2009年12月31日建成试运营。地铁9号线西南起自松江区松江南站站，途经闵行区、徐汇区、黄浦区、浦东新区，联通松江新城、徐家汇副中心、陆家嘴金融贸易区、世纪大道枢纽、金桥出口加工区、曹路大型居住社区等多个重要区域和客流集散点，东至浦东新区曹路站。（图6–15）

图6–15，地铁9号线打浦桥站1号口（摄于2017年10月25日）

地铁13号线，在本区域内设有马当路等站。2008年12月28日，地铁13号线开工建设一期工程（金运路站至南京西路站）。2010年4月20日，作为上海地铁世博专线的马当路站、卢浦大桥站（现世博会博物馆站）、世博大道站等开通运营。全线贯通后的地铁13号线，线路西起嘉定区金运路站，途经普陀区、静安区、黄浦区，终点为浦东新区张江路站。（图6–16）

图6-16，徐家汇路地铁9、13号线马当路站1号进出口（摄于2017年10月24日）

  地面、地下、高架相结合的立体交通网络逐渐形成，围绕着重大的市政建设，投入的人力、物力、财力之大，规模空前，打浦桥街区面貌为之一新。

  市政先行，不仅仅体现在开道筑路上，短短几年里，这里先后兴建了总容量8万门的鲁班电话局、3.5万伏的新肇嘉浜变电站、鲁班邮电局等十几个配套工程，还在寸金之地增辟了3万平方米的公共绿地。1992年，随着淮海路商业街的改造，卢湾体育馆被拆迁。当时的卢湾区政府就以这笔土地置换获得的资金为基础，在肇嘉浜路上建起2万多平方米的新的卢湾体育馆。为此，《人民日报》曾以"第一个'吃螃蟹'的"来比喻卢湾区在建造体育馆的做法：

第一个"吃螃蟹"的是卢湾区。1992年,随着淮海路商业街的改造,曾是解放前上海唯一的体育馆——卢湾体育馆被拆迁。区政府就以这笔土地置换获得的资金为基础,在肇嘉浜路上建起2万多平方米的新的卢湾体育馆。[1]

新的卢湾体育馆成为肇嘉浜路上识别度很高的地标性建筑。(图6-17)

这一时期打浦桥街区更新,还体现在对旧区的大规模改造。针对旧街区的"物质性衰退",随着时间的推移,一些建筑物和设施超过了其使用年限,结构开始破损腐朽,设施逐渐陈旧简陋,无法再行使用,这是历史街区的自然老化。有鉴于此,有关部门采取适当的措施与手段进行保护性的旧区改造:推进以拆除危棚简屋为重点的旧区改造,对区域内具有历史文化保护价值的地区和街坊予以更新改造,在保护优秀建筑遗产、延续原有街区风貌的同时,进行合理的开发利用。

打浦桥旧区改造,主要集中于1992年至2000年,累计拆除各类房屋20余万平方米,动迁居民2万余户,合计竣工建设项目42个,竣工建筑面积165万平方米,完成投资91

图6-17,卢湾体育馆(摄于2017年10月24日)

---

1 《改革的思路——八运会前奏曲之一》,《人民日报》,1997年10月9日,第1版。

图6-18，打浦桥街景图（海兴广场一带），从斯格威铂尔曼酒店顶层拍摄（摄于2017年9月29日）

亿元。[1] 1997年12月18日，打浦桥地区最后一间危棚简屋铲倒。

从20世纪90年代起，经过大规模的土地批租、危房改造、填浜拓路、工厂转产、招商引资与结构调整，打浦桥地区形成了区域性的商业中心。商贸物流、商务服务、房地产服务、零售餐饮、休闲娱乐等行业集聚，海华花园、海丽花园、瑞金花园、天天花园、国信广场、海兴广场、莱兴广场、金玉兰广场、泰琪峰、日晖港筑路绿化工程、斜土电话局、卢湾体育场、碳酸钙厂转产改造等工程相继竣工，打浦桥地区商贸中心框架基本形成。（图6-18、图6-19）

大规模的街区改造与更新，促使打浦桥街区的功能、结构不断变化，整体的布局规划也处于调整完善之中。打浦桥逐渐成为服务型商业和中高档住宅集聚的区域中心。传统制造业明显淡出，商业结构调整稳步推进，商业、商务资源不断优化，现代服务业发展能级逐渐提升。

一个崭新的打浦桥诞生了。

在街区更新的历程中，打浦桥涌现出一批新建筑，形成了新的街区景观。这里，介绍其中的几处：

金玉兰广场。为打浦桥地区的一个新地标。位于打浦路1号和15号，由美国JY建筑规划设计事务所和华东建筑设计研究院联合设计。业主是上海金兴房地产发展有限公司，1998年起开始建造。占地4.06公顷，总建筑面积28万平方米，包括一幢高192米（52

---

1 详见《卢湾区志（1994—2003）》编纂委员会编：《卢湾区志（1994—2003）》，上海人民出版社2008年版，第117页。

打浦桥：上海一个街区的成长

图6-19，金玉兰广场（摄于2009年3月6日），选自徐逸波、翁祖亮、马学强主编《岁月：卢湾人文历史图册》

图6-20，金玉兰广场（摄于2008年8月7日），选自徐逸波、翁祖亮、马学强主编《岁月：卢湾人文历史图册》

层），建筑面积9.7万平方米的上海仕格维丽致大酒店（SKYWAYLANDS），一幢建筑面积3.7万平方米的25层写字楼，一幢建筑面积3.2万平方米的23层商务楼，三面围合成3 665平方米的大型露天上升式广场，共同组成一个共享空间的高档综合楼群。（图6-20）

卢湾体育中心。地处打浦桥地区，建国西路135号，由卢湾体育馆、卢湾网球中心、张德英乒乓中心、育兴体育娱乐中心等场馆组成。其中卢湾体育馆是一座可容纳3 500名观众的现代体育馆，可举办篮球、排球、手球、羽毛球、五人制足球和举重、武术等比赛项目，也可举行大型文艺演出及各类综艺活动。卢湾体育中心环境优美，绿化葱郁，空间开阔。南北广场向市民开放，满足市民强身健体的需求。

日月光中心广场。位于打浦桥地块，北临泰康路，南至徐家汇路，西邻瑞金二路，东侧为已开发的一些高层公寓及办公楼，不远处为南北高架路，是一家集商业零售、综合办公、公寓住宅、美食广场于一体的大型综合商业体。

日月光中心广场一期项目2003年启动动迁，2007年初结合9号线地铁站点开工，2010年底整个项目竣工交付使用。该广场最大的商业经营优势是将轨道交通9号线打浦桥站与地下商业空间结合。在商业业态上，日月光中心广场打破了常规单一的规划模式，形成数码电子、服饰百货、美食博览等三种业态互为补充、错位经营的商业格局。日月

图6-21,正在建造的日月光广场(摄于2010年3月11日)

光中心广场的建设有效弥补了该区域内欠缺大型标志性商业设施的不足。其中一期位于55街坊,二期项目为瑞金二路西侧、肇嘉浜路以北的52街坊。(图6-21)

  日月光中心商场2010年落成开业,商场从地下二层到地上五层共七个楼层,拥有14万平方米,由时尚服饰、餐饮娱乐、教育培训等多元化业态组合,结合百货商场的高效布局以及购物中心的舒适环境,打造一站式吃喝玩乐约会地。时尚潮流、年轻活力、亲和大众,给时尚品牌提供了宽敞舒适的购物空间,为消费者提供更多的购物选择,少女装、少淑装、皮具鞋包、中性休闲服、运动品牌、黄金珠宝、男装、童装童品、家居用品、美容美发、护肤、钟表、眼镜、餐饮、数码电子等各式商品满足不同消费者的需求。

  当下各种商业形态日新月异,更新频繁。日月光广场虽开业不久,但紧跟时代潮流,进行了多次调整。开业初期,服饰百货、餐饮娱乐、数码产品"三元业态齐头并进",此

后加大餐饮与零售业态比例。2014年以来，日月光中心广场持续强化其餐饮业态，突出综合性功能。（图6-22）

打浦桥在改造旧街区的同时，着力打造特色鲜明的新商业结构框架，建立与现代化居住园区相适应的新商贸格局，逐渐形成以大型高档楼盘餐饮为主的区域性娱乐休闲中心，成为位于上海中心城区的一个重要商业中心。

图6-22，日月光中心广场（摄于2019年3月12日）

第三节　创意"打浦桥"

创意产业,又叫创意工业、创造性产业、创意经济、文化产业或"创造性创业"等。[1]进入21世纪后,创意产业在全球范围迅速崛起,并逐渐成为许多发达国家和地区最重要的支柱产业之一。近年来,不少发达国家和地区创意产业的发展无论在产值抑或在就业人数上基本上都快于总体经济增长水平,显示出创意产业强劲的发展势头和广阔的发展前景。

位处中心城区,具有独特的区位优势与深厚的文化底蕴,是打浦桥街区发展创意产业的基础与条件。由于本身的地域资源较小,土地资源的不可复制限制了房产开发,但街区内空置的旧工业厂房、一些富有生活气息的老居民区却为创意产业发展提供了契机。与此同时,区域内诸多的高档楼宇、商业街、历史保护建筑,为打浦桥带来了大量的人流,由此带来稳定的商业消费,为创意产业提供得天独厚的空间资源。

建国路沿线在20世纪90年代以前是这一带工厂较为密集的区域之一,打浦桥便充分利用区域优势,把闲置的旧厂房和旧仓库进行改造,在对老工业厂房改造中,利用存量资源,注入时尚、个性的建筑元素,吸引一些创意工作室入驻。这一做法不仅保护了历史建筑,保留了城市发展的文化底蕴,同时又能构建起融合现代服务业与先进制造业的创意智能平台。[2]

打浦桥在发展创意经济的同时,也有了"创意打浦桥"之称,这里的"田子坊""8号桥""智造局"等早已声名远播。

田子坊传奇

位于泰康路的"田子坊",它的"前世"值得回顾。近代,这里分布着天成里、薛华坊等,分属不同的里弄住宅区,天成里位于贾西义路(今泰康路)248弄,而薛华坊位于薛华立路(今建国中路)155弄,之所以把它们联系在一起,主要基于两点考虑:(一)彼此贯通,从建国中路穿过这两个住宅区,可到达泰康路,其间街坊相通,里弄相接。(二)更重要的是以天成里—薛华坊为中心,这一带的街区呈现出比梅兰坊、万宜坊更复杂的情形,突出的一点就是这里的居民里弄住宅与工厂、作坊相互混杂,居民住宅

1　详见厉无畏:《创意改变中国》,新华出版社2009年版,第1页。
2　何增强、花建:《创意都市:上海创意产业发展之路》,百家出版社2007年版,第103页。

区内外分布着大量的小工厂、小作坊。

天成里，为旧式里弄住宅，砖木结构，多为两层，开间单双兼有，有数十幢，共有47个号，建造于1927年前后。里弄曲折，其中不少里弄房子用于开设工厂、作坊，如11—13号为文谊笔厂，42号为华昌机器厂，等等。此外，34号为乐善于堂，30号为天成小学。[1]

薛华坊，位于今建国中路155弄2—18号，为新式里弄，混合结构，3层计17幢，建筑面积2 430平方米，于1930年建造。[2] 今建国中路155弄35号的四幢房子，位于薛华坊内的长留邨，当时的门牌为21号至24号。1941年11月，经营绸业的宁波商人葛祖镐从孙斯馨手中购得这四幢房子，计三层楼三间二厢房一宅，二层楼二间一厢房一宅，广式单间楼房两宅。[3] 长留邨25号为远东面包公司，不远处为远东面包饼干厂。薛华坊内也开设有多家小作坊。

天成里和薛华坊的周围还有平原邨、志成坊（与肇周路上的志成坊同名）、和平里、发达里等，这些住宅均建造于19世纪二三十年代。其中的平原邨，位于泰康路274弄，东接天成里，北邻薛华坊，为旧式里弄建筑，砖木结构，建造于1929年，每幢房屋的建筑面积多在70—80平方米之间（78平方米较多）。天成里的东、南面集中了各种各样的中小企业，东面的泰顺路210弄有大中工业社、天然味精厂（附一大晒场）、海华制革厂（附一晒场）、永明瓶盖厂、合丰帽厂，再往东就是亚美化学股份有限公司、康福织造厂、久华绸厂等；南边过了泰康路，企业更多，如唐寅记切纸厂、福华烟草公司、乾康酱栈、上海铅笔厂、美泰化学工业厂等，再过去就是华界了。这当然是1949年以前的格局，此后有所变化，如泰康路210弄2号，为大中制针厂；泰康路210弄6号，为上海华美无线电厂；泰康路210弄7号是公私合营大明胶布制品厂；泰康路210弄12—23号，则为仁记。从生活设施的分布来看，薛华坊一带相对较少，靠建国中路口仅有两三家小店，而天成里的弄堂口（靠泰康路）可谓热闹，从东而西，依次有陈记木器店、史永记木作、顺兴菜馆、钱顺兴豆腐店、广泰新、新泰兴号、夏氏酱室、张合兴、盈丰当、万源泰烧酒行、万兴烟纸店、同心堂国药号、东方美容室，这些店铺大多与里弄居民的日常生活有关。薛华坊、天成里，与平原邨、志成坊等彼此相通，一些生活设施、公共建筑可以是共享的，这一街

---

1 详见相关房地产档案及《上海市行号路图录》（下册）。
2 参见相关房地产档案。
3 建国中路155弄35号的四幢房子，坐落在法租界薛华立路第155弄，法册道契第1070号，即法公董局地册第A5158号基地六分六厘九毫连同该地上建筑物，当时的门牌为第21至24号。葛祖镐，浙江宁波人，1925年来上海，在北京路泰源永绸庄学业，学徒期满为职员，长期经营绸业，后开设春和永呢绒店，雇用职工16人。

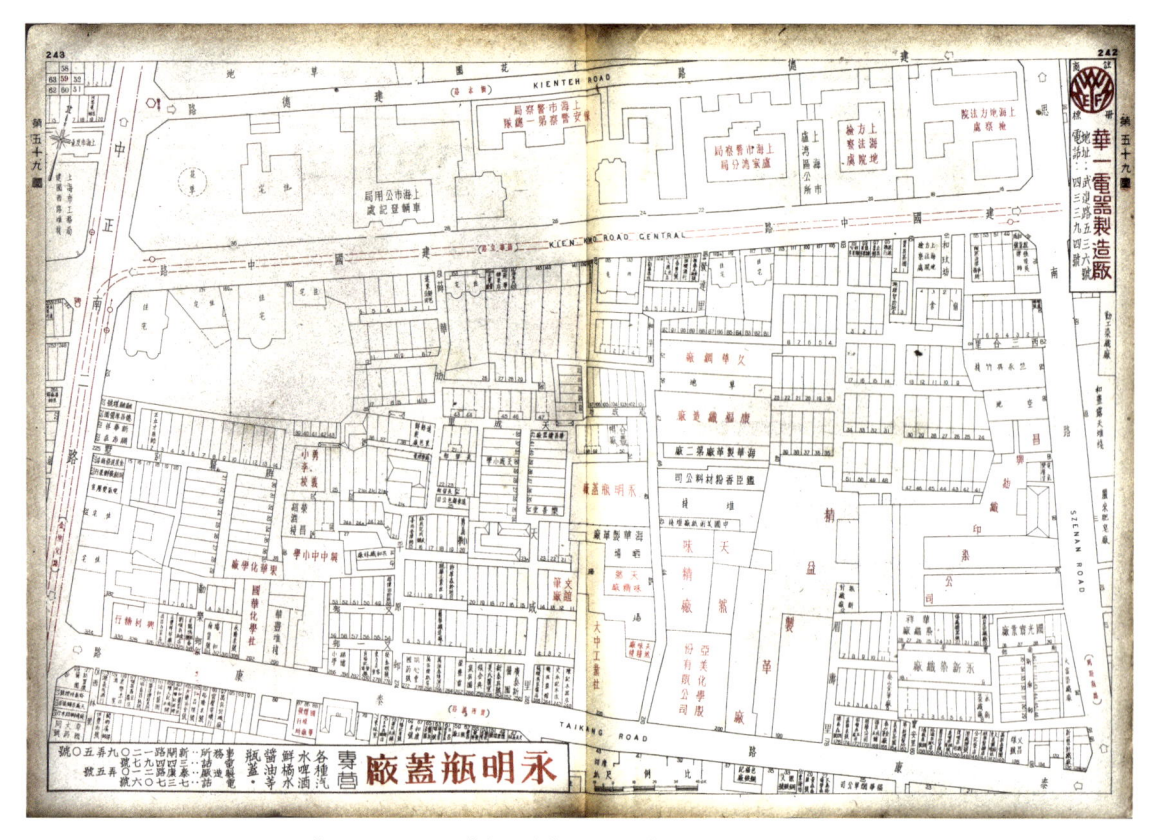

图6-23，泰康路一带街区图，选自《上海市行号路图录》（下册）"第五十九图"

区的格局与氛围也就在这样的发展中有意无意之间自然地形成了。（图6-23）

后来，泰康路成为打浦桥地区的一个马路集市，弄堂里分布着一些闲置厂房。一条弯弯曲曲的弄堂，不过400多米，却聚集了上海人民针厂、上海食品工业机械厂、上海钟塑配件厂、上海新兴皮革厂、上海纸杯厂、上海华美无线电厂等诸多弄堂工厂。

1998年9月，泰康路马路集市入室后，对泰康路的路面进行重新铺设，并依据打浦桥地区的功能定位，开始实施特色街的工程。12月底，一路发文化发展公司首先进驻，揭开了建设泰康路艺术街的序幕。不久，陈逸飞等艺术家和一些工艺品商店先后入驻泰康路210弄，在一些闲置厂房办起工作室、展示艺术品，燃起了上海文化创意产业的星星之火，同时也帮助部分企业走出长期停滞的困境。后来画家黄永玉根据中国古代画家田子方之姓名，取其谐音，将泰康路210弄命名为田子坊。[1] 弄内旧厂房经过改造，形成了

1　徐建刚主编：《上海改革开放三十年》，上海人民出版社2008年版，第325页。

图6-24，泰康路244号（摄于2019年3月12日）

以视觉艺术、环境艺术、工艺艺术、室内设计、商品设计等为主体的创意产业和时尚活动基地，并逐渐发展为上海最具规模的视觉创意设计园区和视觉设计人才"孵化器"，是公认的上海创意产业发源地。（图6-24）

田子坊的出名，极富传奇色彩。按照原先规划，泰康路在旧区改造中被列入拆迁范围，有的地块甚至已抵押给房地产商。《人民日报》曾有报道："按当前市中心的房价，这里建成商品房或商务楼，每平方米至少在11 000元以上。巨大的经济利益，直接威胁着这两个已有集聚效应的文化创意产业基地的生存。泰康路的改造，开发商已拿出征求意见的方案：旧建筑全部推倒，建四幢高层高档住宅楼和一幢商务楼，那是数十亿元的收入。"[1]（图6-25）老街区、老房子的去留，面临着一次次艰难的

图6-25，《上海"苏荷"前途未卜》，《人民日报》2004年8月17日，第16版

---

[1] 《上海"苏荷"前途未卜》，《人民日报》2004年8月17日，第16版。

图6-26，田子坊（摄于2017年10月24日）

选择，这里的人们后来从一些老厂房、老仓库案例的变迁中受到了启发。于是，有了"创意石库门"这些概念的诞生。曾任全国政协副主席、原上海社会科学院部门经济所所长的厉无畏曾有这样一段评论："保留泰康路和莫干山路，不是维持现状，而是根据城市的发展进行重新规划设计，在保护旧里弄、老厂房和发展创意产业前提下，合理开发和扩展这个地块的功能，与不断完善的城市功能接轨。开发的主要方向是对它们进行升级改造和扩大规模，形态上继续渲染其创意产业发展的环境和氛围，为创意产业设计机构的进一步集聚打下基础。"[1]

2006年，田子坊被评为中国最佳创意产业园区，是全上海75家创意产业园区中获此殊荣的唯一一家。[2] 2008年，由区政府直接管理推动的田子坊管委会正式挂牌，进一步推动了田子坊健康、有序、持续发展。目前，该基地已成为上海建立最早、知名度最高的创意产业集聚区之一。（图6-26）

---

1 《上海"苏荷"前途未卜》，《人民日报》2004年8月17日，第16版。
2 上海市卢湾区档案局（馆），上海市卢湾区地方办公室编：《卢湾年鉴2007》，上海辞书出版社2008年版，第50页。

图6-27，8号桥南部（摄于2019年3月12日）

蜚声海内外的"8号桥"

距田子坊不远，建国中路上这时也悄然兴起创意产业。位于建国中路8号的原上海汽车发动机厂，有在20世纪50—80年代建造的厂房8栋，建筑面积1万余平方米。[1]在上海市经委和有关控股集团公司的大力支持下，有关部门全力推动华轻集团公司和时尚生活公司对其进行全面改建。2003年底，上海产业咨询服务园、上海（国际）产业转移咨询服务中心和上海市工业开发区招商服务中心"一园两中心"在这里相继建成。2004年，又按照建设创意产业集聚区的要求，在上海产业咨询服务园中建设上海时尚创作中心，同年12月27日，上海时尚创作中心即"8号桥"落成。（图6-27）"8号桥"占地面

---

[1] 徐建刚主编：《上海改革开放三十年》，上海人民出版社2008年版，第325页。

积 1 万平方米，集设计、展示、商务洽谈、品牌推广活动、企业注册咨询、信息交流、教育及培训为一体，园区建立的具有创意产业特色的信息化综合应用门户平台，为入驻企业创造了良好的信息服务环境。"8号桥"创意产业园区实现了"创意产业化，产业创意化"的良性循环，并形成了由"三个不变"带来的"五个变化"的联动效益，即：土地属性不变、产权关系不变和厂房结构不变，带来产业内传统制造业向现代服务业的变化，从业人员结构内蓝领工人向自由职业者、创业者、金领的变化，从业方式由手工劳动向用脑或头脑风暴形态变化，文化由单一文化向多元化变化，成为集聚现代服务业和创意经济的标志性项目。[1]"8号桥"以其独特的历史底蕴、时尚元素和软硬件设施得到了社会各界的关注，陆续吸引了包括设计金茂大厦的S.O.M、设计新上海国际大厦的B+H、香港导演吴思远的电影后期制作室等50多家时尚设计、咨询、广告、影视制作等国际国内知名的具有创意特点的企业的入驻。[2]2008年园区税收达到2 069.55万元，比上年上升35%。[3]2010年1月14日至17日，中共中央总书记、国家主席、中央军委主席胡锦涛来到上海市考察工作，其间来到"8号桥"创意园区进行考察：

> 位于卢湾区繁华地段的原上海汽车制动器公司一片闲置厂房经过6年多开发，建成了闻名上海的"8号桥"创意园区。有关负责同志向前来考察的胡锦涛介绍，目前已有境内外71家企业入驻园区，涉及建筑及室内设计、服装设计、广告、咨询、影视制作等行业。走在园区内，一件件造型时尚的生活用品，一幅幅灵感四溢的艺术创作，一个个风格造型新锐的设计方案，吸引了总书记的目光。胡锦涛走进一家英国设计公司的工作室，同公司员工交谈起来，了解这家公司在园区创业的感受和业务发展的情况。总书记对当地负责同志说：创意产业蕴藏着巨大发展潜力。要进一步做好园区规划，不断完善服务体系，努力营造创新氛围，真正把创意产业打造成上海经济发展的新亮点。[4]

"8号桥"创意园区蕴藏着巨大的发展潜力。"8号桥"南片位于打浦桥辖区。

---

1 何增强、花建：《创意都市：上海创意产业发展之路》，百家出版社2007年版，第103、104页。
2 何增强、花建：《创意都市：上海创意产业发展之路》，百家出版社2007年版，第104页。
3 上海市卢湾区档案局（馆）、上海市卢湾区地方办公室编：《卢湾年鉴2009》，上海辞书出版社2009年版，第99页。
4 新华社上海2010年1月17日电，据《解放日报》2010年1月18日，第1版。

"智造局"后来居上

与此同时,服务外包也逐渐兴起,作为当时卢湾区首个服务外包示范园区的"智造局"于2007年8月31日落成。"智造局"前身为上海紫光机械厂,位于丽园路以南、蒙自路以东。自20世纪80年代起,该厂房通过一系列的加建、新建及扩建改造,逐步形成厂区现有的建筑风格及布局。现占地面积约8 700平方米,总建筑面积约2.3万平方米。"智造局"致力于打造一个以各类外包服务商务办公为核心,以公共信息服务中心为交流平台,以办公管理、商业管理、信息管理为配套辅助功能的现代化国际服务外包产业园区,提供多样化、人性化的办公空间,[1] 至2008年年底,智造局签约入驻企业已达54家。[2] 近年来,又有了新的发展。(图6-28)

"田子坊""8号桥""智造局"等创意产业集聚区的形成,对推动打浦桥创意经济发展起到了带动效应,越来越多的国内外知名设计、广告、传媒和咨询等创意类服务外包企业纷纷入驻打浦桥,有力助推这一街区的产业调整与转型,加快社会经济、文化事业全面发展。

图6-28,"江南智造"(摄于2019年3月8日)

1　上海市卢湾区档案局(馆)、上海市卢湾区地方办公室编:《卢湾年鉴2007》,上海辞书出版社2008年版,第95页。
2　上海市卢湾区档案局(馆)、上海市卢湾区地方办公室编:《卢湾年鉴2009》,上海辞书出版社2009年版,第104页。

第四节 打浦桥街道：全国第一个街道社区服务中心

1996年5月24日，经上海市人民政府同意，将卢湾区原8个街道办事处撤建为打浦桥、五里桥、瑞金二路、淮海中路4个街道办事处，其中，撤销卢湾区打浦桥街道办事处、丽园路街道办事处、顺昌路街道办事处，建立新的打浦桥街道办事处，其管辖范围，东至肇周路、制造局路，南至斜土路，西至日晖东路、肇嘉浜路、陕西南路，北至建国西路、建国中路、建国东路，办事处设在斜徐路692号。[1]（图6-29、图6-30）

图6-29，卢湾区人民政府文件，卢府（1996）55号，《关于调整街道办事处建制的通知》（1）

图6-30，卢湾区人民政府文件，卢府（1996）55号，《关于调整街道办事处建制的通知》（2）

---

1 "卢湾区人民政府关于调整街道建制的通知"，据上海市卢湾区人民政府文件，卢府（1996）55号文件，1996年5月24日。

图6-31，打浦桥街道办事处，南塘浜路103号（摄于2017年9月29日）

2000年2月，打浦桥街道办事处迁至南塘浜路103号。（图6-31）

一、第一个街道社区服务中心

街道社区服务中心，是典型的地域性社区服务中心和街道地域范围内社区福利服务的中心组织，开展以街道地域社区为基础的福利服务。

20世纪80年代末90年代初，上海的经济发展才刚刚开始起步，打浦桥街道办事处的经济状况十分拮据，但是社区服务却真正开展起来，其标志便是1989年9月23日，中国第一个街道社区服务中心——打浦桥街道社区服务中心成立，并成立居委会社区服务分中心。（图6-32）

打浦桥社区服务中心创造了5个上海市第一：第一个社区服务中心和第一个10大服务系列，包括老年人、残疾人、拥军优属、便民利民、社区文化教育、医疗卫生服务等。社区服务中心的建立和服务人口向全社会有需要的人口扩展是打浦桥社区服务决策结构对居民需求的确认。第一个社区服务协调会和第一个志愿服务者协会的成立，表明服务策划者已经意识到组织化、制度化的措施对于聚集社区内的组织性资源和社区成员

图6-32，打浦桥街道社区生活服务中心（摄于2019年3月12日）

参与社区服务的重要性。第一条24小时电话服务的策划，成为全街道社区服务供求信息接受、传递和服务提供的有效工具，以及和它联网的各居委会分中心服务电话以及服务项目。[1]

打浦桥街道在社区服务理念和规范管理等方面的进步，使得社会服务中心的工作出现了一种新的局面，当时打浦桥地区出现了"有问题找社区服务中心，没有事情做的人找社区服务中心"的局面。1992年7月15日，时任民政部副部长阎明复来打浦桥调研、考察，对打浦桥街道社区服务高度评价，并题词："全心全意为人民服务的榜样，社区服务的先驱"。

2011年6月，打浦桥街道新成立打浦桥街道社区生活服务中心，将社会生活服务提

---

[1] 谢泽宪：《20世纪80年代以来中国城市本土社会工作的发展——以上海市卢湾区社区服务为例》，《社会工作》2004年第1期。

升至新层级。自2011年6月30日正式开业以来,平均每年服务5.2万余人次、创收近60万元。按照"市场无法满足,居民确实需要,政府必须承担"的功能定位,围绕"便民、利民、惠民"服务宗旨,在准确掌握社区需求基础上,合理规划服务项目,确保供需匹配。(图6-33)

目前中心面积680平方米,提供理发、灶具修理、钟表修理、装潢维修、衣物洗熨、裁缝、家政服务、养老合作社、家电维修、棉花胎加工、皮具清洗、锅具箱包维修、修鞋、修配钥匙、衣物织补、眼镜修配、磨刀修伞、南汇蔬菜直供、橙色小屋、日常捐赠接收等20项便民服务,服务项目受到群众欢迎。比如:中心提供的棉被翻新服务,在许多社区几近销声匿迹,通过广泛宣传推介,这项服务吸引了大量社区居民,有的甚至从郊区远道赶来。围绕社区服务群众工作,市、区领导多次到中心实地调研。

2017年4月20日,街道联合区市场监管局,在中心设立"橙色小屋"食品快检服务站,可以对蔬菜、水果、肉类、水产品、食用油等食物进行快速检测,方便社区居民就近随时了解购买食品的安全系数,对阳性检测结果的食品,中心将依法处置,并对相关商家给予相应处罚。

图6-33,打浦桥街道社区生活服务中心内景(摄于2019年3月12日)

中心积极延伸服务触角。针对老年人、残疾人等特殊人群，中心积极延伸服务，开展助老扶残专场、"学雷锋"免费服务专场、"便民服务进社区"季度专场等活动，并为孤老、卧床老人、日托所老人上门理发，把生活服务有效延伸到社区。此外，对老年人、残疾人和远途客户，做到当日服务、当日完成，减轻特殊人群路途往返负担。

二、发展社区文化事业

在上海，绝大多数街道都曾建过图书馆、健身苑、活动室等各种公共文化设施，但至少有40%的居民从未踏入过这类公共场所。为了降低运营成本，不少场馆或外包或自营变身成为"棋牌室"。

为破解基层公共文化场馆运营难题，在分类推进事业单位改革过程中，上海市黄浦区打浦桥街道大胆进行体制改革，依托社会专业力量建设和管理社区文化活动中心，打造老百姓喜爱的公共文化服务设施，推动社区文化大发展。

2006年，打浦桥街道酝酿建设社区文化活动中心，在分析比较的基础上确立了政府出资购买服务，社会组织运作的专业化管理模式，并选择了上海华爱社区服务管理中心作为运营机构，街道党工委、办事处则由直接组织者变为指导监督者。（图6-34、图6-35）

街道与华爱签订服务合同，由街道承担活动中心的基本运营费用；为丰富中心的活动内容，华爱可以依据居民的需求引入10%左右的低收费项目，但必须按一定比例发放照顾困难群体的免费券。此外，街道还组建了由社区居民代表、华爱和街道办事处三方组成的管委会，共同听取华爱通报每周活动和收费比例，并检查财政执行情况；而每半年一次的群众评估结果还与华爱的项目管理费、奖励和能否续约直接挂钩。[1]

明确了"社会化、专业化"的思路，运营机制、资产管理机制、监管机制、决策机制随之改变，社区文化中心面貌为之一新。街道把中心的物业委托给热心社区公益和具有先进管理理念的上海金玉兰物业管理有限公司，彻底改变了公益设施政府建、政府管的模式，提升了公共文化设施的硬件服务质量。

沪剧大家唱、声悦打浦、社区艺术节、青年白领"午间一小时"、打浦桥话剧社、浦墨书画社、亲子园、暑托班、和韵民乐团、管弦乐队……社会组织丰富的社区服务管理经验、广泛的社会资源和专业的人才队伍，为社区文化活动中心注入了活力，提高了软件服务水平。（图6-36、图6-37、图6-38、图6-39）

---

1 《打浦桥街道引入专业机构管理社区文化活动中心》，《文汇报》2006年9月5日，第2版。

图6-34，打浦桥街道社区文化活动中心（摄于2019年3月8日）

图6-35，打浦桥街道社区文化活动中心内景（摄于2019年3月8日）

图6-36,打浦桥街道社区文化活动中心,正在举行活动(摄于2019年3月8日)

图6-37,打浦桥街道青年中心(摄于2019年3月8日)

图6-38,亲子园(摄于2019年8月27日)

图6-39,设在打浦桥街道社区文化活动中心的图书馆(摄于2019年3月8日)

三、打浦桥街道主要职能部门及所辖各居委会

打浦桥街道主要有以下职能部门：

党政办公室：负责做好会议、文书、大调研、财务、审计、法制、机要、档案、保密和信息化、工作督办、后勤保障、应急联络、值班值守等机关党务和行政事务工作，统筹落实社区发展。负责人大代表、政协委员的联络和服务工作。牵头协调跨部门（科室）工作和无责任主体的其他工作。归口管理人民武装。

干部人事办公室：负责机关、事业、社工等干部队伍人事管理和老干部工作。归口管理纪检监察。

社区党建办公室：负责社区党的建设，开展区域化党建、"两新"组织党建和居民区党建工作。负责党代表的联络和服务工作。负责宣传（精神文明）、意识形态、统战工作。归口管理总工会、共青团和妇联。

社区管理办公室：负责组织协调和整合各类行政资源和专业资源共同推进社区管理。对社区中涉及专业管理类、行政执法类事务，督促、协调职能部门组织实施，如城市建设和管理、市容绿化、环保、民防、爱国卫生、防汛防台等工作。

社区服务办公室：负责落实劳动就业（和谐劳动关系）、医疗保障、低保救助、住房救助和保障、帮困助学、残疾人帮扶、为老服务、退役军人事务（双拥优抚）、公共卫生、计划生育、红十字会工作等社区基本民生保障。负责通过调动政府公共资源开展社区公共服务等工作。

社区平安办公室（信访办公室）：负责平安建设、社会治安综合治理、安全生产、社区防灾、信访稳定等工作的综合协调。配合做好实有人口管理工作。

社区自治办公室：负责指导基层自治和居委会建设。负责开展对居委会、业委会等社区内各类组织指导、服务工作。指导居委会、业委会换届选举工作。负责扶持和培育社会组织，引导群众团队健康发展。负责"零距离"家园建设。

社区发展办公室：负责社区教育、文化、体育、科普等社会事业发展工作。负责优化营商环境和安商留商工作。负责旧区改造（动拆迁）、落实政府实事、参与社区规划、服务驻区单位等。[1]

如今的打浦桥街道，是一个位于中心城区的宜商宜居街区。辖区面积1.59平方公里，有17个居民区。

---

1 相关资料由打浦桥街道提供。

表6-1　打浦桥街道所辖各居委会

名　称	地　址	电　话
建一居委	肇周路384弄1号105室	63285055
建三居委	建国东路143弄18号	63843481
建五居委	徐家汇路388号104室	63855034
建中居委	建国中路155弄13号	64736573
肇东居委	瑞金二路410弄5号106室	54650223
徐一居委	徐家汇路76弄17号	63262688
徐二居委	顺昌路612弄31号前门	63283142
局后居委	局门后路11号107室	63011296
丽一居委	制造局路208弄2号102室	53075072
丽二居委	丽园路710弄10号三楼	63013233
蒙西居委	蒙自西路50号	63059578
大同居委	鲁班路168弄9号102室	63044513
银杏居委	丽园路842弄41号102室	63013352
锦海居委	打浦路90弄1号104—105室	63035505
泰康居委	徐家汇路454弄46号乙底楼	64730300
汇龙居委	徐家汇路515弄4号202室	53014447
南塘居委	丽园路1016弄5号101室	63047500

资料来源：上海市黄浦区打浦桥街道提供，2019年8月。

打浦桥街道区位优势日益凸显，逐渐形成了"三个集聚"：

一是国家级创意园区集聚，包括田子坊、智造局、八号桥、盟智园等，融城市记忆与创意产业于一体。二是现代化建筑集聚，尤其是高档商品房，台资企业开发的日月光商务中心是国内首个"地铁上建商业广场"的大型综合商业体（图6-40）；拥有LEED金级认证的上海中海国际中心与LUONE凯德晶萃广场共筑新一代城市综合体。三是优质科教文体资源集聚，有区文化馆、白玉兰剧场、卢湾体育馆、区青少年活动中心等，包括各类学校。

打浦桥街道的地区形态、人口结构、工作基础较好，发展比较均衡。街道特色工作主要是：

业委会建设　辖区内共有应组建业委会的居民小区66个，其中商品房小区43个，系统房小区9个，直管公房小区14个，目前已组建业委会63个，业委会建设已成为基层建设的重要内容，2016年上海市委办公厅内刊了《黄浦区打浦桥街道着力推进业委会组织化、规范化、自治化建设，提升社区治理水平》建设经验。

养老服务　构建综合养老服务体系，引入智慧养老信息化平台，打造以综合为老服务中心为枢纽，辐射长者照护之家、日间照料中心、老年食堂、生活服务中心等养老机构的"10分钟为老服务圈"，加强专业化管理，提供助医、助餐、助洁、助浴服务，满足社区老人多样化、个性化、品质化的养老需求。

社区文化活动中心　采用社会化、专业化管理，年均服务约66万人次，2014年获评"全国优秀文化站""上海市中国梦主题群众性社会宣传教育活动优秀集体"，2015年中心服务机制获评"上海市公共文化建设创新项目"，2016年获评"5A级社会组织""上海市十大最佳示范图书馆"，2017年获评"上海市文明单位"，2018年获评"上海市示范文化活动中心"。（图6-41）

"驻点工作日"　每周三，街道全体机关干部下到居民区开展工作，现场接待群众，协调解决问题。在群众路线教育实践活动中人民网等作了专题报道。

此外，人民调解、信访、计生、台侨、民族、妇儿、青年等工作在全区名列前茅，部分工作在全市具有一定代表性和影响力。

近几年，街道获评"国际安全社区""全国未成年人思想道德建设先进单位""全国综合减灾示范社区""全国示范性青少年综合服务平台""全国计划生育协会工作先进单位""上海市生活垃圾分类示范街道""上海市无违建先进街道""上海市民族团结进步标兵集体""上海市爱国拥军模范街道""上海市示范文化活动中心""上海市诚信计量示范街区""上海市平安示范社区""上海市社区教育示范街道""上海市科普示范街道"等多项荣誉。

打浦桥：上海一个街区的成长

图6-40，日月光广场（摄于2017年10月24日）

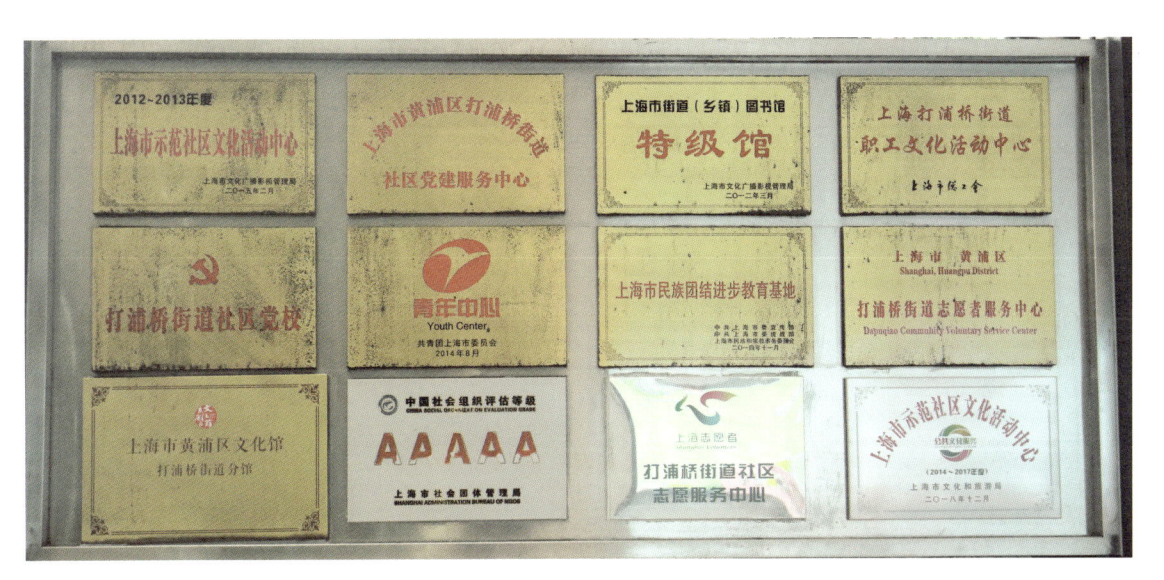

图6-41，打浦桥社区文化活动中心被评为"5A级"社会组织，获得各种荣誉（摄于2019年8月27日）

第五节　绘制打浦桥"文化地图"

打浦桥作为位于上海中心城区中的一个街区，其形成与发展具有独特性，街区内文物遗存丰富多彩，分散在各处的各种各样的有着历史文化价值的建筑物、建筑群、历史街区，是打浦桥作为一个历史街区内涵特色的集中表现。拥有较多文化遗产的历史街区，是上海城市记忆中保存最完整、最丰厚的部分，这是城市居民需要共同守护的精神家园，它既体现了传统人文的价值，同时又构成了现实生活场景中人们的重要背景。

一、上海城市新名片："田子坊"

泰康路所在的街区，北至建国中路、南至泰康路、东至思南路、西至瑞金二路，占地7.2公顷，核心区"三巷一街"（泰康路210弄、248弄、274弄和泰康路沿街）约为2公顷。这个地块形态基本形成于20世纪20年代。历史上街区处于法租界和华界的过渡地带，适应于各个阶层居住，建筑类型丰富，既有花园住宅区，也有普通新式里弄，还有棚户简房，同时有20世纪50年代兴建的典型的弄堂工厂。在前面的章节中，已多次提到泰康路及其"田子坊"。位于泰康路210弄的田子坊，其由来，即为画家黄永玉当年为这条旧弄堂所起雅号。中国古代有个画家名叫田子方，取其谐意。

曾经的街道小厂，深巷里被弃用的仓库，石库门里弄的平常人家，装饰一新，被抹上了"SOHO"的色彩，充满浓郁的艺术气息。具有上百年历史的泰康路，街道两边的房屋中西合璧，别具老上海风情。自1998年泰康路依据打浦桥地区的功能定位开始实施特色街的工程。良好的区位和开敞的空间格局，吸引了文化发展公司首先进驻泰康路，由此揭开了泰康路作为上海艺术街的序幕，此后，又有一批艺术家和一些工艺品商店陆续入驻泰康路，使原来默默无闻的小街凝聚了不少人气。（图6-42）

图6-42，田子坊（摄于2017年10月24日）

原来破旧的厂房和住宅很多被改造成艺术工作室、工艺品商店和休闲餐饮场所，在改造利用过程中，充分挖掘了旧厂房、旧民宅中的人文历史价值，既保留了具有原建筑美学特征的砖石墙体、屋梁结构，又将现代材质的设施、设备通过艺术手段融合其中。艺术创作和商业旅游活动为田子坊重新注入了活力，那些历史建筑再次焕发出蓬勃的生机。田子坊，已然成为上海新的城市文化名片。

在田子坊210弄创意工坊一条街有了集聚效应后，其西边有着丰富街巷环境里弄的建筑群成为沪上新兴的时尚餐饮休闲区。如今，这里已成上海的一个旅游地，浓厚的艺术氛围和历史的沉淀交织，在这里和友人喝杯咖啡，选上一幅油画、一件陶瓷或是有个性的首饰工艺品带回家，已是一种生活时尚。

近年来，田子坊的知名度和影响力不断提升，先后获得国家AAA级旅游景区，上海首批文化创意产业园区、上海优秀创意产业园、上海十大时尚地、上海市著名商标等荣誉和称号。2016年田子坊被联合国作为唯一一个中国案例，入选面向全体成员国的城市可持续发展指导文本《上海手册——21世纪城市可持续发展指南》，联合国人居署将其定义为："自下而上的旧城更新与社区包容性创业"的案例，是政府复兴了社区，走出了一条旧街区改造的新路。（图6-43）

图6-43，《上海摸索"石库门"历史街区保护新路》，《人民日报》2006年9月25日，第11版，涉及泰康路、田子坊

二、红色记忆：田汉住所、杨度寓居处

近代的打浦桥，处于法租界、华界之间，独特的地域环境，特殊的时代背景，催生了很多特殊的人与事，也包含着一些红色记忆。可惜的是，部分历史建筑在旧区改造中湮没了。如原法租界金神父路日晖里41号（即瑞金二路409弄内），"是田汉在1927年冬至1930年秋的寓所，也是田汉领导的南国社正式成立后的社址。"[1] 现代著名剧作家田汉一度在打浦桥居住，20世纪20年代革命文艺团体南国社也设立于此。1925年田汉曾组织南国电影剧社，后又发起南国复兴运动，希冀"团结能与时代共痛痒之有为青年作艺术上之革命运动"[2]。南国社成立后，还开办南国艺术学院，田汉任院长，徐悲鸿任美术科主任。日晖里41号，曾留下田汉与进步师生的诸多回忆。

1929—1931年，民国元老、中共秘密党员杨度曾寓居建国中路155弄13号原杜月笙私宅。杨度（1874—1931），湖南湘潭人，字皙子。他是一位富有传奇色彩的人物。为王闿运门生，早年留学日本。戊戌变法期间，接受康有为、梁启超等改良派的维新思想。曾主编《中国新报》（月刊），主张实行君主立宪，要求清政府召开国会。辛亥革命爆发前后，杨度依附袁世凯，并参加袁世凯的复辟活动。1922年起投向孙中山。后又与李大钊等共产党人频繁接触。1928年移居上海，初住贝祎鏖路（今成都南路）近霞飞路的弄内，之后迁至霞飞路，以卖字画为生。后搬入杜月笙所赠薛华立路（今建国中路）155弄13号。曾参加中国互济会及其他进步团体。1929年秋，他申请加入中国共产党。经批准，成为中共秘密党员。杨度周旋于各色人物之间，搜集情报，并利用自己的寓所掩护进步人士，为党做了大量有益的工作。关于杨度的背景，在上海的活动，以及是如何成为中共秘密党员的，1978年9月6日《人民日报》刊登的夏衍撰写的《杨度同志二三事》，从中可以得到一些解答：

> 读了王冶秋同志的《难忘的记忆》（见七月三十日《人民日报》），我想起了杨度同志的一些往事。
>
> 杨度同志的入党，不在一九二六、一九二七年，而是一九二九年秋。从李大钊同志牺牲后，他思想上发生了很大变化。他和章士钊先生奔走营救被捕的共产党

---

[1] 丁景唐：《田汉住在打浦桥日晖里的时候》，中国人民政治协商会议上海市卢湾区委员会文史资料委员会编《卢湾史话》（第三辑，名人专辑），1992年刊印，第160页。

[2] 《南国社简章》，丁景唐：《田汉住在打浦桥日晖里的时候》，中国人民政治协商会议上海市卢湾区委员会文史资料委员会编《卢湾史话》（第三辑，名人专辑），1992年刊印，第163页。

员，周济被难者的家属。到上海后，他加入了"中国互济会"，捐助了一笔可观的经费。经过一段时间的考察，经人介绍，他申请入党，经周恩来同志批准，成为中国共产党的秘密党员。周恩来同志离开上海后，组织上决定由我和他单线联系。他当时住在上海旧法租界薛华立路附近的一座小洋房里，我每月跟他联系一次，送给他一些党内刊物和市上买不到的"禁书"，也和他谈些国内外形势——主要是我们所知道的中央苏区的战争情况。他从敌阵中来，知道许多北方军阀、国民党内部的派系矛盾，谈到这些问题时，他常常高谈阔论，奇语惊人。他还曾不止一次地把他亲笔写的国民党内部情况，装在用火漆封印的大信封内，要我转给上级组织。最初我不知道他的真名，只知他是一位姓杨的秘密党员。后来逐渐熟悉了，他才告诉我"我就是杨皙子"。当时我也的确大吃一惊。

关于李大钊同志牺牲前后的经过，他也和我讲过，大致和陶菊隐先生所著《六君子传》的记述相同，即他从汪大燮口中知道了张作霖已派便衣军警包围了俄国兵营，准备逮捕中共地下党员的消息，当晚就要国民党北京特别支部书记胡鄂公通知中共组织（当时是国共合作时期），但是由于有人不相信张作霖会冒跟外交使团冲突的危险，推迟了撤退时间，以致李大钊等三十五人被捕。杨度同志和章士钊先生等奔走营救，无效。李大钊同志等二十人被处绞刑。这件事抗战时期我在香港问过当事人胡鄂公先生，所述也和杨度同志的自述相符。杨度同志入党的事，逐渐为外人所知，有人说他投机。他曾对我说："我是在白色恐怖最严重的时候入党的，说我投机，我投的杀头灭族之机。"

近代史家谈到杨度时，都说他傲慢自大，是个"知过不改"的人，特别在袁世凯死后，他还对新闻记者说："宁受审判，不能认错。"但是，最少在他晚年，我认为他倒很善于自我解剖。他对我说过：我平生做过两件大错事，一是辛亥革命前，我拒绝和孙中山先生合作，说黄兴可以和你（指孙中山）共事，我可不能和你合作，对这件事，我后来曾向孙中山先生认过错；二是我一贯排满，但我不相信中国能实行共和，主张中国要有一个皇帝来统治，这件事直到张勋复辟后，我才认了错。

他在上海住的房子是杜月笙送的。他虽自称卖字画为生，但实际上他的生活是由杜月笙供应的，因此上海小报上都说他是杜月笙的徒弟，但他不承认。他说：我一没有递过帖子，二没有点过香烛，我称他杜先生，他叫我皙子兄，老实说，我不是青帮，而是"清客"。这句话含有自嘲的意思，但我认为是可信的。解放后也有人说，在"杜公馆"他的地位和章士钊先生相似，但据我所知，杨度同志晚年生活简朴，不挥霍，无嗜好，也不为杜出谋策划，因此，杨章之间，还是有差别的。

杨度同志在军阀、官僚、政客中，度过了大半生，一旦觉悟，可以反戈一击。但是，他的道路是崎岖的，在思想作风等方面，还是有许多矛盾的。例如，他入了党，还相信佛教，写过一部篇幅很大的研究佛理的书，有时，还和我说过所谓"禅悦"之类的问题；又如，他在同志间从不互称同志，不必说像我这样年青的联络员，谈起周恩来同志，他是十分敬佩的，但也还是开口翔宇兄，闭口伍豪先生。习之难改也如此。

周恩来同志对我不止一次地谈起过他，解放后当我告诉他杨度同志的女儿杨云慧同志回国后，已在电影厂工作，周总理很高兴，说：她有困难可以直接找我。

读了王冶秋同志的文章，知道总理病重期间，还想起杨度同志，让后人知道他是共产党员，这件事使我非常感动。现在，知道杨度是"筹安会六君子"者多，知道他是共产党员者少，因此，跟他有过工作关系的人，有实事求是地说明事实、表扬他的晚节的责任。

一九七八年八月[1]（图6-44）

1978年7月30日，国家文物局局长王冶秋在《人民日报》发表文章《难忘的记忆》，披露了周恩来嘱咐他为杨度恢复名誉一事。1978年9月6日，《人民日报》第3版，除刊登夏衍的这篇《杨度同志二三事》，同时还刊发时任中联部常务副部长李一氓的文章《关于杨度入党问题》。在文章中，夏衍提到杨度"在上海住的房子是杜月笙送的"，这处寓所就是薛华立路（今建国中路）155弄13号寓所。

图6-44，《杨度同志二三事》，《人民日报》1978年9月6日，第3版

1　夏衍：《杨度同志二三事》，《人民日报》1978年9月6日，第3版。

三、拥有众多的历史遗迹

下表为"打浦桥街道不可移动文物一览表",可以了解街区内的一些文物点分布。

表6-2 打浦桥街道不可移动文物一览表

序号	名称	公布地址	级别	所属居委	街坊号	备注
1	浙绍永锡堂大殿（古戏台）旧址	丽园路650号	区级文物保护单位	丽二居委	77	
2	法商电车电灯公司旧址	重庆南路275号	文物保护点	建五居委	64	
3	和玫坊	建国中路61弄	文物保护点	建中居委	56	建国中路61弄1—7号（门牌连号）
4	群贤别墅	瑞金二路225弄	文物保护点	建中居委	56	瑞金二路225弄1—44号
5	卢师谛旧居	瑞金二路302号	文物保护点	肇东居委	52	
6	亚美化学股份有限公司旧址	泰康路200号	文物保护点	建中居委	56	
7	田子坊、志成坊	泰康路210弄18—23号	文物保护点	建中居委	56	泰康路210弄18—23号（门牌连号）
8	天厨味精厂旧址	泰康路210弄1号甲、乙号	文物保护点	建中居委	56	
9	海华制革厂旧址	泰康路210弄2号甲	文物保护点	建中居委	56	
10	永明瓶盖厂旧址	泰康路210弄2号乙、6号、7号	文物保护点	建中居委	56	

（续表）

序号	名称	公布地址	级别	所属居委	街坊号	备 注
11	康福织造厂旧址	泰康路210弄5号	文物保护点	建中居委	56	
12	久华绸厂旧址	泰康路210弄9号	文物保护点	建中居委	56	
13	大中工业社旧址	泰康路220号、210弄1号甲、乙、丙、丁、戊	文物保护点	建中居委	56	
14	惠中堂	徐家汇路40号	文物保护点	徐一居委	72	
15	楚园	建国西路25弄	文物保护点	肇东居委	52	建国西路25弄1—6号（门牌连号）
16	瑞金二路324号住宅	瑞金二路324号	文物保护点	肇东居委	52	
17	荣金大戏院旧址	建国东路11号	文物保护点	建一居委	71	
18	恒昌里	建国东路31弄	文物保护点	建一居委	71	建国东路31弄1—12号
19	康益里	建国东路39弄	文物保护点	建一居委	71	建国东路39弄1—24号
20	建国中路103弄18号住宅	建国中路103弄18号	文物保护点	建中居委	56	
21	杨度旧居	建国中路155弄13号	文物保护点	建中居委	56	
22	汪亚尘旧居	建国中路155弄15号	文物保护点	建中居委	56	
23	建国中路155弄25号住宅	建国中路155弄25号	文物保护点	建中居委	56	

（续表）

序号	名称	公布地址	级别	所属居委	街坊号	备注
24	瑞金二路215号住宅	瑞金二路215号	文物保护点	建中居委	56	
25	合丰帽厂旧址	泰康路248弄48—50号	文物保护点	建中居委	56	
26	勤乐邨	泰康路316弄	文物保护点	建中居委	56	泰康路316弄1—8号
27	海会寺旧址	丽园路565号	文物保护点	局后居委	74	
28	漫画会旧址	黄陂南路847弄9号	文物保护点	徐二居委	67	
29	上海美术专科学校旧址	顺昌路560号	文物保护点	徐二居委	67	
30	天祥里	永年路149弄	文物保护点	徐二居委	67	永年路149弄1—59号
31	佛化祇园法会旧址	永年路78弄3号	文物保护点	建一居委	71	
32	安顺里	建国东路143弄	文物保护点	建三居委	68	建国东路143弄1—83号
33	二六轰炸纪念碑	泰康路徐家汇路路口	文物保护点	泰康居委	55	

资料来源：上海市黄浦区打浦桥街道提供，2019年3月。
注：其中区级及以上为1处，其余均为文物保护点。

值得注意的是，近代打浦桥一带集中了大量的会馆公所，留存了一些遗址。近代上海城市发展特点是以港兴市、以商兴市，其结果便是各地客商因商品流通贸易的需要而云集。打浦桥位于华、洋之间，独特的地理环境，更成为各地移民的集聚之地，陆续成立了会馆公所，详见表6-3"打浦桥及附近地区会馆公所一览表"：

表6-3 打浦桥及附近地区会馆公所一览表

类别	名称	地址	创建年月	备注
会馆	浙绍公所永锡堂	丽园路694号	1737	今丽园路650号,1920年开始在此兴工建造
	徽宁会馆	制造局路300号	1754	今斜土路15号、制造局路240号,上海雄施家具公司和久新实业公司用
	定海会馆	蒙自路31号	1878	初址济南路97弄12号
	浙金公所	丽园路498号	1880	又名八婺公所,浙江金华府属投资贸易者,集资置田建堂
	湖南会馆	制造局路102弄9号	1886	今制造局路30—94弄,上海军供站招待所用
	湖北会馆	制造局路754号	1889	今制造局路692—754号,又名楚北会馆,今制造局路小学,制造局路幼儿园,上海光明皮鞋厂用
	浙台公所	蒙自路25弄3—20号	1902	今鲁班路幼儿园、教学电子仪器厂用
	常州会馆	汝南街53号	1909	初名常州八邑会馆,今三好中学用
	洞庭东山会馆	丽园路437号	1915	今丽园路第一小学用
	通如崇海启会馆	斜土路646号	1908	今东方纺织印花厂、雅蝶时装有限公司用
	嘉郡会馆	卢家湾(27保11图)	1906	又名嘉兴会馆
	京江公所	打浦路306弄12号	1873	同治十二年,镇江各商公议提捐,置买民田起建
	苏州集议公所	南阳桥附近晏公庙西	1906	又名苏州会馆
	四明公所南厂	蒙自路430号	1797	

（续表）

类别	名　称	地址	创建年月	备　注
同乡会	湖南旅沪同乡会	顺昌路221号	1934.2	初建时会所即设在湖南会馆内，1947年重建时租赁于左址办公
	湖北旅沪同乡会	湖北会馆内	1915	办事处曾设于福州路480号二楼（今黄浦区境）
	山东旅沪同乡会	山东会馆内	民国初	1936年、1944年重建。1944年重建时，分以苏成德为首和景德为首两个同乡会
	潮州旅沪同乡会	重庆南路22弄16号	1931.10	1945年抗战胜利后迁入潮州和济医院
	安徽旅沪同乡会	重庆南路30弄134号	1923.4	1945年12月10日重建
	通如崇海启旅沪同乡会	斜土路646号	1908	会馆设于左址，办事处在北京路盐业大楼
	东台旅沪同乡会	顺昌路409弄3号	1948	又作西门路280弄30号
	阜宁旅沪同乡会	徐家汇路373号江淮南区小学内	1947.8	
	南通旅沪同乡会	徐家汇路平民商场3号	1913	
	洞庭东山旅沪同乡会	洞庭东山会馆内	1912.3	办事处先后设天津路景德里10号，北京西路108号
	金华八县旅沪同乡会	丽园路498号	1947.6	事务所设于西藏南路久安里56号
	宁海旅沪同乡会	淡水路96号	1933.4	1937年八一三事变后停顿，1946年改组

　　资料来源：上海市卢湾区志编纂委员会编：《卢湾区志》，上海社会科学院出版社1998年版，第1068—1069页；郭绪印：《老上海的同乡团体》，文汇出版社2003年版，第42—46、91—106页；上海市档案馆藏档，档号：Q6-5-938、958、960、963、978、986、991、1005、1010、1014、1015、1032，Q117-19-1，Q117-42-21，Q118-1-5，B168-1-797，B168-1-798;《上海碑刻资料选辑》第507—513页;《上海创建常州八邑会馆劝捐公启》上海图书馆藏。此表由张秀莉提供。

　　说明：有些会馆公所同乡会在创建之初并非位于今打浦桥地区，而是后来迁移过来。

关于这些会馆公所的设置，可以讲述的内容很多。（图6-45、图6-46、图6-47）

这里，以浙绍公所永锡堂为例，解析其组织形式及其演变。永锡堂，浙绍公所殡舍。浙绍公所，系旧绍兴府属会稽、上虞、萧山、诸暨、嵊县、新昌、余姚7县旅沪商人于清乾隆初年创建。殡舍初在老闸，后毁于兵灾。同治元年（1862年）浙绍公所在丽园路购地10余亩重建，并陆续

图6-45，清光绪二十八年（1902年）刊印《徽宁思恭堂征信录》

图6-46，洞庭东山会馆档案影印

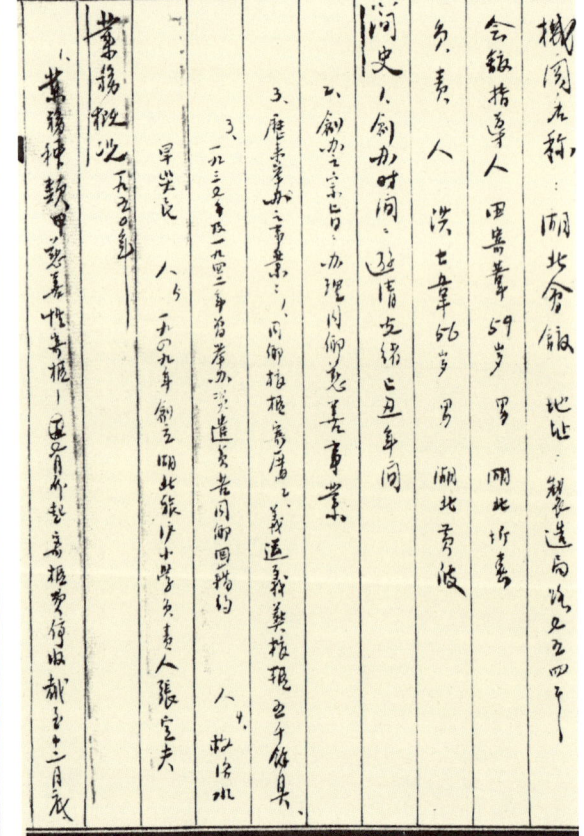

图6-47，湖北会馆档案影印

购地扩建。实行董事制,最初的董事多由钱业、豆业和炭业商帮领袖担任。《浙绍永锡堂征信录》记载了清道光八年(1828年)永锡堂落成后的多届董事名单,像徐浩、陈涛、陈瑞豫、徐麟书、戚曜等都是道光前期的重要董事。从中可以看出,公所的实权主要掌握在绍帮钱商之手,像钱业领袖人物经芳洲、经元善、王尧阶、胡小松、胡稺芗、屠云峰、陈淦、陈春澜、陈一斋、王若采等都曾是浙绍公所一言九鼎的董事。一些著名钱业绅商家族,如上虞经氏家族和陈氏家族、余姚胡氏家族等更是长期世袭董事职位,控制公所的实权,这是绍帮钱商强大实力的反映。

进入民国以后,永锡堂在组织机构上仍沿袭董事制,但在管理上开始引进近代民主机制,办事公开,董事由会员选举,执行全堂事务,常务董事处理日常一切事务。1927年上海特别市成立,在社会管理上加强了制度化,对同乡团体、同业团体的控制也逐步加强。1929年和1947年浙绍公所永锡堂根据国民政府的规定对章程进行了两度修订,组织管理日益制度化。规定定期召开会员大会,由董事会报告一年经过事实及收支账略,并提出一切进行事宜。人数须有半数以上到会方能开议,得到会者过半数之同意,方可议决,议决事件当场记载。由会员大会选举董事,组成董事会,董事会分总务、经济、文牍、材务、盘运、营葬、稽核、调查、交际、厂务、庶务等科办理事务,各司其责。监察机构初设董事会,后改称监察会,"监察会随时监察本公所各项重要事务及稽核收支款项,并得列席于董事会发表意见,但无表决权。""关于变更财产之议案,须召集董事监察联席会议,经全体董监过半数到会,并到会董监各过半数之决议,提交会员大会通过。但购置产业得由董事会公决行之"[1]。从章程的内容看,管理方式更加公开、民主,权责分明,办事公开。这是浙绍公所永锡堂在纳入政府的管理之后的制度变更,也是在社会发展中的自我调适。

丽园路上的浙绍公所永锡堂,"雕梁画栋,工艺精美。正殿供关羽,殿前有两层戏楼一座,楼顶四角飞檐,檐、柱雕有人物、花卉、鸟兽;正南屋顶塑有双鹿、凤凰,栩栩如生,呈现浙绍木刻的细腻古朴风格"[2]。1930年,开设永锡初级义务小学,免费招收同乡和邻周贫寒子弟,同时在顺昌路设立制棺作坊和疗养所。该堂负责人为王晓籁、钟质民。1952年12月,由国家接管。堂房先后为丽园路第二小学、丽园路幼儿园,后为区教育局校产管理站使用。(图6-48、图6-49)

---

1 《上海救济慈善机构联合全宗》,上海市档案馆藏,档号:Q115-17-2、Q115-17-29。
2 上海市卢湾区志编纂委员会编:《卢湾区志》,上海社会科学院出版社1998年版,第1070页。

图6-48,浙绍永锡堂旧址(摄于2004年1月1日)

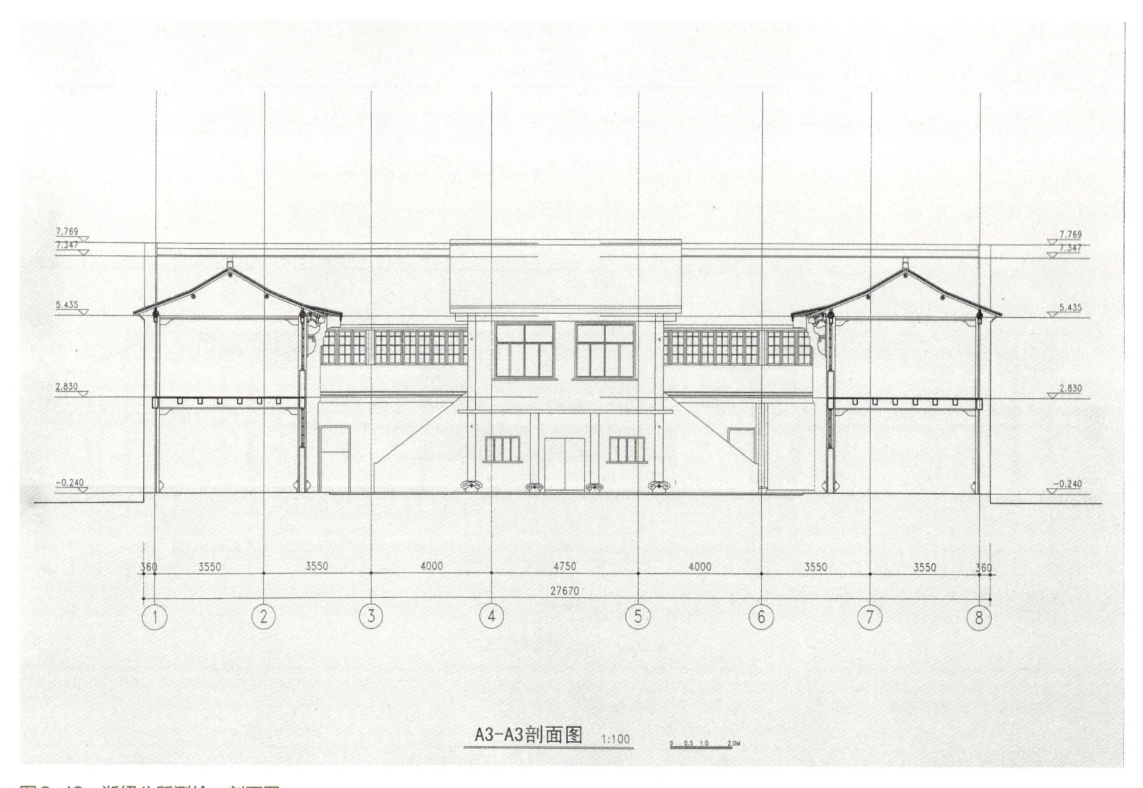

A3-A3剖面图 1:100

图6-49,浙绍公所测绘,剖面图

历史上，打浦桥一带还有一些大学之设，如远东大学、新华艺术专科学校、上海法政学院等。

1926年1月1日，《申报》刊登远东大学新校落成迁址的消息："本大学系远东商业专门学校所改组，现斜徐路打浦桥新校舍业已落成，为扩充起见，于大学部先设文科，分英文、国学、教育三系，商科分银行、会计、工商管理三系，法科分法律、政治、经济三系，及专修科附属中学等，定正月十号迁移即登报招生特此预告。"[1] 该校迁址斜徐路、打浦桥，并介绍各系开设情况。（图6-50）

新华艺术专科学校，1926年冬由潘天寿、俞寄凡、潘伯英、俞剑华、张聿光、谭抒真等发起创立于上海。初名新华艺术学院，设国画、西画、音乐、艺术教育系，院址在金神父路（今瑞金二路）南口。1928年，更名为新华艺术大学，迁至斜徐路，校长俞寄凡。1929年秋改称新华艺术专科学校，增设女子音体系。这里，也摘引1929年《申报》的招生启事：

图6-50，《远东大学校长宴教职员》，《申报》1928年3月7日，第12版，涉及该校办学历史等

> 本校自十九年一月一日起依部令改正校名为新华艺术专科学校。招生简则如下：学系国画系西画系音乐系艺术教育系（图音组图工组）女子音乐体育系学额各系新生及插班生，考期第一次自十九年一月十日起，一月二十五日止；第二次自二月十日起，至二月二十五日止。随到随考校章函索。附校址金神父路南口打浦桥斜徐路。校长俞寄凡。[2]

1937年11月14日，校舍毁于战火。后赁华立路（今建国中路）155弄内房屋作临时校舍，汪亚尘、潘伯英、荣君立、姜丹书等教职员勉力维持校务，在爱文义路（今北京西路）王家沙附近开办夜校，设图案、实用美术二系。1944年停办。（图6-51、图6-52）

---

1 《远东大学新校落成迁移广告》，《申报》1926年1月1日，第5版。
2 《新华艺术大学启事及招男女生》，《申报》1929年12月30日，第5版

上海法政学院，原名上海法政大学，1924年9月，由徐谦、黄石安、沈铭昌、张一鹏、刘邠等发起创办。先赁屋为校舍，1926年迁入金神父路（今瑞金二路）自建校舍。1927年遭当局查封。1929年11月15日改此名。这里，摘录《申报》中关于上海法政大学的一则通告："本校为遵照教育部颁布私立大学规程，将上海法政大学更名私立上海法政学院特新铜质方形校印一颗，文曰私立上海法政学院。又制木质方形校董会印一颗，名曰私立上海法政学院校董会印。定于十八年十一月十五日开始启用，其原有上海法政大学字样木质旧校印及上海法政大学校董会印字样木质旧校董会印均

图6-51，《新华艺术专科学校招生启事》，《申报》1931年1月12日，第6版

图6-52，新华艺术专科学校废墟

于开始启用新印时作废。"[1] 曾有多位海内外知名法政教授在此任职，名声渐起，并获立案批准："本埠金神父路上海法政学院（原名上海法政大学）自郑毓秀、朱文黼博士等掌校以来，热心擘划，该校迭经教育部派员调查，多所指正，兹复经第三次调查，结果认为圆满，现已批准立案，闻该校全体师生将有盛大游艺会，以志庆祝。"[2]（图6-53）

这些大学后因不同的背景、不同的原因，或损毁，或搬迁，或重组，或合并，离开了打浦桥。但曾经的办学历史却值得回味、记录。

随着社会的变迁，打浦桥一带的教育机构、文体设施后又经历了新的发展、新的布局。据1993年的统计，打浦桥地区有上海教育学院（南部）、卢湾中学，还有职业学校1所，小学8所，幼儿园和托儿所12所。文化科技体育卫生单位有上海科技出版社、上海古籍出版社、上海丝绸科学技术研究所、上海毛麻研究所、上海皮革研究所、上海自行车公司研究所、上海市政工程局职工医院和卢湾体育场等。街道设有图书馆、少儿图书馆和玩具图书馆。[3]（图6-54）

图6-53，位于打浦桥的上海法政学院

上海社会科学院研究部（后改为研究生院）一度设在顺昌路622号，现为上海社会科学院出版社。[4] 上海社会科学院出版社成立于1982年9月，为社科类综合性出版社。该出版社以"严肃的思想，典雅的学术"为出版己任，致力于为广大读者提供优良的精神产品。出版范围包括政治、经济、法律、哲学、史学、文学、教育、心理等各类图书，以及工具书、地方志（含年鉴）等，出版的图书多次荣获国家和上海市的各类图书奖项。在学术界有较高的声誉，在图书市场也有一定的品牌效应。（图6-55）

如今的打浦桥，拥有各类学校，幼儿园有汇龙幼儿园、爱童幼儿园、吉的堡幼儿园（私立）、小骑士幼儿园（私立）等。小学有上海师范大学附属卢湾实验小学、海华小学等。初中有卢湾中学、比乐中学（2018年8月，上海市李惠利中学并入比乐中学，学校

---

1 《上海法政大学通告》，《申报》1929年11月15日，第5版。
2 《上海法政学院立案批准》，《申报》1930年6月9日，第13版。
3 上海市卢湾区志编纂委员会编：《卢湾区志》，上海社会科学院出版社1998年版，第86页。
4 上海社会科学院顺昌路622号楼于2002年8月5日竣工，是月28日，上海社会科学院研究生部从淮海中路院本部迁出，迁入顺昌路622号楼。2011年6月，上海社会科学院研究部（后改为研究生院）从顺昌路622号迁出。2016年5月，上海社会科学院出版社迁入并在此办公至今。

图6-54，上海古籍出版社（摄于2019年3月12日）

图6-55，上海社会科学院出版社（摄于2017年9月29日）

迁址肇周路420号）等。高中有卢湾高级中学。[1]（图6–56、图6–57）

走进打浦桥街区，去探寻，去发现，可以了解更多精彩的内容，感受街区内散发的独特人文魅力。

打浦桥，一个充满生机与活力的街区。（图6–58）

图6–56，上海师范大学附属卢湾实验小学（摄于2017年10月25日）

图6–57，卢湾中学（摄于2017年10月24日）

1　打浦桥街道提供，2019年3月。

打浦桥：上海一个街区的成长

图6-58，打浦桥街区航拍图（摄于2019年5月23日，打浦桥街道提供）

第六章 城市更新中的打浦桥街区

附录一　口述资料选

　　口述历史，是以口述史料作为主要研究对象的史学。在历史街区的研究中，口述史资料极为珍贵。保留着城市发展脉络的那些老街区，承载着曾经生活在这一地区人们的情感与记忆，这些情感与记忆往往依托于一定的氛围与环境。这些氛围与环境，自然不是一成不变的，关键是生活在这一区域内人群的变化。要考察打浦桥百年变迁，就要了解这一街区的社会生活，就要扎实深入地掌握与分析居住在打浦桥街区那些人群的状况。离开了这些人群，要考察打浦桥街区的社会生活形态就无从谈起。所以，对老住户、老居民的采访是一项重要工作，为此，我们成立了专门的"口述小组"。在打浦桥街道的大力支持下，口述组成员找到了几位长期在打浦桥街道生活的老居民，年龄一般在70岁以上。在采访前，先熟悉口述者的相关背景，然后拟一份采访提纲，主要内容:(1)口述者的经历，包括工作、读书、生活，以及家庭情况，如：什么时候来到打浦桥，居住在哪里，搬迁过几次，家庭的人口结构，等等。(2)回忆街区生活，包括邻里关系，所在街区的人群特点、日常生活（衣、食、住、行）、公共活动场所、社会关系网络、宗教信仰、交通情况、管理状况等。(3)曾经发生在打浦桥的哪些事情，给口述者留下较深的印象？在采访中，结合访问者的具体情况，对涉及的内容酌情增减。在此基础上，结合文献资料，对口述内容做一些整理工作。老居民的口述，其价值体现在几个方面：(一)作为亲历者，可以通过他们的回忆，帮助研究者走进现场，加深对打浦桥街区变迁的理解。(二)从中获得一些线索，了解打浦桥地区变迁的更多细节内容。(三)口述内容与文献档案相结合，可以互相印证，互为补充。这里，我们摘选其中的两篇口述文章。

家住打浦桥：两个"18年"

口述者：王芸珍

采访、整理者：鲍彦悦

时间：2019年3月8日、6月15日

地点：建国中路155弄16号建中居委会办公室

［采访首先从一张老照片说起。1962年《新体育》第4期封面三刊登了上海市瑞金二路小学的同学们在花园坊一位同学家里组织校外学习小组的图片，图片中他们在同学家里下围棋、象棋，那位同学就是王芸珍。］（附图1-1）

附图1-1，1962年《新体育》第4期封三，图中女生为王芸珍

我人生中有三个"18年",其中有两个和打浦桥的泰康路密不可分。第一个18年,是我18岁前的记忆,它们扎根在我生活的这片街区。第二个18年,是从1969年到1987年,我暂别故里在西北工作的整整18年。而第三个18年,是2000年到2018年,在我退休后充满余热的时光,在打浦桥这里编织了更多的故事。

一、我的家庭与早期的回忆

我祖籍绍兴,爷爷是官商,我们家曾经在当地有一处三进的宅子。当时家中有4个孩子,父亲是家中长子,早年与当时那些家境不错的孩子一样,能够去私塾读书,过着平稳无虑的日子。但是祖父一次乘船出海后便再也没回来,家中失去了顶梁柱,老太太带着3个儿子1个女儿哪能过日子啊?所以父亲作为老大,便承担起养家责任,书也不读了,外出打工谋生。他先去了杭州拜师学手艺,大概是20世纪30年代末又独自来到了上海闯荡。因为他有技术,所以很快在云岭丝绸厂找到了生活[1]。工作不久,他认识了一位同样来自浙江的丝绸厂女同事,也就是我的母亲,两人在40年代结婚。

我母亲出生于宁波奉化的一户小商人家庭,她们家辗转到上海后一度住在西斯文里的姨婆家。她家很传统,有着那个年代重男轻女的封建思想,加之她母亲又是后妈,所以我姆妈[2]没上过学堂。不过我娘舅上私塾的时候,我姆妈总在窗外旁听。有时候教书先生提问题,娘舅答不上,母亲就在窗外偷偷地给娘舅报答案。不过娘舅还是很好学的一个人,中华人民共和国成立后在《人民日报》社工作。至于我母亲,正如之前所述她在丝织厂工作的时候认识了父亲。母亲在婚后最初是做全职主妇,但是她是不愿吃闲饭的人,20世纪50年代初的时候参加了识字班,之后又在里弄托儿所里做保育员。她工作过的这家里弄托儿所在现在的田子坊,分成几处,像泰康路210弄13号、19号,建国中路155弄3号、13号等都是,她就在托儿所一直工作到退休。所以我父母,一个是半路辍学,一个是没正经上过学,但是退休后两人时常一人拿着一张报纸看,我总喜欢打趣他们:"你们不是说不识字吗!"

我们兄弟姊妹一共6人,我排行老三。父母结婚后不久就有了大哥,他和最小的弟弟相差13岁。我出生于1948年10月。到了我弟妹们年轻时那会儿恰逢特殊年代,大家普遍都不太注重读书教育。不过让我很自豪的是我们家庭氛围非常和谐,父母从不争吵,也不打骂子女,有问题从来都是靠讲道理解决。所以小时候我们都很乖巧,不顽皮不给家长添麻烦。爸妈每月给我们一人5块零花钱,大家都不乱花,主要都花在购书和文具

---

[1] 此处的"生活",上海话,指工作。
[2] 此处的"姆妈",上海话,指母亲。

上。有时到街道图书馆借书看，实在欢喜就到泰康路的书摊买回来，或者跟着大人看戏看电影。虽然我的父母文化程度不算很高，但是为家里营造出了良好的学习氛围，使得我们几个小孩都养成了阅读的爱好。或许正是因为这样的家庭环境熏陶，我们姊妹弟兄几个后来各自发展虽不能说大富大贵，但都是在踏踏实实建设社会的。大哥初中就读于向明中学，后来保送到复旦大学预科班，毕业于复旦大学物理系并在七〇八研究所的计算机中心搞科研。大姐起先是厂校教师，后来转去敬业中学做聘用教师，教语文。老四也就是我妹妹，读到初中就去西北插队落户了。老五呢，1971年"全国山河一片红"的时候去了东北插队，后在大庆油田做财务工作直至退休。还有老六，考入工艺美校，先后在上海玉雕厂、七〇八研究所、煤炭研究所就职，从事建筑设计方面的工作。

我最初熟悉的天成里邻居多数是我的小学同学们，据我所知，他们家庭条件也是普遍不差的。有家里开金笔厂的，有的人家是商务印书馆的职员，有做财务工作的，有华侨、海员，还有个同学父亲在上海音乐厅就职，时常会带着我和他女儿一起去音乐厅听音乐，每次都还能坐上包厢。这批早期居民基本都是用金条"顶"得来的房子，1949年前后有许多难民涌入，当时社会动荡，普遍经济不好，一些人家住房空间有余，为了补贴家用，就干脆把房间分割并租出部分。（附图1-2）

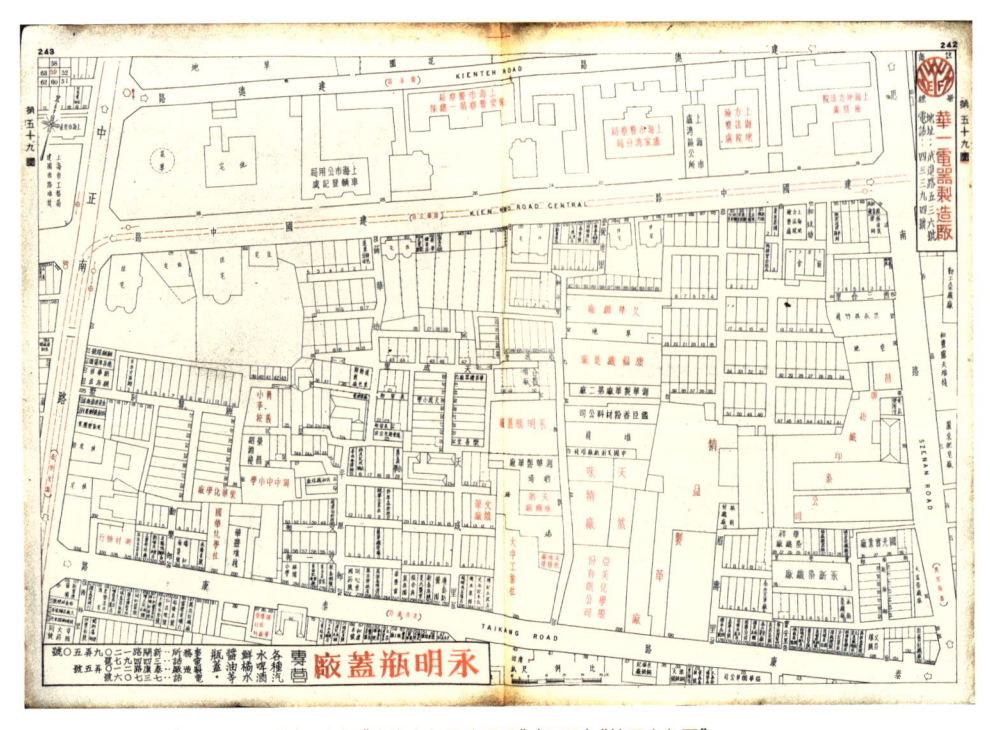

附图1-2，泰康路（今田子坊一带），选自《上海市行号路图录》（下册）"第五十九图"

我们家起初住在泰康路244号，这是一幢两层半的沿街楼房，底下是家年糕店。比起那些租房出去的邻居们，我们家情况比较特殊，我父亲为人热心，新中国成立初期他有很多朋友来上海谋生，没地方住，父亲就把房子分给他们住，所以最后我们自家只剩下房东自搭的三层阁楼，我们一家大小就住在这6个平方里。由于空间小，家里只够放一张床，我们孩子几个都是打地铺睡觉的。和很多老式里弄房子一样，这里没有煤气、没有卫生间。那么烧饭和洗漱怎么办呢，后门楼下有一个自来水龙头提供生活用水，而烧煤球炉、倒马桶则是我们生活的日常。20世纪60年代的时候，对于那些家中有支内成员的家庭，政府作为奖励为他们安装了煤卫设施。再之后要到田子坊兴起，许多住户、商户才开始自行安装煤卫，而其实直到现在很多居民还是在使用液化气。

　　我父亲当时的单位是长江染织厂，待遇在那时候算是不错的，一个月有三百几十块的薪水。由于我们家里人多，就向政府申请住房，打浦桥房管所就跟我家征询意见说："你们要不要换房，但是房租会贵一些哦。"父母考虑到家中情况，便表示需要。就这样，1960年我们家搬到了建国中路103弄内。

　　建国中路的新居每月房租7元，我家住在那幢楼底楼的客堂间，约莫有28个平方。我们楼上二楼是杨家，来自无锡，全家7口人。3楼有两户人家，来自杭州的李家和来自绍兴的王家，这两家主人都是金星金笔厂的职工，应该算是家属宿舍。这幢房还配有天井，里面也有住户，是一对姓杨的兄弟。这里最开始也是要烧煤球炉的，不过1年后就装了煤气，并且还有公用厨房、公用卫生间，生活设施比起泰康路的房子好多了。

　　不过新居才住了1年，到了1961年，我们又搬家了，搬到对过，也就是建国中路同弄另一栋房屋3楼。至于为什么会搬家，是因为这里3楼原先的住户是一对老夫妻，上了年纪走不动楼梯，便和我们家商量换房。房管所来问我们愿不愿意换房，当年的人思想境界高、乐于助人，所以我父母一口答应。有邻里劝我父母：你们换了不合算呀，再说你们自己将来也会老了走不动呀。我母亲说：将来的事将来再说，但是国家总会越来越好的，所以等我们老了的日子我不担心。就这样，我们全家搬到这幢房子的三楼，面积倒是和原先一楼那处差不多，28平方。于是这幢楼里的常住客便是这4户人家：1楼张家，四口之家；2楼陶家，三口之家；三楼除了我们王家，还有个8平方的亭子间，里面住着位清华大学毕业生，一个单身年轻人。

　　我1955年入瑞金二路小学读书，从我们家走到瑞金二路小学大约5分钟。我记忆中当时的打浦桥、日晖港附近全是棚户区。日晖港是一条臭水浜，在今天肇嘉浜路瑞金南路口有一个倒粪站，粪坑里的排泄物都得用手推粪车推到这个大粪站，然后再用粪船驳，通过日晖港运到郊区去。我们小学生也参加劳动，学校四五年级学生才可以帮助推运粪

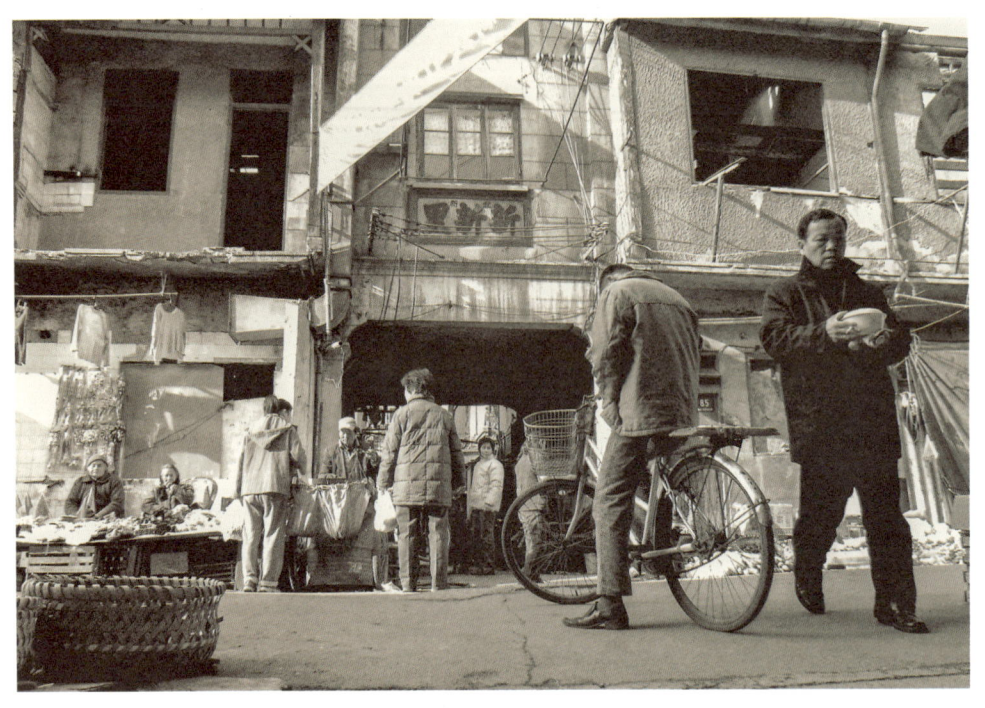

附图1-3，新新里，陈刚毅摄，选自徐逸波、翁祖亮、马学强主编《岁月：上海卢湾历史人文图册》

车。讲起来这么多年过去，打浦桥周边的布局变化的确是蛮大的。像徐家汇路北面、现在的日月光广场那里，原来分南、北两块，叫做新新里。（附图1-3）徐家汇路435弄、535弄一带，则是居民区、工厂区混杂，过去在那里有上海铅笔二厂、唐寅记造纸厂、酿造厂等等。[1] 卢家弄老早是东通泰康路、南通徐家汇路，里面还有所泰康路小学。打浦支路那时还没有，是后建的。当时我家附近有两路常乘的公交：一部是从南码头开到桂林路的43路，当中经过打浦桥；另一部是通北路开过来的17路，打浦桥也是这部公交的终点站。现在这两条线路还在，只不过出行选择更多了。

1962年我小学毕业，报考了当时位于建国西路154号的五十五中学，现在那里是业余大学。1965年的时候我进入位于新华路659号的上海轻工技校。4年后的10月，我离开了上海去甘肃工作，后来在国家一机部平凉印刷机械厂任车间干部。在西北一呆就是18年，直到1987年，按政策规定我可以返沪，这才回到家乡。回到上海后，我被安排在位于顺昌路373号的光明服装厂工作，此后便一直工作到2000年退休。

---

1 马学强教授团队曾对泰康路一带的作坊、工厂分布做过系统调查。如泰康路210弄2号为大中制针厂；泰康路210弄6号为上海华美无线电厂；泰康路210弄7号为大明胶布制品厂，等等。

二、"民有所呼，我有所为"：18年居委会主任

回到上海后，我一直住在建国中路。2000年，卢湾区开始试行民选居委会主任，作为民选的居委会主任，我到建中居委会（建国中路155弄13号）工作。从2000年到2018年，又是一个"18年"。坦白说，上海人的习惯是不管闲事，所以我小时候对这片区域并没有真正地了解，我以前所知道的一切都是关系比较要好的同学、邻居告诉我的。但是总的来讲，我们小时候只晓得规规矩矩管好自己的事，不会主动去多问别人家的事，也不上邻居家串门。真正摸清楚这片区域还是在这当居委会主任的18年。（附图1-4）

当时卢湾区试行的民选居委会主任是不坐班的，居委会主任和委员们在社区党委书记的统率下不拿钱地进行义务劳动。这一套"卢湾模式"直到卢湾区并入黄浦区之后才有变化，坐班的街道干部开始有薪水了。我担任建中居委会主任，整整6届。建中居委会辖区有3 000多户人家。作为居委会主任，我的日常工作主要围绕这几个方面：具体负责上级各项方针政策在社区的贯彻落实；认真完成与协助政府有关部门交付的各项工作任务；在街道办事处指导和社区党组织的领导下，团结、组织社区居委会成员认真履行所担负的职责；密切与辖区内各单位联系，对社区成员代表大会负责。

作为居委会主任，我们自己要以身作则，模范遵守社区各项规定和社区成员代表会议的各项要求，完成各项工作任务，管理好社区的各项事务，并自觉接受社区成员的监督。平时，我们需要做的工作很多，比如，帮助社区居民日常需要解决困难的问题，所谓"排忧解难"，做到"民有所呼，我有所为"；要充分调动与发

附图1-4，王芸珍在居委会（摄于2019年7月5日）

挥居委会委员、居民骨干的作用，推进社区自治；同时，也要不断深化完善包片联户工作，提高社区专职工作者服务群众、社会基础管理和化解社会矛盾的能力。[1]

我在这18年的时间里故事太多了。比方讲，原来在建国中路155弄28号住着一位独居老太太，子女不在身边，自从她老伴走后，一切都靠她自力更生。老太太住在客堂间楼上的厢房，没有卫生设施，同时由于年久失修导致了屋顶漏水，而煤气灶又是在一楼，老太太腿脚不灵便也根本无法使用。按理说她这房子属于私房，房管所是不负责修缮的。但是我看老太太一个人生活这么困难，所以就替她奔走呼吁帮忙修一修。后来在翻修过程中，家里也是没办法住了呀，还由我们居委会想办法请她住到旅馆。

还有在建国中路274弄6号住着一户残障人士。这家的老父亲无业，母子俩又都是智力障碍人士，家里十分困难。我们居委陆陆续续地帮忙为他们家申请了低保，又是把患病的儿子送进福利院。此外，还有把孤老送入敬老院等等的事情太多了。

2000年前后那几年，艺术家陈逸飞带着很多同行入驻这里，开画室、搞创作、办展览，那段时间田子坊的艺术氛围很浓厚。但是陈逸飞逝世后，取而代之的是商人们来了。最终，起先的那批艺术家们撑不下去纷纷都走了，田子坊便开始不断地加重商业化色彩。

由于田子坊的出现，阿拉[2]建中居委会承担了很大的工作压力。居民们家长里短的小事，心里不开心了，都来居委会找我。特别是从田子坊园区开发进入石库门民宅之后，我基本没有一天是消停过的，连大年三十都有人来找。从早上8点半上班，到晚上下班，都有人来找我投诉商家或者反映各种问题，根本不可能笃悠悠地坐着讲话。比方说底楼借去开饭店了，那么住在二层楼的居民每天楼下饭店都是在不停地炒菜，要么是来来往往的客人在吃咖啡[3]，声音吵不说，还熏得一阵阵的油耗气[4]，这让人哪能过日子啊？于是我会跟过来租房的一些老板说："你们要借就一幢楼都借掉。"当然我也只能是建议，不过的确后来是有老板真的全部借掉，这样一来也算是帮楼上居民解决了生活问题。

但是也并不是所有的情况都是顺利的，最棘手的问题都是和钞票搭界的事情。一次有两个人过来把整整两幢楼都借了想要开店，结果后来他们生意没有做出来，并且既没付租赁费，又没付水电煤费用，一分钱没给就这么走了，找不到人了。那么这两幢房子的十几家居民等于房子租出去钱拿不到了，所以那天这群愤怒无助的居民"哗"地冲到

---

1 参见《卢湾区志（1994—2003）》编纂委员会编：《卢湾区志（1994—2003）》，上海人民出版社2008年版，第951—953页。
2 此处的"阿拉"，上海话，指我们。
3 此处的"吃咖啡"，上海话，指喝咖啡。
4 此处的"油耗气"，上海话，指油烟味。

居委会，说了一通，大致就是在问这事居委管不管。我跟他们说："且慢，请问当初你们借房子出去有没有通过居委会？"他们一听倒是冷静些了，"这倒是没有"。然后我告诉他们："那么，你们当初通过谁借出的房，你们就去找谁。如果你们实在找不到，你们再来居委会，我们帮你们解决。"然后他们又"哗"地轰出去找田子坊物业管理委员会。后来有一天，其中有一户住底楼的居民兴冲冲地来找我，我一看他们夫妻俩这么高兴就问："有什么好事体？"[1]他们答道："阿拉房子借掉啦！"由于他们是我父亲的前同事，比较熟悉，我就直接问他们："借了多少？""相当好的价！"对方答道。我听到一下子激动地跳起来，再三和他们确认合同有没有问题、钱款是不是到位了，夫妻俩表示都已经收到打款了。这个时候我突然想到之前租客欠的两万多的水电煤费用，当时也是一下冲动，就跟他们说："能不能和你们商量件事，之前欠的两万多能不能帮忙搨掉，帮帮忙好伐。""好的呀，好的呀！"夫妻两个异口同声地一口答应。其实我提出来就后悔了，我说"还是回去和你们儿子商量下吧。""用不着商量！王老师听你的，就这么定了！"后来他们就真的把这笔钱付了。现在我想想我可真是做了件"坏事"，我真要当老娘舅处理的话，应该是建议十几户人家来分摊，这户人家凭什么要全额承担这笔钱呢？没有理由的，要是拒绝完全是在情理之中。但是夫妻俩没有犹豫地同意了，为居民们做了件好事，他们真的是很好的人。

伴随着田子坊这十多年的发展，这片居民少了很多，起先住有600多户人家，现在还剩下将近100家。老居民搬走了不少，但是还有一部分住着。此外就是新搬来的外来人员，有做生意的，也有打工的。其余的房子统统被改作商用了。前几天一位老居民从家里开门出来，路过的游客们看到了，他们十分惊讶，有个人直接说："居然这里还有人住！那晚上睡觉不要被吵'死'啦！"。住在这里的确是越发的不容易，无处不是人来人往的，开满了店铺啊、餐厅啊、酒吧的，各种商铺搭出来，门口摆满了装饰，居民们该在哪里晾衣服呢？我突然想到很多年前，田子坊刚刚兴起的时候，有人曾经拍过一张照片，画面中是田子坊过街楼那的一家酒吧门口，一个外国人坐在高脚凳上，头顶上是居民晾着的内衣，红色的。这张照片后来在网上非常火，因为田子坊的烟火气是它最吸引人的地方。只是现在这里已经渐渐地没有了那样独特的味道，像那边的弄堂咖吧为了造店门把一面墙都敲掉了。过去我可以告诉你们哪里有几扇窗、几扇门，现在我只能告诉你还剩下了几块砖。所以我常说：正因有原住户，才会有田子坊。可现实是，我们的居民在这里的生活空间不断被压缩，生活环境越来越差，再怎么样日子总要让人家过吧！

---

1 此处的"事体"，上海话，指事情。

三、"老有所乐，老有所用"：参加浦悦书友会

我现在居委工作不做了，拥有了更多真正属于自己的空暇时间，但是我是闲不下来的性格，所以常常还是会到居委会去串串门，许多老居民现在也依然喜欢找我聊聊生活琐事、倾诉一些困扰。我一直以来就很喜欢诗歌文学，这里要先讲一个社团，叫"诗言志"。该社团成立于20世纪的60年代，刊印的刊物叫《诗言志》。《诗言志》是由原上海延安中学高中部分爱好诗词写作的同学创办的刊物。我接触到该诗刊时，已经在西北农村接受贫下中农再教育，曾在第14期发表1首小诗。后在2015年复刊后第33期重登这篇小诗。《诗言志》一直坚持办刊，目前已是第52期，诗友已普及全国各地，我们的原则是：虽然没有稿费，但是一经录用就可得本期刊一本。（附图1-5、附图1-6、附图1-7）《诗言志》的第1—32期是用刻钢板印刷的，复刊后的《诗言志》是复印件，已经刊行了33—50期。所有费用起初都是编委们自掏腰包的，目前由长宁区华阳街道资助，更名上海长宁华阳《诗言志》诗社，已出51—52期。

打浦桥社区文化中心有一个社团，叫浦悦书友会，我在2016年的时候加入了书友会。我们书友会是街道图书馆名下的一个学习型读书团队，由街道文化活动中心图书馆负责指导，只要有兴趣读书、写文章便可以加入。目前成员有20人左右，其中有作家协

附图1-5，《诗言志》第33期（1）

附图1-6，《诗言志》第33期（2）

附图1-7，王芸珍的《雪松》，原刊于《诗言志》第14期，后在2015年复刊后第33期重新刊登

会会员、复旦大学新闻系毕业生、处级干部等等，基本都是退休人士，年龄最大到80岁。这里是一群崇尚学习的中、老年读者自己的园地，以自我服务、自我管理、自我完善、自我娱乐为主。我们书友会主要为小区文明宣传服务，如在世博期间，为促进小区文明素质的提高，整理了几百条文明格言，选出一些优质的放到小区的宣传栏中。[1]我曾在浦悦书友会撰写一些文章，发表过几篇诗词。我们还到各个居委会举办多种讲座，也请文化人来做讲座，并以此为基础，成立宣讲团。还负责收集社区好人好事，并把这些事迹写成文章去投稿。我撰写的《酒歌（外一首）》，收入《结伴阅读缘书香：打浦桥街道图书馆浦悦书友会作品集》。（附图1-8、附图1-9）

通过书友会，我继续发挥余热，让自己老有所用、老有所乐，谱写与这片土地的另一个"18年"。

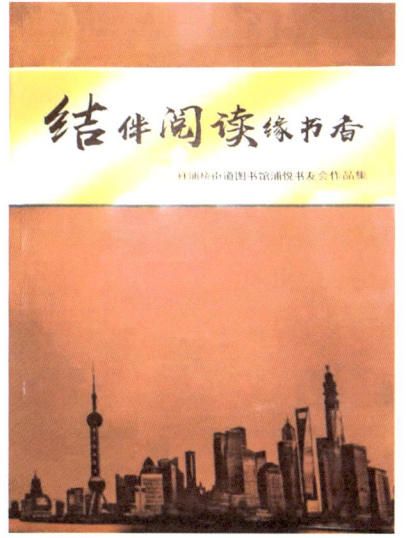

附图1-8，王芸珍撰写的《酒歌（外一首）》　　附图1-9，打浦桥街道图书馆"浦悦书友会"作品集

---

[1] 打浦桥浦悦书友会自创建以来，会员们积极活动，他们在打浦桥社区文化活动中心3楼图书馆每两周举行一次定期活动，相互交流档案收藏心得、读书观感和体会，切磋写稿撰文的技艺，取长补短，广引博采。打浦桥书友会经过10年的文化历练，培育出一批社区业余作家、社区诗人、社区通讯员、社区业余专栏写手等，书友社多次被评为"上海市振兴中华读书活动优秀小组"、"百强阅读推广组织"。会员们勤于笔耕，每年都有一些文章刊登于《新民晚报》、《解放日报》、《文汇报》、《卢湾报》等报刊，为多家媒体报刊所关注。在重大活动中，书友会也发挥作用：2010年上海举办世博会期间，书写了200余篇（条）世博征文、世博文明用语，多篇获奖；纪念中国共产党建党九十周年征文50余篇；区文明办优秀童谣征集30余篇。书友会会员的家庭不少被评为市"优秀读书家庭"、"文明家庭"、"学习型家庭"、"五好家庭"、"上海科学生活家庭"。书友会的会员们经常聚在一起，以"悦读悦生活"为宗旨，切磋交流写作心得。同时，注意挖掘现实生活题材，写有内容、有见地反映社区题材的文学作品，体现"主旋律、正能量、接地气"。浦悦书友会不少是老年人会员，体现了老年人的"老有所学、老有所为、老有所乐"，为建设和谐打浦桥发挥余热，为营造书香打浦桥贡献才智。

一位粮管所老干部在打浦桥工作、生活的回忆

口述者：陈康瑜

采访、整理者：李东鹏

采访时间：2019年3月8日上午

采访地点：打浦桥社区文化中心306室

整理者按：陈康瑜，1943年出生，祖籍浙江定海。1986年来到打浦桥粮管所，历任所长等职。1990年调入卢湾区粮食局，2003年底退休。陈康瑜长期工作、生活在打浦桥地区，见证了打浦桥在改革开放大潮中发生的巨变。

一、从定海到上海

我的家族是在近代从浙江舟山来到上海的。我祖籍浙江舟山定海东门，现在叫庙后头陈家。太祖父陈继富（少梅）早年跟随在外发迹的大哥陈继生，在外闯荡，经商聚财后返回乡里，买田置屋。陈继生生三子，为"永"字辈，分别取名为永耀、永塘、永奎。陈永耀就是我的祖父，生二子六女。这一辈为"安"字辈，二子取名为安邦、安兴。六女不用安字取名，我有六位姑妈，分别为汉珠、慧珠、杏珠、雪珠、爱珠、又珠。陈安邦就是我的父亲，生有五子一女，为"康"字辈，5个儿子分别是康乐、康瑜、康生、康士、康德，长女叫康卿。

我们家真正在定海留下名声的是我的太祖父陈继富。陈继生虽然是外出闯荡事业的第一人，但他的生意都在外面，主要集中在镇江与汉口，没有在舟山老家置办产业。我的太祖父在外闯荡后，告老回乡落叶归根，在家乡的名声要更大。

太祖父陈继富在家乡大兴土木，广置田产，同时也是一位乡贤，曾捐资兴建定海中学，陈继富（少梅）是名誉董事，他还有出资修造东梅桥，在当地的祖印寺施舍，当地有他许多事迹流传。（附图2-1、附图2-2、附图2-3）

太祖父有3个儿子，其中老大陈永耀和老二陈永塘先后来上海经商，老三陈永奎留在舟山家乡。我们陈家大房全家从定海迁到上海，是我的祖父陈永耀决定的。

祖父陈永耀早年随太祖父在汉口经商，太祖父回到故里后，祖父看中上海的勃勃商机，就把经营业务转移到上海。他早在汉口时就已与洋商打交道，到了上海后更是如鱼

附图2-1，早年定海中学校舍（马学强提供）

定海中学校 名譽董事姓名錄

名譽董事姓名錄 永誌董事長

劉鴻生先生　程慶濤先生　蔣柯亭先生
朱捷三先生　鄭雪塍先生　王海帆先生
孫鼇卿先生　劉吉生先生　張康甫先生
沈任夫先生　方安圃先生　白復三先生
陳少梅先生　何翊西先生　唐華九先生
朱嵐沁先生　許廷佐先生　錢德潤先生
周曉嵐先生　武棣森先生　王松堂先生
賀宋堂先生　孫雨增先生　吳泉松先生
韓芸耕先生　范錦章先生　洪巇卿先生
許希堂先生　陸鳳來先生　方達千先生
孫彌卿先生　朱福昌先生

附图2-2，陈少梅为定海中学名誉董事（陈康瑜提供）

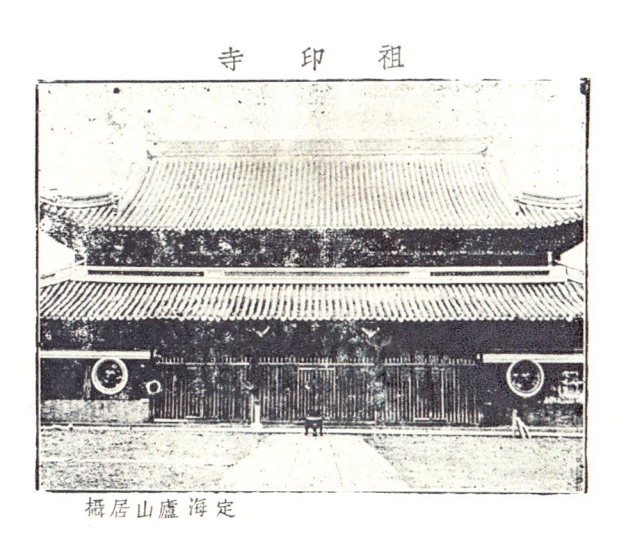

祖印寺

定海盧山居橋

附图2-3，祖印寺（马学强提供）

得水。他选择了石油经营，凭借一口流利的英语与美孚石油洋行建立联系。站稳脚跟后，开始经销美国美孚的壳牌石油，在虹口区武进路上开设"美康煤油号"，这是陈家在上海办的第一个企业，但也是最后一个企业。美国老板为了市场有序发展，采用划片定点的方式销售，上海北片便属于"美康"供应，这让祖父发了财。（附图2-4）

太祖父还在世的时候，我祖父孤身一人在上海，家眷都留在定海，孝顺太祖父。太祖父去世后，我祖父立即把全家搬到上海。偌大的空房子留在定海。此后，定海方面也逐渐与我们失去联系。不幸的是，祖父英年早逝，去世时才49岁。美康煤油号早早地传到了他长子手中，也就是我的父亲陈安邦。[1]（附图2-5）我父亲当时刚从东吴大学法律系毕业，原本计划当律师，但因美康的事务总得有人打理，便弃法从商，子承父业当了经理，我叔叔陈安兴当上了襄理。父亲虽然从未当过律师，但因为学过法律，在退休后曾担任居委会的义务法律咨询志愿者。作为东吴大学的校友，每年春节还会收到一枚寄自东吴大学校友会的贺年卡。

1937年日军侵华，石油作为战略物资遭禁运，美康煤油号生意骤然跌入低谷，直到抗战胜利后上海经济复苏，石油生意又好转起来。这一年，我家就在康定路买了套花园小洋房，还买了一辆小轿车。美康的生意越做越大，有经理室、经营部，还有仓库和联营公司，最兴盛的时候职员达50人，这种经营盛况一直持续到20世纪50年代的公私合营。

附图2-4，陈永耀照片（陈康瑜提供）

附图2-5，1941年刊印的《上海重要人名录》中有关于"陈安邦"的记载（马学强提供）

---

[1] 许晚成编：《上海重要人名录》（简称《上海人名录》），上海龙文书局1941年印行，第1110页。注：美康煤油号应为"美康火油行"。

二、工作、生活在打浦桥

1962年,我从卢湾区清华中学高中毕业,当年11月就分配到卢湾区粮食局参加工作,此后我一直在粮食局工作,直到退休。我刚进粮食局时,做会计。我于1978年被提为干部,起先在瑞金粮管所担任工会主席。瑞金粮管所位于瑞金二路95号,大约有130人。1982年,我升为所长。1986年,我又被安排到打浦桥粮管所任所长,地点在泰康路27号,就在现在的田子坊对面,靠近思南路,应该是上海琉璃艺术博物馆旁边。

我刚来的时候,这里还很落后,整个泰康路就是一个马路菜场。两边都是小工厂,上海食品机械厂是最大的一家,还有皮革厂,大约有几百人。居民区和工厂混杂,天成里这一片的情况大致如此。靠近瑞金二路还有新新里,也是居民区。

打浦桥粮管所原先的房子是很简陋的,我来到这里的时候,房子已经翻造好。粮管所大约有一百七八十人,下面有12家粮店,10家油酱店。以前国家对粮油等物资控制供应,粮、面粉、酒、酱菜、盐等都是需要凭票购买的,属于紧俏物资。(附图2-6)

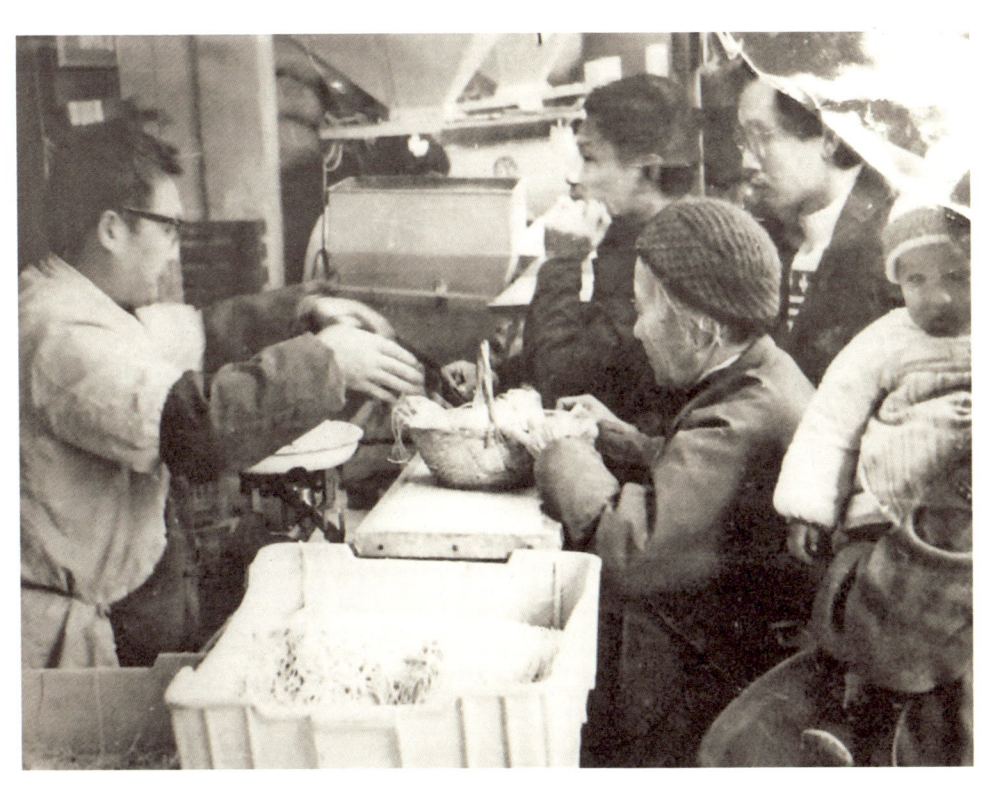

附图2-6,20世纪80年代粮店照片(陈康瑜提供)

打浦桥粮管所自己有一幢二层楼房,底层是我们自己的批发店,批发黄酒、米面等。我在打浦桥粮管所一直工作到1990年。1990年后就被调入卢湾区粮食局,担任办公室主任。

在打浦桥工作时对这里的一个印象,就是粮油店非常陈旧,遇到刮台风便会漏水,下面的粮店就会告急,因为粮食容易受潮。但是我们自己也无能为力,只能向房管所告急。有时房管所也不能立刻来解决问题。(附图2—7)

当时整个卢湾区40万人,共8个街道,有8个粮管所,1996年并为4个街道。打浦粮管所管理的区域,南面至斜土路,东面至肇周路,西面至陕西南路,北面至建国中路。1996年丽园路街道、顺昌路街道部分并入打浦桥街道。1993年,打浦桥街道有38 450人,人口密度每平方公里49 295人,密度非常高。[1]

粮管所管理工作最大的困难,就是粮油店的面积非常小,小一点的就一个门面,大的两三个门面就算非常好的。但是粮管所的职工都属于国营职工,粮管所是老国营单位,不是集体单位。那个时代的生活物资都是凭票供应,有粮票、油票、酱油券、工业券等。

附图2—7,原马当路527号(近徐家汇路),造地铁马当路站时拆(摄于20世纪70年代末80年代初,金志伟提供)

---

[1] 上海市卢湾区志编纂委员会编:《卢湾区志》,上海社会科学院出版社1998年版,第99页。

当时工业券每10元工资发一张，我每月可得5张，可以买缝纫机等。此外还有豆制品票、酒票，1990年取消凭票制。在粮管所工作的职工，收入还是比较低的，而且住房也小。我是所长，每个月工资57块，职工收入40几块。粮管所没什么额外的福利待遇，蛮清苦的，职工以本地人为主。

我当时住在淮海中路、瑞金一路附近的房子，现在已经拆掉了，是淮海中路753弄18号2楼。底楼是商店，最早是一家玩具店，后来为东方眼镜店，旁边是开瑞服装店。因为东方眼镜店扩容，给我置换了一套房子，把淮海路的房子收回。1988年底，我们一家三口搬到鲁班路瞿溪路口的一处刚造好的新公房，房子大概有十五六个平方米，煤卫独用，属于五里桥街道。

1992年南北高架要修建，划红线拆迁，我的房子正好在红线内。我被动拆迁，可以从莘庄、梅陇的安置区挑选一处。我挑选了位于梅陇的一处二室户，当时基本上都是分二室户。当时我已经去卢湾区粮食局工作，工作和居住地相隔非常远，而且是期房，非常不方便。

后来粮食局说帮我解决住房问题，给我分到了丽园路865号，属于打浦桥街道，房子60平方米，2室半，煤卫独用，1992年搬入，这里住的都是卢湾区税务局的干部，现在都已经搬走了。当时有7楼和2楼让我挑选，我挑选了二楼。这里属于蒙西居委会。

我女儿小学在皋兰路上的卢湾区第二小学就读，大学毕业于上海师范大学，专业是公共关系，现在一家香港公司做国际货运的相关工作。她于1979年出生，今年正好40岁。我的爱人也在粮食局的一家油酱店工作，属于瑞金粮管所，担任会计直至退休。

三、见证打浦桥变迁

我刚调到打浦桥工作时，对这里的环境是大吃一惊，和我居住的淮海路相比，这里给人的感觉就是太落后，其实离淮海路也就十分钟不到的路程。泰康路原是一条又脏又乱，污染严重的路，靠东面新兴制革厂洗皮革的污水污染了下水道，靠西面的人民针厂磨针的铁屑乱飞，影响了周围的环境，再靠东的901厂从金属中提炼什么东西，卡车进进出出，滴出来的污水使厂门口的人行道一片泥泞，居民和路人真是苦不堪言。每天走在这条路上真是受罪。

日晖东路以前是一条河，当时还未填没掉，那里以前是著名的粪码头，又脏又臭。1992年，《日晖港综合治理规划》启动。1993年，日晖港北段至中山南路康衢桥南侧是埋管填浜筑路，污水用地下钢筋混凝土浇制的双涵箱排放。现在，只剩中山南路往南至黄浦江一段，长768米，宽15米。沿港（其实是河）东侧是日晖东路。因为历史上这里水陆交通纵横，交通便利，是著名的粮食水运通道，我们粮管所有些粮食、卷面、老酒、酱菜、线粉等，是通过水运进来，都走日晖港，运输的交通工具是老式的机帆船和驳船，从江苏、浙江等地运来，那个时候已经可以自由采购。卸货的地方叫康衢桥，1929年建造，这座桥随日晖港填没后拆毁，地名也渐趋消失。[1]那里的海华花园和斜三地块十分有名。（附图2-8）

有一次，粮管所定购的卷面运到，我作为所长前往，查看船运卸货，他们把卷面从船上搬到岸上，上下就靠一块跳板，老吓人。一船货大约有四五吨，黄酒从靖江一些地方运过来，有时会从浙江进货。卷面是从崇明过来的。船老大邀请我去船上看，我便战战兢兢地从跳板上走到船上，我当时大约40岁左右。旁边就是日晖东路，河水也不宽，又黑又臭。日晖港不大，岸边有稀稀疏疏的杨柳树，一派农村的景象。对这里最大的印象，就是粪码头，臭气熏天。远处能看到工厂冒黑烟，是徐汇区的化工厂。41路公交车从淮海路过来仅有三站路，到这里就是一片农村景象，打浦桥是41路的终点站。我去的时候是80年代末，距现在才二三十年，但用现在来对比，这种发展速度简直不能想象，

附图2-8，改造前的日晖港，选自《崛起中的打浦桥》，2002年刊印（打浦桥街道提供）

1　上海市卢湾区志编纂委员会编：《卢湾区志》，上海社会科学院出版社1998年版，第262页。

附图2-9，瑞金南路、肇嘉浜路口街景（摄于2017年9月29日）

这也印证了改革开放给中国、给上海带来的巨变。（附图2-9）

  工作日，我早晨8点钟上班，我一般7点半骑自行车出门，是一辆永久牌自行车。11点半下班，午饭回家吃。下午1点上班，5点下班。工作的主要任务是贯彻上级制定的供应政策。逢年过节，譬如春节要保证供应糯米粉、年糕等，还要检查下面所属站所的工作，我们这种部门管理非常紧，为防止粮食供应制度被破坏，我们还经常组织职工开展规章制度的教育和劳动竞赛，以后还组织职工旅游，改善职工生活，凝聚职工。

  我们这边小学生非常多，都是弄堂小学，一到放学时，譬如泰康路上都是小学生。

  1987年我被调到打浦桥粮管所任所长，老所长正好退休。初来乍到，对打浦桥地区十分陌生。有一天，前任老所长为了让我熟悉粮油供应范围，熟悉粮管所具体情况，特意陪着我环着打浦桥地区兜了一圈。那天是个阳光明媚的初春天，行道树正绽开出绿色嫩芽，我俩慢慢步行着，惠风吹拂，但我一点也没有春天带给我的喜悦，因为沿途我看到的打浦桥地区尽是连片的危棚简屋，破破烂烂不堪入目。行至平阴桥处，映入眼帘的是日晖港上几十条小木船和机帆船，在又黑又臭的河浜里穿梭而行。桥的南端是粪码头，竟有几条大船在抽大粪，北端的那几条机帆船搬运的却是砖瓦、木材、甚至还有粮包。两岸还有几家工厂，在肆无忌惮地往河里排放污水，高耸的烟囱里则往天空冒着乌黑浓烟。眼前的日晖港，虽然呈现的是一番繁忙景象，却又显得十分简陋落后。我愣愣地站了半响，真想象不出，离繁华的淮海路商街，仅公交三站路的区域，竟然还隐藏着这么一个大都市里的"村镇"。

我正纳闷间，老所长却兴致勃勃地告诉我："你可别小看日晖港，它可是黄浦江边的一条重要支流。在清朝光绪年间，就是凭借着日晖港的运力，一位姓娄的米商在打浦桥头的肇嘉浜路上，开设了上海早期粮店之一的'万隆久米号'，从此这里粮食生意日趋红火，后来成了南来北往粮船集散地。"这里一直是吃粮食这碗饭的。

老所长十多岁就在打浦桥一带的粮店当学徒，一辈子与粮食打交道，因此他不断诉说粮食行当中的逸事。我默默听着，不明白老所长为什么对这块并不美丽的土地，会怀有如此深厚的感情？一圈快要兜[1]完时，老所长竟在桥头站住了，还呆怔怔地望着我，说出了他的一个未了心愿——希望能在打浦桥地区，开设一家全市最大的粮店，经销全国各地的粮油精品。老所长对我的隐喻我是感受得到的，但我能做得到么？此番巡看后不久，老所长便带着他的职业操守，带着他对故地的留恋，也带着那个未了凤愿，退休后回浙江老家去了。

打浦桥徐家汇路458—468号，有二六轰炸纪念碑，是为了纪念在大轰炸中死难同胞而建。[2]日月光这里是一片居民区，金玉兰广场这一带也是居民和工厂混杂，破破烂烂的，小商店多，浴室也多，应该与面粉生意多有关。粮管所给我们报销洗澡费，一个月内每人4次，一次一毛五，这是职工福利，夏天送清凉，冰水、冷饮、酸梅汤、清凉油等。

打浦桥地区没有大型菜场，都是马路菜场，如泰康路菜场、蒙自路徐家汇路菜场，由区副食品公司管理，属于集体单位，和我们工作有交集。

打浦桥地区真正现代化都市的打造，还是在20世纪90年代初日晖港被填平后，才显现出它的面目来。记得最先是打浦路53弄的整街坊改造，它是以上海第一块毛地批租起步的。[3]以后便见海华、海悦新型小区幢幢琼楼玉宇的拔地而起，最幸运的又恰逢上海世博会的举办，打浦桥地区遇到了更大的发展机遇。地铁9号线站点开工建造、日月光中心广场大型标志性商业设施的蠢起、加上泰康路田子坊石库门建筑群改建功能延伸，美丽

1　此处的"兜"，上海话，指逛。
2　上海市卢湾区志编纂委员会编：《卢湾区志》，上海社会科学院出版社1998年版，第704页。
3　应该为打浦桥"斜三"基地，即斜徐路第三居委会地块，1992年1月25日，上海市市长黄菊、副市长倪天增前来视察，并召开住宅建设现场会。

打浦桥让世人惊艳！现在田子坊不仅是黄浦区的一张名片，而且已是艺术家的创意工作基地，在国内外享有盛誉，文化品味十足。

短短几十年，从一个不起眼的都市里的"村镇"，成为黄浦区景区中的一颗璀璨明珠，恍如隔世一般。毫不夸张地说，打浦桥的巨变，我是一个全程见证人。

四、发挥余热为社区服务

我出生于1943年，2003年底退休。休息了一年以后，2005年被打浦桥街道聘请，担任社区委员会秘书长。当时社会上对社区管理，要有新的探索精神，本来是政府管理，现在要求培养居民自己管理自己的新模式，吸取一些社区单位的经验。我们代表居民，进行政风行风检查，还搞一些建言荐策，旧区改造的工作，一直做了6年。

2006年，我还担任街道党委委员会委员，街道党委后来改成社区党委，成员除了街道干部，还吸收一些居民、企业的代表。一共加了3个人，我作为居民代表，还有派出所的代表、金玉兰集团的代表。

我于1985年光荣地加入中国共产党。用当时的话讲，我出身不太好，入党还是蛮不容易的。我兄弟姐妹6人，两人参加民革，一人参加民建，就我一个加入了中国共产党。2007年，我被选民选为卢湾区人大代表，这是我退休后，选民给我的一个新的为人民服务的岗位，这个岗位十分光荣，一共做了一届。

现在老百姓参与社区活动的积极性不断提高，我参加了许多社区活动，是打浦桥志愿者协会会长。世博会时，我们志愿者协会还没有成立，我主要做文化一块的工作。我们这边有一个"浦悦书友会"组织，大约20人左右，有读书、写文章兴趣便可以加入。我们喜爱读书，希望在打浦桥社区营造浓郁的"书香"氛围。我的家庭也很荣幸获得首届全国"书香之家"称号。（附图2-10、附图2-11）

我们书友会与上海古籍出版社是友好合作单位，古籍出版社的社长王兴康和我们是好朋友。我们经常邀请古籍出版社的专家、编辑来这里举办讲座，质量都很高，2009—2019年连续举办了10年，我们取名"传统文化下社区"系列讲座，每年进行两讲。（附图2-12）

打浦桥社区委员会成立于2001年初，街道成立这一群众性社区组织的目的，就是为了顺应社会发展，构筑一个"小政府、大社会"的新型社区管理体制的探索。我退休后，被推荐、选举为街道的社区委员会的秘书长，一共干了3届9年时间，曾经撰写一篇文章《打浦桥社区委员会实体化运作的若干思考》，发表于上海市研究社区工作的刊物《上海街镇》。

附图2-10，陈康瑜参加首届全国"书香之家"上海入选家庭授牌仪式（摄于2014年8月15日）

附图2-11，陈康瑜家庭荣获首届全国"书香之家"称号，2014年

附图2-12，与上海古籍出版社共同举办"传统文化下社区"活动（摄于2018年11月，陈康瑜提供）

附录一 口述资料选

附录二　图片目录索引

打浦桥街区航拍图（摄于2019年5月23日，打浦桥街道提供）

导　　读

图0-1　《申报》1878年10月22日，第3版

图0-2　早年的肇嘉浜，选自1927年苏联导演雅科夫·布里奥赫（Yakov Blyokh）摄制的纪录片《上海纪事》（Shanghai Document）

图0-3　打浦桥街区局部图，今日月光广场一带，从斯格威铂尔曼酒店顶层拍摄（2017年9月29日）

图0-4　法文版《上海法公董局公报》（1912年12月19日）

图0-5　涉及肇嘉浜北面法租界一带街区图，选自CONSEIL D'ADMINISTRATION MUNICIPALE DE LA CONCESSION FRANÇAISE CHANG-HAI PLAN CADASTRAL (BLOCS 117 A 270), 1932（《上海法租界城市委员会管理地籍平面图》，1932年）

图0-6　上海法租界中央区第125段保甲管辖区图，今顺昌路、合肥路、建国东路、肇周路一带

图0-7　明代弘治十七年（1504年）《上海志》所附《上海县地理图》

图0-8　清代嘉庆十九年（1814年）《上海县志》所附《乡保区啚图》

图0-9　反映上海县城西南一带的河流，包括肇嘉浜、东芦浦、西芦浦等，选自清同治《上海县志》卷首

图0-10　清光绪二十一年（1895年）《江苏全省舆图》中的《上海县图》

图0-11　《上海法国新租界分图》（1917年）

图0–12　法租界相关街区、地籍图，选自CONSEIL D'ADMINISTRATION MUNICIPALE DE LA CONCESSION FRANÇAISE CHANG-HAI PLAN CADASTRAL(BLOCS 117 A 270)，1932（《上海法租界城市委员会管理地籍平面图》，1932年）

图0–13　1938年《上海法租界地图》（牟振宇提供）

图0–14　《沪南区地籍图》（1933年）

图0–15　1937年绘制的《上海市区域现状图》之局部图，打浦桥一带

图0–16　《最新大上海地图》之局部图，涉及法租界及今打浦桥地区（1941年）

图0–17　徐家汇路一带，法租界一侧街区，选自《上海市行号路图录》（下册）"第四十八图"

图0–18　斜土路–局门路–斜徐路–新桥路一带，选自《上海市行号路图录》（下册）"第四十九图"

图0–19　《袖珍上海里弄分区精图》封面，1946年刊印

图0–20　选自《袖珍上海里弄分区精图》（第十三图）

图0–21　《最新上海市街图》（1950年）

图0–22　《最新上海市街图》之局部图，标注肇嘉浜、打浦桥等（1950年）

图0–23　《上海市分区街道图》之局部图，标注肇嘉浜、日晖港等（1953年）

图0–24　《上海市市区图》之局部图（1960年）

图0–25　《上海市交通简图》，打浦桥还是一个交通节点（1971年）

图0–26　《卢湾区境域图》（1994年）

图0–27　《卢湾区行政区划图》（2003年）

图0–28　《卢湾区行政区划图》（2008年）

图0–29　《打浦桥街道区划图》之局部图，选自《2016年黄浦年鉴》（打浦桥街道提供）

第 一 章

图1–1　上海县城西、南门外

图1–2　上海县城西门外一带的河流、船只往来的景象

图1–3　《明代未腐古尸在沪见天日》，《光明日报》1993年4月22日，第2版

图1–4　顾从礼家族墓考古清理现场

图1–5　顾氏家族墓地出土的文物：银鎏金嵌宝镶白玉松鹿绶带鸟牡丹纹帔缀

图1-6　顾氏家族墓地出土的文物：白玉鸟云纹环
图1-7　顾氏家族墓地出土的文物：白玉执荷童子佩
图1-8　上海县城墙
图1-9　上海县城图，选自清同治《上海县志》卷首
图1-10　反映上海抗倭史迹的文献：《长春园附集》封面
图1-11　《长春园附集》内容（选）
图1-12　陆深《俨山集》卷六十三，《中顺大夫广南府知府顾公墓志铭》
图1-13　陆深《俨山集》卷六十三，《中顺大夫广南府知府顾公墓志铭》（续）
图1-14　陆深《俨山集》卷六十三，《中顺大夫广南府知府顾公墓志铭》（续）
图1-15　清嘉庆《上海县志》所附"上海县全境图"，标注"草堂"
图1-16　关于曹一士的记载，选自《上海曹氏百秀录》
图1-17　《开浚肇陆两浜之工费》，《申报》1915年1月13日，第10版
图1-18　沿岸树木葱郁，选自徐逸波、翁祖亮、马学强主编《岁月：卢湾人文历史图册》
图1-19　打浦桥附近卢家湾一带的景象，选自徐逸波、翁祖亮、马学强主编《岁月：卢湾人文历史图册》
图1-20　丽园路遗存的古井（摄于2008年9月4日）
图1-21　朱察卿家族墓出土文物："朱氏子文"石章
图1-22　"朱察卿印"玉印
图1-23　"朱察卿印"铜印
图1-24　金嵌宝镶玉蝴蝶簪
图1-25　1902年（壬寅年）《上海通商内外舆图》，标示斜桥等地名
图1-26　这一带的庭园建筑，选自《江南制造总（分）局全图》

第 二 章

图2-1　早年的肇嘉浜
图2-2　《改造打浦桥》，《申报》1924年1月14日，第15版
图2-3　《新造街房召（招）租》，《申报》1931年11月10日，第17版
图2-4　棚户林立
图2-5　《申报》1929年11月20日，第16版，记载沪南日晖桥打浦桥一带"毁去草屋一百三十余间"

图2-6	打浦桥相关历史档案，上海市档案馆藏，档号：Q124-1-2910	
图2-7	上海市工务局关于拆除打浦桥工程档案，上海市档案馆藏，档号：Q124-1-2910	
图2-8	上海市工务局关于拆除打浦桥填筑路基工程开标档案，上海市档案馆藏，档号：Q124-1-2910	
图2-9	上海市工务局关于打浦桥一带工程的指令，上海市档案馆藏，档号：Q124-1-2910	
图2-10	1908年震旦学院迁址吕班路，该院的院刊注明的地址为"罗家湾吕班路"	
图2-11	外文书写的"LO-KA-WEI"	
图2-12	《申报》1908年7月27日，第5版，记载卢家湾丽园	
图2-13	《卢家湾桥》，《申报》1936年12月1日，第18版	
图2-14	建国中路设有上海市警察局卢家湾分局等，选自《上海市行号路录》（下册）"第五十九图"	
图2-15	《维持苦力生计之工程》，《申报》1914年9月25日，第10版	
图2-16	《筑路工程告竣》，《申报》1915年4月3日，第10版	
图2-17	《上海市区沪南区地价等级表》，《申报》1947年5月3日，第7版，涉及斜土路、打浦桥一带的地价	
图2-18	有关斜土路平民村档案，上海市档案馆藏	
图2-19	斜土路平民村	
图2-20	江南制造总局门	
图2-21	《江南制造局记》图影（1）	
图2-22	《江南制造局记》图影（2）	
图2-23	清末的斜桥，选自《江南制造（总、分）局全图》，上海社会科学院历史研究所资料室藏	
图2-24	《申报》1946年2月14日，第4版，记载徐家汇路、西藏南路，制造局路一带道路桥梁的整修	
图2-25	《申报图画周刊》（1931年7月5日第58号）绘制的"大上海计划图"（部分），涉及沪南工业区	
图2-26	《札饬派兵开凌河道》，《申报》1907年5月8日，第4版，记载金神父路一带	
图2-27	《优美高尚新屋召（招）租》，《申报》1934年5月28日，第21版，该广告提及勤乐邨	

图2—28　《申报》1917年3月19日，第10版，其中提到法新租界薛华立路的修筑

图2—29　这一街区的早年景象：卢家湾拘留所，选自马学强、钱军主编：《近代上海城市的特殊记忆：法租界会审公廨与警务处旧址》

图2—30　位于薛华立路的法租界新会审公廨，选自马学强、钱军主编：《近代上海城市的特殊记忆：法租界会审公廨与警务处旧址》

图2—31　《招买住宅》，《申报》1928年2月21日，第2版，此宅位于法审公廨对面

图2—32　《新造精美住宅出售》，《申报》1934年1月30日，第20版，该住宅位于法租界薛华立路法公堂斜对面

第 三 章

图3—1　法租界、华界之间，徐家汇路界墙

图3—2　1917年《上海法国新租界分图》之局部图，标注了薛华立路、徐家汇路等

图3—3　法租界公董局徽记

图3—4　上海法册道契（注明下契，据原件拍摄），有钤印

图3—5　上海道契上的道台印章

图3—6　上海法租界吕班路沿线，南边的震旦学院（后改大学）第一所学生寄宿舍（1908年）

图3—7　震旦大学全景鸟瞰（1924年）

图3—8　法国公园，也叫顾家宅公园

图3—9　街区局部图，标注广慈医院、高等法院、地方法院，选自《袖珍上海里弄分区精图》

图3—10　斜土路、局门路、斜徐路、新桥路一带，集中了不少会馆公所，选自《上海市行号路图录》（下册）"第四十九图"

图3—11　浙绍永锡堂旧址（摄于2004年1月1日）

图3—12　浙绍公所永锡堂档案影印

图3—13　湖北会馆档案影印

图3—14　《上海小蓝本》封面（1931年）

图3—15　《上海小蓝本》记载的沪南一带交通线路

图3—16　《申报》1934年2月7日，第11版，提及沪南区打浦桥日晖港一带"开工见增"

图3—17　《申报》1926年1月1日，第5版，记载远东大学在打浦桥建新校舍

图3–18	《申报》1931年1月12日，第6版，位于斜徐路打浦桥南塊的"新华艺术学校"刊登招生启事
图3–19	法商电车公司租地契约，法册道契326号
图3–20	《申报》1912年1月28日，第7版，关于卢家湾"法界自来水厂之布置"
图3–21	《申报》1912年6月2日，第7版，记载在卢家湾"推广电车轨道"
图3–22	《法商公司通告》，《申报》1933年8月1日，第19版
图3–23	《法水电厂一度纠纷，引擎间内工人罢工》，《申报》1940年10月2日，第7版
图3–24	法商电车公司工人举行罢工，要求年关借薪（1949年1月24日）
图3–25	《上海公共租界工部局年报》（1931年）
图3–26	《上海公共租界工部局年报》（1931年）中涉及的华式房屋等
图3–27	《上海法公董局公报》（1934年7月19日）中《发给营造执照案》（节选），涉及吕班路、徐家汇一带住宅
图3–28	《上海法公董局公报》（1934年年10月18日），公董局管理分类营业章程中涉及"中国式房屋"的营业
图3–29	《申报》1935年5月24日，第10版，记载"美亚绸厂"，打浦桥也有分厂
图3–30	棚户区景象
图3–31	《上海特别市政府在鲁班路斜土路筹建第二平民所》，《申报》1930年2月7日，第15版
图3–32	有关斜土路平民村档案（节选），上海市档案馆藏
图3–33	斜土路平民村贫民清册（节选），上海市档案馆藏
图3–34	斜土路平民村图纸，上海市档案馆藏

第 四 章

图4–1	斜徐路一带，选自1917年《上海法国新租界分图》（部分）
图4–2	法租界的一条马路正用柏油铺设路面
图4–3	法租界公董局的一份通告
图4–4	法租界相关档案报告
图4–5	《打浦桥商民请移置泥土》，《申报》1929年8月28日，第14版，文中涉及这一带的市政管理
图4–6	《上海法公董局公报》（1934年10月18日）收录公董局的管理分类营业章程

图4-7　　　上海特别市区域图（沪南区）

图4-8　　　1927年纪录片《上海纪事》中肇嘉浜上的船户

图4-9　　　沪南区卫生事务所内景，选自《卫生月刊》1935年第4期（1）

图4-10　　沪南区卫生事务所内景，选自《卫生月刊》1935年第4期（2）

图4-11　　上海特别市卫生局沪南区清道夫集体照，选自《卫生月刊》1929年第12期

图4-12　　沪南区救火联合会西区的消防车辆，选自《警察月刊》1936年第1期（1）

图4-13　　沪南区救火联合会西区的消防车辆，选自《警察月刊》1936年第1期（2）

图4-14　　《昨夜打浦桥大火》，《申报》1928年12月31日，第15版

图4-15　　《桥堍派兵扼守》，《申报》1916年4月7日，第10版

图4-16　　《新建桥梁派兵站防》，《申报》1918年1月7日，第10版

图4-17　　清同治十年（1871年）《上海县志》所附《江南机器制造局图》

图4-18　　江南造船厂及其周边，选自1884年《上海县城厢租界全图》

图4-19　　江南制造局炼钢厂

图4-20　　《上海特别市工厂分布图》（1928年）

图4-21　　打浦桥地区的工厂状况，选自1928年《上海特别市工厂分布图》

图4-22　　中国华达烟草公司卢家湾第一制造厂，选自《卷烟月刊》1928年第1期

图4-23　　打浦桥大同纸制容器厂股份有限公司刊登的广告

图4-24　　天厨味精厂厂房

图4-25　　早年南洋漂染厂刊登的广告

图4-26　　《上海市工业区域图》，选自《上海地产月刊》1932年第54期

图4-27　　抗日战争期间沪南地区的防御

图4-28　　日本军舰驶入黄浦江，后轰炸南市一带（1）

图4-29　　日本军舰驶入黄浦江，后轰炸南市一带（2）

图4-30　　日军进攻上海，出现大量难民，中国难民纷纷通过白来尼蒙马浪路（今马当路）大门进入法租界

图4-31　　日军占领南市

图4-32　　震旦大学校门

图4-33　　震旦大学礼堂

图4-34　　《上海法租界会审公廨之收回》一组图片，选自《东方杂志》第28卷第18号

图4-35　　《收回上海法租界会审公廨协定全文》（节选），选自《东方杂志》第28卷第18号（1）

图 4-36　《收回上海法租界会审公廨协定全文》（节选），选自《东方杂志》第 28 卷第 18 号（2）

第 五 章

图 5-1　上海市军事管制委员会命令，涉及卢家湾区（1949 年 5 月 30 日）
图 5-2　上海市人民委员会文件，关于行政区划的调整（1956 年 3 月）（1）
图 5-3　上海市人民委员会文件，关于行政区划的调整（1956 年 3 月）（2）
图 5-4　上海市人民委员会文件，关于行政区划的调整（1956 年 3 月）（3）
图 5-5　上海市卢湾区打浦路办事处斜土路第四居委会全体干部合影（1956 年 3 月）
图 5-6　《解放日报》关于"二六轰炸"的报道
图 5-7　纪念二六轰炸被难同胞纪念碑（1）
图 5-8　纪念二六轰炸被难同胞纪念碑（2）
图 5-9　早年的徐家汇一带
图 5-10　《港务局昨日派员察看肇家浜》，《申报》1929 年 6 月 19 日，第 13 版
图 5-11　《徐家汇居民请求市府填肇家浜》，《申报》1936 年 4 月 23 日，第 11 版
图 5-12　肇嘉浜水上棚户区：曾经是上海最大棚户区之一
图 5-13　附近的日晖港，选自《京沪周刊》1947 年第 11 期
图 5-14　《申报》1946 年 12 月 8 日，第 5 版，关于肇嘉浜沿岸棚户问题，"不致即行拆除"
图 5-15　《放宽卢家湾至徐家汇马路之议定》，《申报》1914 年 5 月 1 日，第 10 版
图 5-16　《筑路工程告竣》，《申报》1915 年 4 月 3 日，第 10 版
图 5-17　《卢家湾桥》，《申报》1936 年 12 月 1 日，第 18 版
图 5-18　《申报》1946 年 2 月 14 日，第 4 版，记载徐家汇路、西藏南路，制造局路一带道路桥梁的整修
图 5-19　1954 年上海市人民政府关于改造肇嘉浜工程的相关文件（节选）（1）
图 5-20　1954 年上海市人民政府关于改造肇嘉浜工程的相关文件（节选）（2）
图 5-21　1954 年上海市人民政府关于改造肇嘉浜工程的相关文件（节选）（3）
图 5-22　上海市人民政府工务局《肇嘉浜埋管筑路工程征用土地计划书》
图 5-23　上海市人民政府工务局《肇嘉浜埋管筑路工程征用土地计划书》内容（节选）（1）
图 5-24　上海市人民政府工务局《肇嘉浜埋管筑路工程征用土地计划书》内容（节选）（2）
图 5-25　上海市人民政府工务局《肇嘉浜埋管筑路工程征用土地计划书》内容（节选）（3）

图 5-26　华东行政委员会同意进行肇嘉浜埋管筑路第一期工程的文件（1）

图 5-27　华东行政委员会同意进行肇嘉浜埋管筑路第一期工程的文件（2）

图 5-28　上海市人民政府关于"肇嘉浜埋管筑路工程第二期"的文件

图 5-29　赵祖康关于实施"肇嘉浜埋管筑路工程第二期"的信函

图 5-30　《肇嘉浜埋管筑路工程第二期（自枫林桥至日晖港段）征用土地计划书》

图 5-31　《上海市人民政府指示》，1954 年 10 月 23 日

图 5-32　肇嘉浜沟渠工程地盘图

图 5-33　完工后的肇嘉浜路

图 5-34　肇嘉浜路与徐家汇路交汇，从斯格威铂尔曼酒店顶层拍摄（2017 年 9 月 29 日）

图 5-35　打浦桥街景（摄于 2019 年 8 月 12 日）

第 六 章

图 6-1　打浦桥街景图（局部），日月光广场及周围，从斯格威铂尔曼酒店顶层拍摄（2017 年 9 月 29 日）

图 6-2　《越关心群众生活，群众的干劲越大》，《人民日报》1960 年 12 月 28 日，第 4 版

图 6-3　新建的打浦桥头绿岛，选自《崛起中的打浦桥》，2002 年刊印（打浦桥街道提供）

图 6-4　打浦桥一带居民尚在使用的给水站，选自《崛起中的打浦桥》，2002 年刊印（打浦桥街道提供）

图 6-5　改造前的日晖港，终年黑臭的平阴桥头，选自《崛起中的打浦桥》，2002 年刊印（打浦桥街道提供）

图 6-6　打浦路越江隧道平面图，上海市档案馆藏

图 6-7　肇嘉浜路、瑞金南路口街景（摄于 2017 年 10 月 24 日）

图 6-8　1992 年 1 月 25 日，"斜三地块"土地使用权有限期有偿转让签字仪式，选自《崛起中的打浦桥》，2002 年刊印（打浦桥街道提供）

图 6-9　斜三旧貌，选自《崛起中的打浦桥》，2002 年刊印（打浦桥街道提供）

图 6-10　海华花园开工典礼，选自《崛起中的打浦桥》，2002 年刊印（打浦桥街道提供）

图 6-11　海华花园（摄于 2009 年 3 月 6 日）

图 6-12　海华花园（摄于 2017 年 10 月 24 日）

图 6-13　徐家汇路南北高架路交会处鸟瞰，从斯格威铂尔曼酒店顶层拍摄（摄于 2017

		年9月29日）
图6-14	徐家汇路街景（摄于2017年10月25日）	
图6-15	地铁9号线打浦桥站1号口（摄于2017年10月25日）	
图6-16	徐家汇路地铁9、13号线马当路站1号进出口（摄于2017年10月24日）	
图6-17	卢湾体育馆（摄于2017年10月24日）	
图6-18	打浦桥街景图（海兴广场一带），从斯格威铂尔曼酒店顶层拍摄（摄于2017年9月29日）	
图6-19	金玉兰广场（摄于2009年3月6日），选自徐逸波、翁祖亮、马学强主编《岁月：卢湾人文历史图册》	
图6-20	金玉兰广场（摄于2008年8月7日），选自徐逸波、翁祖亮、马学强主编《岁月：卢湾人文历史图册》	
图6-21	正在建造的日月光广场（摄于2010年3月11日）	
图6-22	日月光中心广场（摄于2019年3月12日）	
图6-23	泰康路一带街区图，选自《上海市行号路图录》（下册）"第五十九图"	
图6-24	泰康路244号（摄于2019年3月12日）	
图6-25	《上海"苏荷"前途未卜》，《人民日报》2004年8月17日，第16版	
图6-26	田子坊（摄于2017年10月24日）	
图6-27	8号桥南部（摄于2019年3月12日）	
图6-28	"江南智造"（摄于2019年3月8日）	
图6-29	卢湾区人民政府文件，卢府（1996）55号，《关于调整街道办事处建制的通知》（1）	
图6-30	卢湾区人民政府文件，卢府（1996）55号，《关于调整街道办事处建制的通知》（2）	
图6-31	打浦桥街道办事处，南塘浜路103号（摄于2017年9月29日）	
图6-32	打浦桥街道社区生活服务中心（摄于2019年3月12日）	
图6-33	打浦桥街道社区生活服务中心内景（摄于2019年3月12日）	
图6-34	打浦桥街道社区文化活动中心（摄于2019年3月8日）	
图6-35	打浦桥街道社区文化活动中心内景（摄于2019年3月8日）	
图6-36	打浦桥街道社区文化活动中心，正在举行活动（摄于2019年3月8日）	
图6-37	打浦桥街道青年中心（摄于2019年3月8日）	
图6-38	亲子园（摄于2019年3月8日）	

图 6-39　设在打浦桥街道社区文化活动中心的图书馆（摄于 2019 年 3 月 8 日）

图 6-40　日月光广场（摄于 2017 年 10 月 24 日）

图 6-41　打浦桥社区文化活动中心被评为"5A 级"社会组织，获得各种荣誉（摄于 2019 年 8 月 27 日）

图 6-42　田子坊（摄于 2017 年 10 月 24 日）

图 6-43　《上海摸索"石库门"历史街区保护新路》，《人民日报》2006 年 9 月 25 日，第 11 版，涉及泰康路、田子坊

图 6-44　《杨度同志二三事》，《人民日报》1978 年 9 月 6 日，第 3 版

图 6-45　清光绪二十八年（1902 年）刊印《徽宁思恭堂征信录》

图 6-46　洞庭东山会馆档案影印

图 6-47　湖北会馆档案影印

图 6-48　浙绍永锡堂旧址（摄于 2004 年 1 月 1 日）

图 6-49　浙绍公所测绘，剖面图

图 6-50　《远东大学校长宴教职员》，《申报》1928 年 3 月 7 日，第 12 版，涉及该校办学历史等

图 6-51　《新华艺术专科学校招生启事》，《申报》1931 年 1 月 12 日，第 6 版

图 6-52　新华艺术专科学校废墟

图 6-53　位于打浦桥的上海法政学院

图 6-54　上海古籍出版社（摄于 2019 年 3 月 12 日）

图 6-55　上海社会科学院出版社（摄于 2017 年 9 月 29 日）

图 6-56　上海师范大学附属卢湾实验小学（摄于 2017 年 10 月 25 日）

图 6-57　卢湾中学（摄于 2017 年 10 月 24 日）

图 6-58　打浦桥街区航拍图（摄于 2019 年 5 月 23 日，打浦桥街道提供）

附　录

附图 1-1　1962 年《新体育》第 4 期封三，图中女生为王芸珍

附图 1-2　泰康路（今田子坊一带），选自《上海市行号路图录》（下册）"第五十九图"

附图 1-3　新新里，陈刚毅摄，选自徐逸波、翁祖亮、马学强主编《岁月：上海卢湾历史人文图册》

附图 1-4　王芸珍在居委会（摄于 2019 年 7 月 5 日）

附图1–5　《诗言志》第33期（1）

附图1–6　《诗言志》第33期（2）

附图1–7　王芸珍的《雪松》，原刊于《诗言志》第14期，后在2015年复刊后第33期重新刊登

附图1–8　王芸珍撰写的《酒歌（外一首）》

附图1–9　打浦桥街道图书馆"浦悦书友会"作品集

附图2–1　早年定海中学校舍（马学强提供）

附图2–2　陈少梅为定海中学名誉董事（陈康瑜提供）

附图2–3　祖印寺（马学强提供）

附图2–4　陈永耀照片（陈康瑜提供）

附图2–5　1941年刊印的《上海重要人名录》中有关于"陈安邦"的记载（马学强提供）

附图2–6　20世纪80年代粮店照片（陈康瑜提供）

附图2–7　原马当路527号（近徐家汇路），造地铁马当路站时拆（摄于20世纪70年代末80年代初，金志伟提供）

附图2–8　改造前的日晖港，选自《崛起中的打浦桥》，2002年刊印（打浦桥街道提供）

附图2–9　瑞金南路、肇嘉浜路口街景（摄于2017年9月29日）

附图2–10　陈康瑜参加首届全国"书香之家"上海入选家庭授牌仪式（摄于2014年8月15日）

附图2–11　陈康瑜家庭荣获首届全国"书香之家"称号，2014年

附图2–12　与上海古籍出版社共同举办"传统文化下社区"活动（摄于2018年11月，陈康瑜提供）

附录三　主要参考文献

一、地方志、资料集等

明弘治《上海志》,〔明〕郭经修,唐锦编纂,明弘治十七年（1504年）刊本。

明嘉靖《上海县志》,〔明〕郑洛书修,高企纂,传真社据明嘉靖三年（1524年）刊本影印。

明万历《上海县志》,〔明〕颜洪范修,张之象等纂,明万历十六年（1588年）刻本。

清康熙《上海县志》,〔清〕史彩修、叶映榴等纂,清康熙二十二年（1683年）存残本。国家图书馆藏。

嘉庆《松江府志》,〔清〕宋如林等修,孙星衍、莫晋等纂,清嘉庆二十二年（1817年）松江府学明伦堂藏版。

乾隆《上海县志》,〔清〕李文耀修,谈起行纂,清乾隆十五年（1750年）刊本。

乾隆《上海县志》,〔清〕范廷杰修,皇甫枢等纂,清乾隆四十五年（1784年）刻本。

嘉庆《上海县志》,〔清〕王大同修,李松林纂,清嘉庆十九年（1814年）刊本。

同治《上海县志》,〔清〕应宝时等修,俞樾等纂,清同治十年（1871）刊本。

民国《上海县续志》,吴馨等修,姚文枏等纂,民国七年（1918年）本。

民国《上海县志》,吴馨、江家嵋修,姚文枏纂,民国二十五年（1936年）铅印本。

嘉庆《法华镇志》,〔清〕王鐘编录,"上海乡镇旧志丛书",上海社会科学院出版社2006年版。

民国《法华乡志》,〔清〕王鐘编录,胡人凤续辑,"上海乡镇旧志丛书",上海社会科学院出版社2006年版。

《上海乡镇旧志丛书》,上海社会科学院出版社2005年版。

《上海园林志》编纂委员会编：《上海园林志》,上海社会科学院出版社2000年版。

《上海租界志》编纂委员会编：《上海租界志》,上海社会科学院出版社2001年版。

上海市地方志办公室编著：《上海名建筑志》，上海社会科学院出版社2005年版。

卢湾区人民政府编：《上海市卢湾区地名志》，上海社会科学院出版社1990年版。

上海市卢湾区志编纂委员会编：《卢湾区志》，上海社会科学院出版社1998年版。

《卢湾区志（1994—2003）》编纂委员会编：《卢湾区志（1994—2003）》，上海人民出版社2008年版。

上海市黄浦区人民政府编：《上海市黄浦区地名志》，上海社会科学院出版社1989年版。

《黄浦年鉴》编纂委员会编：《黄浦年鉴（2013）》，上海文化出版社2013年版。

《黄浦年鉴》编纂委员会编：《黄浦年鉴（2014）》，上海文化出版社2014年版。

《黄浦年鉴》编纂委员会编：《黄浦年鉴（2015）》，上海文化出版社2015年版。

《上海指南》，商务印书馆1909年版。

《旧上海》，振寰书局1914年版。

商务印书馆编译所编纂：《上海指南》，商务印书馆1922年版。

商务印书馆编译所编纂：《上海指南》，商务印书馆1926年版。

林震编纂：《上海指南》，商务印书馆1930年版。

《上海小蓝本》（*The Little Blue Book of Shanghai*），1931年版。

上海市地方协会编辑：《上海市统计（1933年）》，商务印书馆1933年版。

许晚成编：《上海重要人名录》（简称《上海人名录》），上海龙文书局1941年版。

《上海银行业概况》，"中储丛书之二"，1945年版。

葛石卿等编纂绘制：《袖珍上海里弄分区精图》，国光舆地社1946年版，作者书社发行。

鲍士英测绘、顾怀冰等编辑：《上海市行号路图录》（上册），上海福利营业股份公司编印，1947年再版。

上海通社编：《上海研究资料续编》，上海中华书局1936年版。

上海统览编纂社编：《上海统览》，1948年刊印。

王铁崖编：《中外旧约章汇编》（第一册），三联书店1957年版。

许晚成编：《战后上海暨全国各大工厂调查录》，上海龙文书局1940年版。

上海特别市社会局编：《上海之工业》，中华书局1930年版。

吴国桢：《上海市年鉴》（1946年版）。

冷省吾：《最新上海指南》，上海文化研究社1946年版。

东南文化服务社：《大上海指南》，光明书局1947年版。

上海博物馆图书资料室编：《上海碑刻资料选辑》，上海人民出版社1980年版。

上海通社编：《上海研究资料》，上海书店1984年。

印永清、胡小菁主编：《海外上海研究书目（1845—2005）》，上海辞书出版社2009年版。

《上海解放档案文献图集》编辑委员会编：《上海解放档案文献图集》，中国档案出版社2009年版。

上海市政协文史资料委员会编：《上海文史资料存稿汇编》第1册《政治军事》、第8册《市政交通》，上海古籍出版社2001年版。

上海市政协文史资料委员会编：《上海文史资料存稿汇编》，上海古籍出版社2001年版。

熊月之主编：《稀见上海史志资料丛书（1—10册）》，上海书店出版社2012年版。

上海市地方志办公室、上海市历史博物馆编：《民国上海市通志稿》（第一册），上海古籍出版社2013年版。

马学强主编：《上海石库门珍贵文献选辑》，商务印书馆2018年版。

上海市卢湾区档案馆、卢湾区地方志办公室：《崛起中的打浦桥》，2002年刊印。

二、文集笔记、口述回忆

〔明〕陆深：《俨山集》卷六十三《中顺大夫广南府知府顾公墓志铭》，四库全书本，第1268册。

〔清〕张春华撰：《沪城岁事衢歌》，上海古籍出版社1989年版。

〔清〕褚华纂：《沪城备考》，上海通社辑刊"上海掌故丛书"第一集，1935年版。

〔清〕秦荣光撰：《上海县竹枝词》，上海古籍出版社1989年版。

陈伯熙编著：《上海轶事大观》，"民国史料笔记丛刊"，上海书店出版社2000年版。

顾炳权：《上海历代竹枝词》，上海书店出版社2001年版。

《卢湾史话》（1—8辑），中国人民政治协商会议上海市卢湾区委员会文史资料委员会编，1989、1991、1992、1994、1995、1997、1999、2002年陆续刊印。

王芸珍口述、马学强采访整理：《家住泰康路》2019年3月8日。

陈康瑜口述、李东鹏采访整理：《一位粮管所老干部在打浦桥工作、生活的回忆》，2019年3月8日。

三、档案、报刊等

《徽宁思恭堂徵信录》，光绪二十八年（1902年）刻，思恭堂藏板。

上海档案馆编：《清代上海房地契档案汇编》，上海古籍出版社1999年版。

《上海道契》编辑委员会编：《上海道契》，1997年、上海古籍出版社2005年影印出版。

法册道契档案，上海市档案馆（上海市房产管理局档案室）、部分区房产管理部门藏。

上海法租界公董局关于法租界人口调查表（三），档号U38-1-2218，1936、1937年，上海市档案馆藏。

上海法租界公董局关于法租界人口调查表（四），档号U38-1-2219，1942年，上海市档案馆藏。

上海法租界公董局警务处关于法租界捕房对法租界户口的总数估计，档号U38-2-2866，上海市档案馆藏。

上海法租界公董局关于法租界税则表，档号U38-1-2044，1920—1943年，上海市档案馆藏。

上海法租界公董局公共工程处关于法租界地产估价委员会会议记录和重估地价、地捐等问题的文件，档号U38-1-1069，1934、1943年，上海市档案馆藏。

上海市政府各局统计报表工业工资统计，档号Q1-18-182，上海市档案馆藏。

《上海法租界公董局年报》（摘译），上海市建设委员会档案室藏。

上海特别市《土地局年刊》（1930年等）。

《沪南区地籍图》（一），自一图至七图止，上海市土地局，1933年绘制。

"上海市工务局关于拆除打浦桥填筑路基工程"等档案，档号Q124-1-2910，上海市档案馆藏。

"修复上海市现有平民住宅计划书"（涉及斜土路平民村等），档号Q215-1-3769，上海市档案馆藏。

"斜土路平民村档案"，档号R1-16-753，上海市档案馆藏。

打浦桥地区会馆、公所（湖北会馆、徽宁会馆、洞庭东山会馆、浙绍公所永锡堂等）相关档案，档号B168-1-798、Q115-17-2、Q118-1-5、Q118-1-7、Q418-1-6、Q6-9-95等，上海市档案馆藏。

《洞庭东山旅沪同乡会卅周年纪念特刊》，洞庭东山旅沪同乡会编。

《洞庭东山会馆落成报告全书》，1915年编印。

《上海莫厘三善堂征信录》，民国辛酉年（1921年），上海图书馆藏。

《申报》	《民国日报》	《东方杂志》
《国闻周报》	《中外经济周刊》	《社会月刊》
《商业杂志》	《新商业周刊》	
《人民日报》	《解放日报》	《文汇报》

四、部分研究著作、译著、外语文献

何行:《上海之小工业》,上海生活书店1932年版。

陈炎林编著:《上海地产大全》,上海地产研究所1933年版。

张辉:《上海市地价研究》,正中书局印行1935年版。

蒋廉:《市地评价之研究》,正中书局印行1935年版。

蒋乃镛编:《上海工业概览》,学者书店1947年版。

中国建筑史编辑委员会编:《中国建筑简史》(第二册),中国建筑工业出版社1962年版。

吴圳义:《清末上海租界社会》,台湾文史哲出版社1978年版。

王绍周编:《上海近代城市建筑》,江苏科技出版社1987年版。

陈从周、章明主编,上海市民用建筑设计院编著:《上海近代建筑史稿》,三联书店上海分店1988年版。

唐振常主编:《上海史》,上海人民出版社1989年。

张仲礼主编:《近代上海城市研究》,上海人民出版社1990年版。

陈振国主编:《上海改革开放二十年卢湾卷》,远东出版社1998年版。

熊月之主编:《上海通史》(15卷),上海人民出版社1999年版。

马学强:《从传统到近代:江南城镇土地产权制度研究》,上海社会科学院出版社2002年版。

何增强、花建:《创意都市:上海创意产业发展之路》,百家出版社2007年版。

徐建刚主编:《上海改革开放三十年》,上海人民出版社2008年版。

厉无畏:《创意改变中国》,新华出版社2009年版。

上海市文物管理委员会,何继英主编:《上海明墓》,文物出版社2009年出版。

徐逸波、翁祖亮、马学强主编:《岁月:上海卢湾历史人文图册》,上海辞书出版社2009年版。

徐逸波、翁祖亮、熊月之主编,马学强执行主编:《上海卢湾城区史》,上海辞书出版社2010年版。

黄浦物语·黄浦区文化遗产编辑委员会主编:《黄浦物语——黄浦区文化遗产》,上海辞书出版社2011年版。

上海图书馆编:《皇家亚洲文会北华支会会刊》(1858—1948),上海科学技术文献出版社2013年版。

上海博物馆编：《申城寻踪：上海考古大展》（《文明之光》、《古塔遗珍》、《城镇之路》），上海书画出版社2014年版。

［法］梅朋、傅立德著，倪静兰译：《上海法租界史》，上海译文出版社1983年版。

［美］罗兹·墨菲著，上海社会科学院历史研究所译：《上海——现代中国的钥匙》，上海人民出版社1986年版。

［法］白吉尔著，张富强、许世芬译：《中国资产阶级的黄金时代（1911—1937年）》，上海人民出版社1994年版。

［法］白吉尔著，王菊、赵念国译：《上海史：走向现代之路》，上海社会科学院出版社2005年版。

The North China Herald（《北华捷报》）

The North China Daily News（《字林西报》）

The North China Hong List（《字林西报行名簿》）

The China Weekly Review (Shanghai)（《密勒氏评论报》，上海）

Twentieth Century Impressions of Hongkong Shanghai, and Other Treaty Ports of China: Their History, People, Commerce, Industries, and Resources. Editor-in-Chief: Arnold Wright, Lloyd's Greater Britain Publishing Company, Ltd. 1908.

Far Eastern Commercial and Industrial Activity-1924. Compiled by E.J.Burgoyne, Edited by F. S.Ramplin. The Commercial Encyclopedia Co. (London, Shanghai, Hongkong, Singapore),1924.

Leaders of Commerce, Industry and Thought in China (Shanghai), Compiled by S. Ezekiel, Published by Geo. T. Lioyd, Shanghai ,1924.

The "Shanghai" of 1924.

The Short History of Shanghai, By F. L. HAWKS POTT, D. D. Author of A Sketch of Chinese History. KELLY & WALSH, Limited. Shanghai, 1928.

CONSEIL D'ADMINISTRATION MUNICIPALE DE LA CONCESSION FRANÇAISE CHANG-HAI PLAN CADASTRAL (BLOCS 117 A 270), 1932. IMPRIMERIE "UNION COMMERCIALE", ZIKAWEI-SHANGHAI.

Men of Shanghai and North China: A Standard Biographical Reference Work. second edition, Shanghai: The University Press, 1935.

后 记

2018年12月初，我们与日本东京大学、大阪市立大学等从事城市史研究的学者开展合作，共同举行"中日城市史研究与比较学术研讨会"。会议设置了几个议题，其中，"城市细部"这一专题引起大家浓厚的兴趣，与会代表就东京、大阪、上海、杭州、苏州等城市的"细部"问题作了较为深入的探讨，达成了不少学术共识。

最近几年，我们依循从传统到现代的演进脉络，围绕"上海城市内部构造与百年社会变迁"主题开展了多项"细部"研究，已陆续出版多部论著，包括：《千年龙华——上海西南一个区域的变迁》（学林出版社，2006年）、《阅读思南公馆》（上海人民出版社，2012年）、《上海的城南旧事》（上海社会科学院出版社，2015年）、《上海城市之心：南京东路街区百年变迁》（上海社会科学院出版社，2017年），通过选取不同样态的街区，将研究触角延伸至一个个"细部"街区，尤其注重考察街区的形成路径、演变肌理与功能特点，以及深层的经济结构、民情风俗、社会生活，尝试以内涵与空间相结合的"新表达"，从中彰显上海不同街区所蕴含的独特魅力。这种对城市"细部"的研究，因有长时段的环境变化、制度嬗变、社会变革以为整体关照，避免陷入"碎片化"漩涡；同时又尽力做到在"细部"阐述中看到社会变迁与人群活动。唯其如此，才是一部部鲜活的街区史。从这个意义上说，目前对我们而言，这种城市"细部"研究不是太多，而是需要更多。

此次，我们以打浦桥街区为样本，重点探讨打浦桥如何从一座"桥名"，到一条"路名"，再作为一个"街道名"，从中反映这一地区的工业化、城市化、现代化进程。从传统时代的江南乡野，到近代的"华洋交界"之地，最终演变为中心城区中的一个重要街区，在时代之境的变与不变、常与无常之间，不断书写着"打浦桥传奇"。2016年，打浦桥街道与上海社会科学院城市人文遗产研究团队合作，成立专门的课题组，共同编写这部书稿。书稿于2019年4月完成。撰稿人的具体分工如下：

导　读　马学强

第一章　马学强

第二章　岳霄雪

第三章　胡端、周诗韬

第四章　李东鹏

第五章　李东鹏、马学强

第六章　马学强、李东鹏、张秀莉等，相关资料由打浦桥街道提供

附　录　马学强、彭晓亮、胡端、龚浩、李东鹏、马钦奕、张爱玲等

最后，由马学强、胡端统稿、配图。

本书稿由文字、图片两部分组成。根据书稿内容配图，采取以图带文，以文释图的形式，图文并茂。书中图片有几个来源：一为历史图片，从各种文献档案中选取，由鲍世望先生翻拍；二为近年来拍摄的照片，鲍先生不辞辛劳，多次前往打浦桥街区，拍摄了大量图片，从中选取部分；三为相关部门提供的图片，在书稿中均予以注明。在街景拍摄中，上海斯格威铂尔曼大酒店保安部总监刘涛，打浦桥街道的张爱玲、张晨艺等为课题组做了大量工作。

在书稿撰写中，我们得到了国家图书馆、中国第二历史档案馆、上海图书馆、上海博物馆、上海市档案馆、华东师范大学图书馆、上海社会科学院图书馆、上海音像资料馆、上海社会科学院历史研究所图书资料室、上海社会科学院经济研究所图书资料室等的多方面帮助。黄浦区打浦桥街道党工委、打浦桥街道办事处、打浦桥社区文化活动中心、打浦桥所辖各社区对课题组的工作予以大力支持。一些长期在打浦桥街道生活、工作的居民，或接受我们的采访，或热情提供线索、图片。在此一并表示最诚挚的谢意。

马学强

2019年4月28日

于上海社会科学院

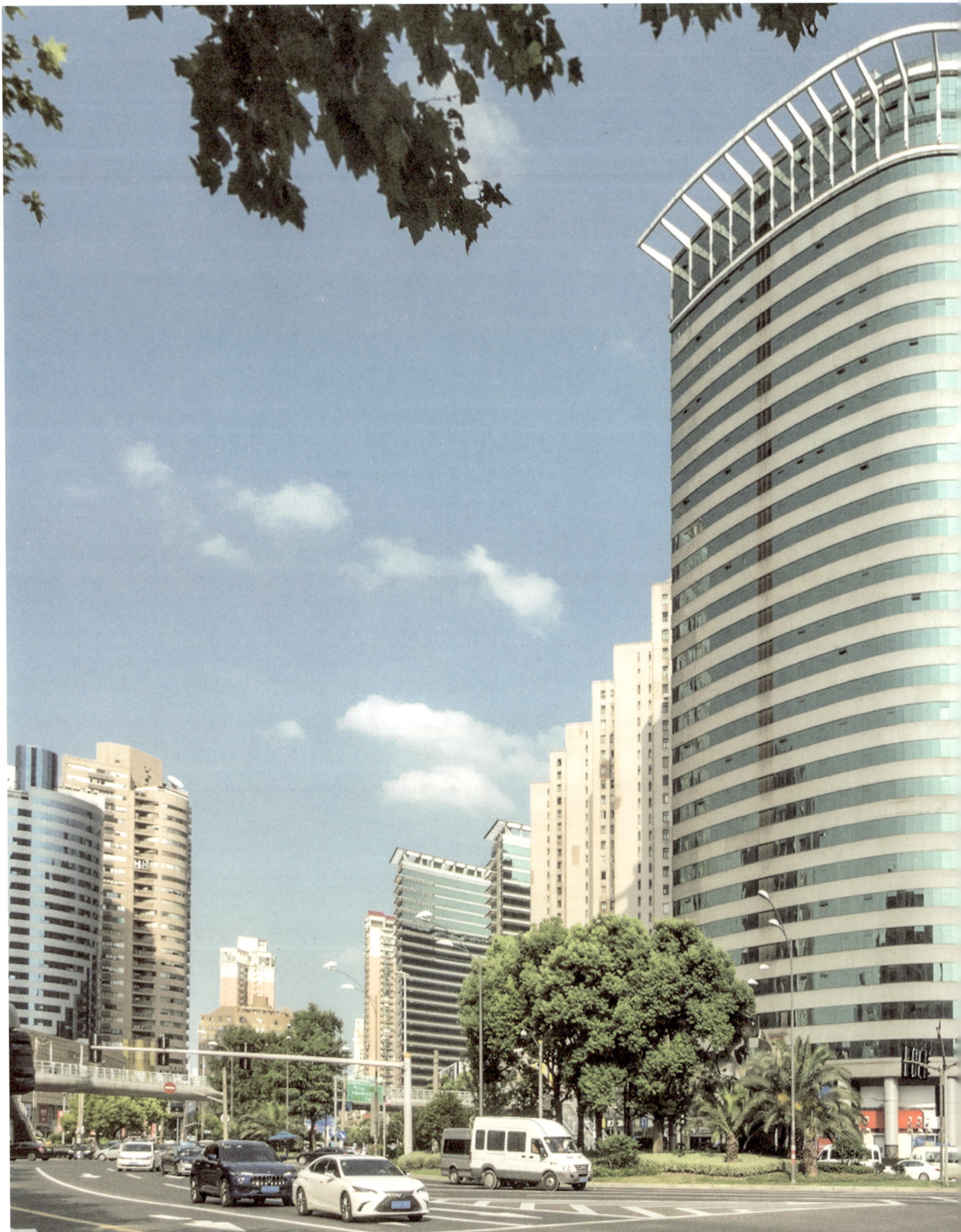

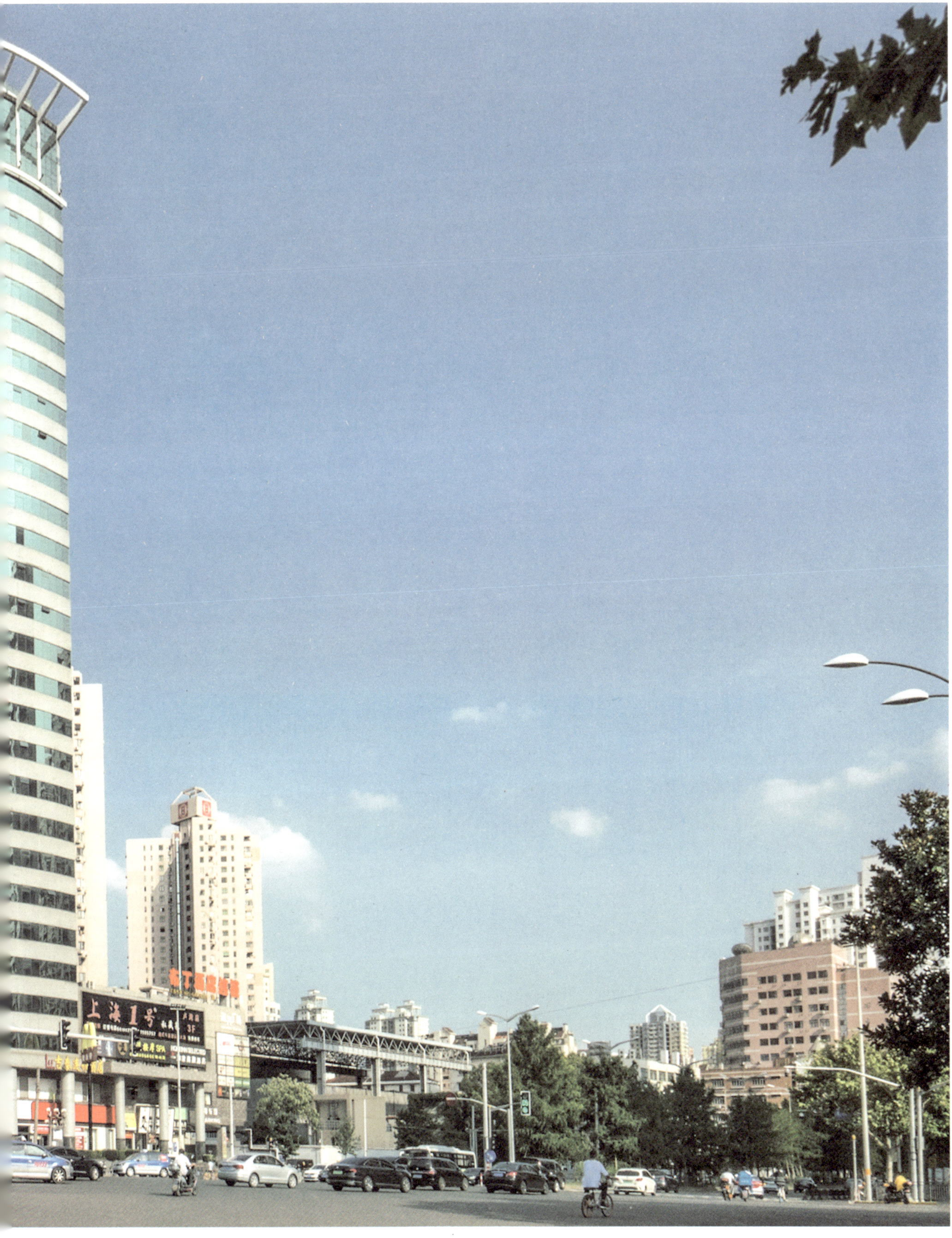

图书在版编目(CIP)数据

打浦桥：上海一个街区的成长/马学强主编. —
上海：上海社会科学院出版社，2019
ISBN 978-7-5520-2913-0

Ⅰ.①打… Ⅱ.①马… Ⅲ.①城市道路—介绍—黄浦区 Ⅳ.①K925.13

中国版本图书馆CIP数据核字(2019)第177202号

打浦桥：上海一个街区的成长

主　　编：马学强
责任编辑：蓝　天
封面设计：黄婧昉
出版发行：上海社会科学院出版社
　　　　　上海顺昌路622号　邮编200025
　　　　　电话总机021-63315947　销售热线021-53063735
　　　　　http://www.sassp.org.cn　E-mail: sassp@sassp.cn
排　　版：南京展望文化发展有限公司
印　　刷：上海万卷印刷股份有限公司
开　　本：889×1194毫米　1/16开
印　　张：19.75
字　　数：328千字
版　　次：2019年10月第1版　2019年10月第1次印刷

ISBN 978-7-5520-2913-0/K・526　　　　　定价：128.00元

版权所有　翻印必究